LES FONDAMENTAUX
DE L'ENTREPRISE

Éditions d'Organisation
1, rue Thénard
75240 Paris Cedex 05

Consultez notre site
www.editions-organisation.com

La première édition de ce livre était parue
sous le titre : *Panorama de la gestion*

André BOYER, Gérard HIRIGOYEN, Jacques THÉPOT,
Nadine TOURNOIS, Jean-Pierre VÉDRINE

LES FONDAMENTAUX
DE L'ENTREPRISE

Troisième édition

Éditions
d'Organisation

PARTIE 2
La fonction production
par André BOYER

PARTIE 3
La fonction financière
par Gérard HIRIGOYEN

PARTIE 5
La stratégie
par Jacques THÉPOT

Introduction

On reproche souvent aux manuels de gestion d'être trop longs, ce qui ne permettrait pas aux étudiants et aux praticiens d'acquérir une connaissance synthétique des matières de gestion. Ce reproche est d'autant plus vif qu'Internet permet aujourd'hui d'acquérir une information immédiate, mais généralement fragmentaire et difficile à relier aux principes généraux de la gestion.

Cet ouvrage vise à compléter la lacune d'un manuel couvrant l'ensemble des disciplines fondamentales de la gestion, en se gardant du double écueil de développements encyclopédiques ou de simples définitions illustrées, sans les liaisons logiques qui sont au cœur des principes de la gestion. Les auteurs ont voulu écrire un véritable manuel de gestion qui couvre les principales fonctions de l'entreprise, c'est-à-dire les fonctions Marketing, Production et Finance, la Gestion des Ressources Humaines et la Stratégie.

De quoi s'agit-il en effet ? L'ordre des disciplines donne une indication sur la conception de l'ouvrage. Si le premier chapitre est consacré au marketing, c'est que nulle entreprise, dans le cadre de la mondialisation, ne peut prétendre durablement exister sans être reliée aux besoins des consommateurs et aux attentes de ses clients, et sans rechercher sans cesse les moyens d'agir sur la demande.

En quatre chapitres, la partie de l'ouvrage consacrée au **marketing** permet de définir la notion de marketing, d'analyser le marché, de lire les instruments de la politique marketing, ainsi que la stratégie et la planification marketing.

La partie suivante est celle de la **production**, qui est la conséquence directe de l'analyse du marché et des moyens d'action du marketing. La notion de production est définie dans ses différentes dimensions, avant que l'accent ne soit mis sur le management et l'organisation de la production pour conclure par les stratégies de production, au sein desquelles s'impose la recherche de la qualité.

La partie qui lui succède prend en compte les données qui sont celles de la **fonction financière**. Une fois la notion de finance définie, les contraintes de la gestion financière sont abordées qui encadrent la politique et la planification financière.

À l'impératif financier succède la **gestion des ressources humaines**. Le comportement humain dans les organisations, les différentes écoles de pensées et la gestion des ressources humaines proprement dite sont présentés dans cette avant-dernière partie.

La **stratégie**, réflexion et action synthétique au sein de la gestion d'entreprise, constitue la dernière partie de l'ouvrage. La notion de stratégie est définie, avant de distinguer la stratégie de domaine et la stratégie d'entreprise. Les questions de mise en œuvre de la stratégie sont traitées dans le dernier chapitre.

Si le premier souci des auteurs a été de faire une présentation synthétique des principales fonctions de l'entreprise, ils n'ont voulu négliger ni les schémas explicatifs, ni les exemples et les exercices d'illustration, ni la bibliographie qui permet d'approfondir chacun des thèmes traités. Il s'agit en effet de donner à chacun, étudiant ou praticien, un ouvrage de référence qui permette de retrouver les questions centrales que pose la gestion de l'entreprise, dans ses cinq grandes dimensions. Il s'agit aussi de comprendre ou de retrouver le sens de chaque acte de gestion, en le reliant à une vision globale de la gestion de l'entreprise.

L'ouvrage a été écrit par des spécialistes universitaires des disciplines de gestion, qui ont pu confronter leur enseignement et la pratique de la gestion, et qui ont cherché à ce que chaque principe, chaque technique, chaque outil de gestion présenté fasse l'objet d'une présentation à la fois simple, utilisable et susceptible d'être approfondie.

André BOYER
Professeur en Sciences de Gestion

PARTIE 1

LA FONCTION MARKETING

Par Jean-Pierre VÉDRINE

Aucune entreprise ne peut survivre durablement sans vendre ses produits, c'est-à-dire, en fin de compte, sans satisfaire les besoins des consommateurs auxquels elle s'adresse. Sur ce point, le recours au marketing est une condition impérative de succès.

Le rôle de la fonction marketing consiste fondamentalement à repérer les besoins et à mettre au point les moyens de les satisfaire de façon rentable. Ce rôle va s'exprimer à travers plusieurs types d'activités : l'analyse de marché et la mise au point d'une stratégie marketing adaptée.

Chapitre 1

LA NOTION
DE MARKETING

La notion de marketing est fondée sur la satisfaction des besoins des consommateurs. Une entreprise qui adopte une démarche marketing doit analyser les besoins de ses clients potentiels avant de prendre ses décisions commerciales. Ces décisions vont se traduire par le choix d'un marketing-mix, c'est-à-dire d'un ensemble de quatre paramètres : le produit, le prix, la distribution et la communication. Une caractéristique fondamentale du marketing est sa position interface entre l'entreprise et le marché. On peut définir ainsi le marketing comme la fonction d'adaptation de l'entreprise, et de façon plus générale, de toute organisation, à son environnement.

1. Les fondements du marketing

Pendant longtemps, la préoccupation majeure des dirigeants d'entreprise a été la fabrication. Leurs efforts portaient principalement sur l'accroissement des capacités de production, la diminution des coûts et l'augmentation de la productivité. Les problèmes de commercialisation n'étaient abordés qu'une fois le produit mis au point et fabriqué.

L'entreprise ne cherchait pas vraiment à adapter son produit à sa clientèle. Elle faisait beaucoup d'efforts (dépenses publicitaires et actions des vendeurs) pour attirer des clients afin d'écouler sa production. La satisfaction des consommateurs était souvent secondaire par rapport à la conclusion de la vente.

Lorsqu'une entreprise suit une démarche marketing, elle produit en vue de satisfaire les besoins des consommateurs. Elle est alors orientée vers le client. Contrairement à la conception précédente, l'optique marketing reconnaît **la souveraineté du consommateur**. L'entreprise ne se définit donc plus par rapport à son produit, mais par rapport à des besoins qu'elle cherche à satisfaire afin de mieux s'adapter au marché.

Peut-on dire, pour autant, que « le client est roi » ? C'est vrai dans une certaine mesure, puisque satisfaire les besoins des consommateurs revient à privilégier leur point de vue. Néanmoins, le marketing ne s'intéresse qu'aux demandes jugées rentables. D'autre part, l'entreprise peut, dans certains cas, adopter une démarche inversée lorsqu'elle est amenée à suggérer de nouveaux produits avant de les soumettre au marché. Emanant de la rencontre d'un savoir-faire et d'un marché, l'**offre créatrice** résulte ainsi du dialogue entre demandeurs et offreurs.

L'entreprise a également une **responsabilité sociale** à exercer. À ce titre, elle doit se préoccuper des effets sur le consommateur et sur l'environnement des produits qu'elle fabrique et commercialise (restauration rapide, détergents non biodégradables, emballages non récupérables, etc.) : c'est ce qu'exprime la notion de **marketing sociétal**.

2. La démarche marketing

L'entreprise doit nécessairement connaître et analyser les attentes des consommateurs avant de mettre au point ses produits et déterminer les conditions de leur commercialisation. La démarche marketing est sous-tendue par deux préoccupations principales : **connaître et agir**. Le schéma 1 reproduit ses principales étapes.

Schéma 1 - La démarche marketing

Le point de départ de cette démarche est **l'étude des besoins et des attentes** des consommateurs potentiels. Ensuite, et parce qu'elle ne peut satisfaire la totalité des désirs des individus, l'entreprise est amenée à diviser – ou **segmenter** — le marché, afin de sélectionner des **cibles** plus précises.

Pour chaque cible retenue, l'entreprise définit alors quatre paramètres dont elle a la maîtrise et qui constituent le **marketing-mix** : le produit, le prix, la distribution et la communication. L'évaluation des résultats obtenus permet par la suite de corriger les erreurs observées aux différents niveaux de la démarche.

3. Les caractéristiques du marketing

Le marketing apparaît, en premier lieu, comme un **ensemble de techniques d'analyse et de décision**. La connaissance des besoins fait appel aux études de marché et la décision peut nécessiter le recours à des méthodes de formalisation des problèmes et de modélisation plus ou moins sophistiquées.

L'**approche scientifique** des problèmes de même que le **caractère multidisciplinaire** des techniques utilisées constituent une autre caractéristique majeure du marketing. L'homme de marketing est, en effet, amené à faire appel à un corps très diversifié de disciplines telles que l'économie, la science des organisations, la sociologie, la psychologie, la statistique, la comptabilité ou encore l'informatique.

La troisième caractéristique fondamentale du marketing résulte de sa **position interface** à la jonction du marché et de l'entreprise qui lui permet de diffuser, au sein de l'entreprise, les informations collectées sur le marché et d'orienter les activités des autres fonctions (production, stockage, service après vente, recherche et développement, finances).

En cherchant à satisfaire au mieux les besoins de la clientèle, le marketing se doit de faire converger toutes les décisions de l'entreprise en vue de s'adapter aux évolutions du marché et de son environnement. On parle ainsi du **rôle intégrateur** du marketing.

4. La définition du marketing

Depuis plusieurs années, l'application du marketing s'est considérablement accrue au-delà du secteur commercial. À côté du marketing « traditionnel », sont apparus le marketing des organisations à but non lucratif, le marketing social, le marketing public et le marketing politique. Le marketing ne se définit donc plus par rapport à un domaine particulier, mais par rapport à une **méthodologie de base** pour aborder les problèmes de toute organisation qui désire faire adopter certains comportements par certains publics.

Cette méthodologie comprend deux phases essentielles : l'**analyse de l'environnement** avec, en particulier, l'étude des publics visés, et la réponse de l'organisation avec le **choix de stratégies** visant à faire adopter le comportement souhaité par ces publics.

La philosophie fondamentale du marketing est de subordonner les actions de l'entreprise à l'étude de son environnement. Le marketing est désormais assimilé à la **fonction d'adaptation** de toute organisation à son environnement.

L'ANALYSE DU MARCHÉ

L'analyse du marché demande de définir quel est le marché de l'entreprise. Un produit étant appréhendé en marketing comme un ensemble d'avantages perçus, le marché sera défini à l'aide de la catégorie de besoins que l'entreprise veut satisfaire. Dans certains cas, il sera nécessaire de segmenter le marché. C'est à ce niveau que l'on pourra mesurer la demande, évaluer le marché potentiel et apprécier les opportunités et menaces qui découlent des différents facteurs d'environnement. L'étude du comportement du consommateur passe par le repérage du processus d'achat du consommateur ainsi que des différents facteurs qui expliquent son déroulement. Les études de marché recouvrent un ensemble de techniques de recueil de l'information permettant l'analyse du marché et du comportement du consommateur.

1. Le marché

De façon générale, un marché est l'ensemble des clients capables et désireux de procéder à un échange leur permettant de satisfaire un certain type de besoin.

1.1. Le marché et le produit

En marketing, un produit est conçu essentiellement comme un moyen de satisfaire un besoin. Le produit ne doit pas uniquement être appréhendé à travers ses caractéristiques physiques, mais de façon plus large, à travers les **services** qu'il rend. Un produit apparaît ainsi comme un ensemble d'**avantages perçus** par le consommateur.

On n'achète donc pas un produit pour lui-même, mais plutôt pour les fonctions qu'il remplit et la satisfaction que l'on en retire. Ce sont ces fonctions que le responsable marketing va chercher à mettre en valeur et à vendre.

Si l'on rapproche la notion de marché, ensemble des clients éprouvant le même genre de besoins, et la notion de produit, ensemble d'avantages perçus par les consommateurs, on est amené à définir quatre niveaux d'analyse du marché :
- le **marché principal** correspond à l'ensemble des produits techniquement identiques et directement concurrents ;
- le **marché environnant** est composé des produits de nature différente des produits du marché principal, mais satisfaisant les mêmes besoins dans les mêmes conditions ;
- le **marché générique** comprend tous les produits liés à la catégorie de besoins satisfaits par les produits du marché principal ;
- le **marché support** est associé aux produits dont l'existence est nécessaire à la consommation des produits des marchés précédents.

Pour un produit donné, il ne faut pas se limiter à l'étude du marché principal. Il est important d'identifier et de surveiller tous les autres marchés. Une évolution enregistrée sur l'un d'entre eux peut avoir des répercussions importantes sur l'activité du marché principal.

1.2. La segmentation du marché

Pour un marché de référence donné, il est rare que les consommateurs manifestent une identité totale de goûts, d'opinions et de comportements. D'où la nécessité pour les entreprises de définir, au sein du marché, des groupes de consommateurs homogènes, leur permettant ainsi d'avoir des offres plus adaptées.

La segmentation est une méthode de découpage du marché en groupes de consommateurs manifestant des comportements homogènes. Cette méthode permet de sélectionner des **marchés-cibles** et d'élaborer un mix approprié pour chacun d'entre eux.

Cette politique se heurte, toutefois, à des obstacles tant techniques qu'économiques qui amènent à s'interroger sur les conditions d'efficacité qu'il faut respecter lors de la segmentation d'un marché.

- Une première condition est la **pertinence** : les segments doivent différer les uns des autres sur des aspects directement liés au comportement du consommateur vis-à-vis du produit considéré.

- Elle doit être **discriminante**, c'est-à-dire apte à faire apparaître des segments homogènes et réellement distincts les uns des autres.

- La segmentation doit également conduire à des groupes **mesurables**, ce qui suppose que l'on puisse identifier concrètement les individus qui en font partie et évaluer leur potentiel.

- Segmenter sera d'autant plus efficace que les segments sont **accessibles**, c'est-à-dire qu'il existe des moyens de toucher avec le minimum de déperdition les groupes désirés au moyen d'actions marketing spécifiques.

- La segmentation doit enfin être **rentable** : il faut que les groupes définis soient suffisamment importants pour justifier une offre adaptée.

Une fois un segment identifié, il faut mettre en évidence ses caractéristiques, c'est-à-dire répondre à la question : de quels individus s'agit-il ? Plusieurs catégories de **variables de segmentation** sont utilisées à cette fin.

- Les **caractéristiques socio-démographiques** sont fréquemment employées, bien que donnant des résultats peu efficaces : l'âge, le sexe, le niveau d'éducation, la profession, le revenu ou le lieu d'habitation.

- On utilise de plus en plus des caractéristiques subjectives, relevant de la **personnalité** ou encore des **styles de vie**.

- Le recours aux **variables comportementales** permet de définir les groupes de consommateurs par rapport à leur comportement vis-à-vis du produit : taux d'utilisation, lieu d'achat, mode de consommation ou encore degré de fidélité à la marque.

- L'utilisation des **avantages recherchés** par les consommateurs est également proposée. Cette procédure est tout à fait logique, puisque la segmentation a pour objet d'adapter les produits aux besoins.

Il faut évaluer ces variables de segmentation le long de deux dimensions qui s'opposent le plus souvent, la **pertinence** et l'**opérationnalité**. De façon générale, les variables centrées sur les besoins sont les plus pertinentes, mais aussi les moins opérationnelles. L'inverse est vrai, la plupart du temps, en ce qui concerne les variables d'identification.

1.3. Le marché et la demande

La **demande du marché** pour un produit donné est le volume total qui serait acheté, au cours d'une période donnée, dans un environnement donné, en réponse à un programme d'action marketing donné.

Il convient de distinguer la demande du marché des ventes. La demande est une fonction de l'effort marketing de l'entreprise, alors que les ventes résultent d'un effort marketing spécifique. Par exemple, la demande est le niveau de ventes que l'on pourrait obtenir à différents prix, alors que les ventes sont associées à un prix précis.

Dans un environnement donné et au cours d'une période donnée, si l'entreprise augmente ses efforts de marketing, la demande a tendance à augmenter. Mais elle ne peut pas dépasser un certain plafond, le **marché potentiel** actuel.

L'étude du marché permet de mettre en évidence plusieurs strates de population (*cf.* schéma 2).

- Les **consommateurs actuels** achètent le produit, soit à l'entreprise, soit auprès de ses concurrents.

- Les **non-consommateurs relatifs** pourraient acheter le produit. S'ils ne le font pas actuellement, c'est qu'ils en ignorent l'existence, n'en voient pas l'utilité ou trouvent son prix trop élevé.

- Les **non-consommateurs absolus** dans l'état actuel des choses ne peuvent acheter le produit pour des raisons profondes d'ordre physique, psychologique, moral ou réglementaire.

Le repérage de ces différentes strates de population permet de décomposer le marché en plusieurs sous-ensembles.

- Le **marché actuel de la profession** se compose du marché actuel de la concurrence et du marché actuel de l'entreprise.

- Le **marché théorique de la profession** ajoute aux consommateurs actuels les non-consommateurs relatifs.

- Le **marché potentiel de l'entreprise** est défini à partir de son marché actuel, à partir de ce qu'elle peut gagner sur le marché des concurrents et sur les non-consommateurs relatifs.

Schéma 2 - La structure du marché

Population totale

Marché actuel de
la concurrence

Non-consommateurs
relatifs

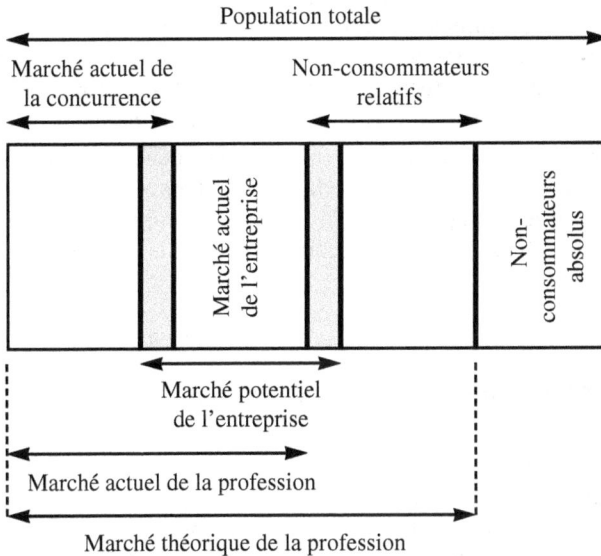

Marché actuel
de l'entreprise

Non-
consommateurs
absolus

Marché potentiel
de l'entreprise

Marché actuel de la profession

Marché théorique de la profession

Le marché théorique de la profession et le marché potentiel de l'entreprise ne constituent pas des données immuables, mais évoluent au cours du temps sous l'effet de différents facteurs :

- le **phénomène de diffusion** – plus un produit est consommé et plus il a tendance à voir sa consommation s'accroître ;

- des **facteurs contrôlés** par les entreprises à travers l'augmentation de leurs efforts d'innovation et d'adaptation des produits ;

- des facteurs émanant de l'**environnement**.

1.4. Le marché et l'environnement

L'environnement est l'ensemble des **facteurs non contrôlables** par l'entreprise et susceptibles d'avoir un impact sur son activité. Selon le cas, ces facteurs constituent des **opportunités** ou des **menaces**.

L'environnement de l'entreprise est habituellement décomposé en deux grandes parties, le micro- et le macro-environnement :

- le **micro-environnement** comprend les **partenaires commerciaux** de l'entreprise, fournisseurs, intermédiaires et consommateurs finals. Il comprend également un certain nombre de **publics** qui ne sont pas nécessairement engagés dans des relations commerciales avec l'entreprise, mais dont les décisions sont susceptibles d'entraîner des conséquences sur ses résultats : concurrents, monde financier, media, etc.

- le **macro-environnement** est le contexte plus général, caractérisé par les **structures** et les **évolutions de la société** dans laquelle se trouve l'entreprise sur le plan, par exemple, de la démographie, de l'économie, du système politico-légal, de la technologie et de la culture.

2. Le comportement du consommateur

Par comportement du consommateur, on entend toutes les activités visant à l'acquisition et à l'utilisation des produits. La clientèle est l'élément d'actif le plus important d'une entreprise. Il est donc nécessaire de bien connaître son comportement. Une partie importante des efforts de la recherche marketing est orientée dans cette direction.

2.1. Le processus d'achat du consommateur

En marketing, le comportement du consommateur est appréhendé sous la forme d'un **processus de résolution de problème**, c'est-à-dire d'une succession d'étapes qui part de la reconnaissance d'un besoin à l'achat éventuel du produit (*cf.* schéma 3).

Schéma 3 - Le processus d'achat

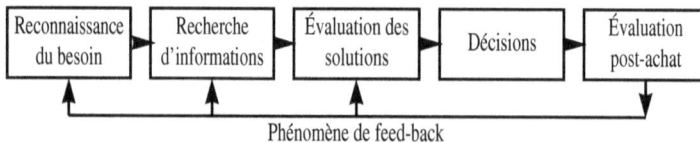

Reconnaissance du besoin	Recherche d'informations	Évaluation des solutions	Décisions	Évaluation post-achat

Phénomène de feed-back

- La **reconnaissance du besoin** est la phase qui déclenche le processus d'achat. Les consommateurs éprouvent un certain nombre de besoins qui ne se manifestent que s'ils sont activés par divers stimuli. Le consommateur perçoit alors un écart entre une situation jugée idéale et la situation actuelle.

- Une fois le besoin reconnu, le consommateur va **rechercher des informations** sur les possibilités de le satisfaire. Ces informations émanent de sources diverses, commerciales, publiques, inter-personnelles, ou encore proviennent de l'expérience du consommateur.

- Au cours de la **phase d'évaluation** des solutions, les marques sont comparées les unes aux autres en fonction des caractéristiques qu'elles offrent. À ce niveau, deux notions doivent être précisées : l'importance des attributs pour le consommateur et la performance perçue de la marque sur ces attributs. C'est la combinaison de ces deux éléments qui fournit l'évaluation de la marque par le consommateur. Cette évaluation est une quantification de l'**image de marque**.

- La **phase de décision** est l'étape au cours de laquelle le consommateur décide ou non d'acheter. La marque ayant reçu la meilleure évaluation à l'étape précédente n'est pas nécessairement celle qui sera achetée. Différentes contraintes peuvent intervenir dans le choix du consommateur (économiques, sociales, disponibilité).

- Au cours de la phase d'**évaluation post-achat**, le consommateur va comparer la satisfaction ressentie avec la satisfaction qu'il avait prévue. Cette comparaison peut déclencher des réactions expliquées par la théorie de l'**apprentissage**. Si l'évaluation est positive, un phénomène de feedback peut renforcer le comportement du consommateur.

La démarche ci-dessus a été présentée comme si une seule personne intervenait à toutes les étapes. Très couramment, plusieurs catégories de personnes jouant des **rôles différents** vont intervenir dans le processus d'achat. Par exemple, le décideur et l'utilisateur ne sont pas nécessairement les mêmes individus.

2.2. Les types d'achat

Le processus peut se dérouler de façon plus ou moins exhaustive en fonction du type d'achat.

- On classe souvent les achats en trois catégories. On parle d'**achat courant** (produits d'entretien), d'**achat réfléchi** (meubles), et d'**achat spécialisé** (matériel hi-fi). Lorsque l'on passe d'une catégorie à une autre, l'importance de l'achat augmente, ainsi que son degré de complexité.

Pour les achats courants, le consommateur suit un processus simplifié, l'amenant directement de la prise de conscience du besoin à la décision. Pour les autres catégories, un processus plus complexe sera utilisé.

- De même faut-il distinguer l'**achat nouveau** du **réachat**. Dans le premier cas, le système de référence du consommateur n'est pas encore structuré, il ne connaît pas bien les produits en concurrence ni les critères de choix à utiliser. Dans l'autre cas, la décision est pratiquement automatique dans la mesure où le produit acheté précédemment a donné satisfaction.

L'**implication** du consommateur vis-à-vis du produit est une notion qui correspond partiellement à celle de risque perçu. Elle indique dans quelle mesure le consommateur se sent concerné par l'achat. Parmi les facteurs qui déterminent le degré d'implication, figurent l'intérêt personnel de l'acheteur pour le produit, la situation d'achat ou de consommation, la probabilité de se tromper ou encore l'expérience du consommateur. Une implication faible sera associée à un processus d'achat limité avec une recherche d'informations réduite, alors qu'une implication élevée demandera au consommateur de s'engager dans un processus d'achat plus complet.

Dans de nombreux cas, les préférences vont dépendre moins des caractéristiques des produits ou de celles des consommateurs que du contexte dans lequel va s'effectuer l'achat. On parle à ce propos de **situation d'achat** définie comme un ensemble de facteurs liés à un moment et un endroit donnés qui, sans trouver leur origine dans les caractéristiques stables des personnes ou des produits, exercent une influence sur le comportement. Selon certains auteurs, la situation d'achat expliquerait une grande partie du comportement.

2.3. Les facteurs explicatifs du comportement

Le comportement du consommateur est soumis à l'influence de divers facteurs : des facteurs propres à l'individu et des facteurs qui relèvent de son environnement.

Parmi les **facteurs individuels**, on citera les besoins, la personnalité, l'attitude et le style de vie.

- Les **besoins** et les **motivations**, c'est-à-dire tout ce qui peut pousser l'individu à entreprendre une action. L'identification des motivations est difficile : elles ne sont pas toujours conscientes ni avouables. C'est l'objectif des études de motivations que de les mettre en évidence.

- La **personnalité** définie comme étant la configuration unique des caractéristiques, croyances, comportements, habitudes que chaque individu représente. C'est ce qui différencie de façon permanente deux individus dans leur réaction face à un événement donné.

- L'**attitude** est la prédisposition d'un individu à évaluer d'une certaine manière un objet et à agir d'une certaine façon à son égard. C'est un facteur important car il va intervenir dans le processus d'achat au stade de l'évaluation des solutions. L'image de marque est la traduction commerciale de l'attitude envers une marque.

- Le **style de vie** résulte d'une approche récente du comportement. Il repère de façon synthétique le mode de vie adopté par un individu et qui s'exprime par ses activités, ses intérêts et ses opinions. C'est une variable plus précise que la personnalité, puisque liée aux activités, mais plus générale que l'attitude qui est associée à un objet spécifique.

Une grande partie du comportement de l'individu est conditionnée par des facteurs d'environnement. Cet **environnement** comporte différentes facettes : il se manifeste par l'appartenance à une culture, à une classe sociale, à une famille.

- Au sens étroit du terme, la **culture** est l'ensemble des manifestations intellectuelles et artistiques d'une société. Au sens large, la culture comprend les habitudes de vie, les valeurs et les normes d'une société. Au cours d'une période donnée, la société est plus ou moins orientée vers l'individualisme, le rôle de la famille, le matérialisme, le goût de l'ordre et de la discipline ou le respect de l'environnement.

- Une **classe sociale** est composée de groupes d'individus, ordonnés les uns par rapport aux autres, et qui détiennent dans la société une position voisine sur le plan du statut économique, du comportement et des opinions. Toute société possède donc une stratification en classes sociales.

- Dans l'environnement social de l'individu, la **famille** joue un rôle particulièrement important. Les chercheurs se sont beaucoup intéressés à la **répartition des rôles** au sein de la famille de façon à identifier quel membre du couple prenait les décisions d'achat pour une catégorie de produits donnée. On pourra s'intéresser également à la place de l'individu dans son **cycle de vie familial**. Le stade du cycle auquel se trouve l'individu est en effet un facteur explicatif de ses besoins, de ses ressources et de ses achats.

3. Les études de marché

La recherche d'informations constitue une étape préalable indispensable à toute décision commerciale. Une bonne décision nécessite, en effet, une connaissance précise de l'état du marché et de son environnement ainsi que des comportements et des réactions éventuelles des publics concernés.

3.1. Présentation des études de marché

On définit les études de marché comme les activités organisées de collecte et d'analyse d'informations, relatives aux marchés dont dépend l'entreprise, dans le but de servir de base aux décisions marketing, selon des procédures formalisées fondées sur le principe de la méthode scientifique, afin d'assurer la qualité de ces informations.

À partir de l'**analyse du problème** posé à l'entreprise, il apparaît nécessaire de réunir certaines informations. Celles-ci constituent les **objectifs** de la procédure de recherche. Une **méthodologie** est alors définie pour recueillir ces informations.

Une étude de marché a, selon le cas, pour objet :

- l'**analyse du macro-environnement** avec l'étude de l'environnement économique, juridique, technologique et socio-culturel ;
- la **description du marché** sous l'angle de sa taille, de sa répartition entre les différentes catégories de consommateurs et entre les différentes marques en présence, ainsi que de l'évolution de ces éléments ;
- l'**étude des consommateurs** avec le repérage de leurs motivations, de leurs attitudes, de leurs comportements et de façon plus générale, de leur processus de choix ;
- l'**étude de la distribution** à travers les canaux de distribution utilisés et leur évolution, les attitudes et les comportements des consommateurs vis-à-vis de ces canaux, les stratégies des distributeurs ;
- l'**étude des concurrents** avec leur identification, l'analyse de leurs stratégies et de leurs résultats.

Elle peut, selon le cas, faire appel à des types d'information et à des sources d'information très diverses. On oppose à cet égard :

- les informations **quantitatives** qui concernent le comportement manifeste des publics et les informations **qualitatives** qui cherchent essentiellement à comprendre les raisons du comportement des publics étudiés ;

- les informations **primaires** qui sont créées au cours de l'étude de marché pour traiter le problème spécifique étudié, et les informations **secondaires** qui préexistent à l'étude de marché et qui sont réunies à partir d'études documentaires ;
- les informations **internes** qui sont issues de l'entreprise elle-même, et les informations **externes** qui doivent être recherchées à l'extérieur.

La méthodologie la plus couramment utilisée pour le recueil de l'information comporte trois étapes successives :

- l'étape **documentaire** est destinée à collecter l'information préexistante ;
- l'étape **qualitative** permet d'élaborer un corps d'hypothèses concernant le comportement des consommateurs ou plus généralement des publics concernés ;
- l'étape **quantitative** a pour objet de procurer des informations destinées à la validation des hypothèses émises.

C'est au cours de la phase de **traitement de l'information** que la validité des hypothèses est testée. L'analyse des résultats obtenus doit aboutir à une série de **propositions** permettant d'aider au traitement du problème posé.

3.2. Les enquêtes par sondages

Les enquêtes par sondages constituent la méthode la plus souvent utilisée au cours de l'étape quantitative de recueil de l'information. Il n'est généralement pas concevable d'enquêter auprès de l'ensemble de la population concernée. Effectuer un sondage consiste à sélectionner un **échantillon représentatif** de la population à laquelle on s'intéresse. Les informations tirées de l'échantillon sont ensuite extrapolées à l'ensemble de cette population.

Le choix de l'échantillon demande au préalable de définir quelle est la population dont on désire obtenir des informations, la **population-mère**, puis au sein de cet ensemble de sélectionner les individus qui seront effectivement enquêtés.

- Dans le cas des **sondages aléatoires**, les unités enquêtées sont tirées au sort. Si la population-mère comprend N éléments et si le sondage doit porter sur n unités, chaque unité a la même probabilité n/N de figurer dans l'échantillon. Le rapport n/N constitue le taux de sondage. Le sondage aléatoire présente l'avantage d'éliminer tout biais dans la sélection des unités.

- Dans le cas des **sondages par quotas,** les unités interrogées sont choisies en fonction de certaines de leurs caractéristiques. Cette méthode demande d'imposer à l'échantillon une structure conforme à celle de la population-mère. Cette structure est déterminée à partir de critères (âge, sexe, PCS, etc.) dont on pense qu'ils constituent des facteurs explicatifs du comportement des individus concernés.

Trois critères déterminent le choix de la taille d'un échantillon : le degré de précision désiré, le degré de fiabilité des résultats et le coût du sondage. Dans le cas de sondages aléatoires, il y a 95 chances sur cent pour que la vraie proportion p dans la population totale se situe dans l'intervalle suivant :

$$\pi = p \pm 1,96 \cdot \sqrt{\frac{p.(1-p)}{n}} = p + \omega$$

où

- p est la proportion lue sur échantillon,
- ω mesure la **précision** du sondage (marge d'erreur),
- n est le nombre d'individus interrogés.

Le degré de fiabilité, ou **seuil de confiance**, se situe ici à 95 % et donc le risque d'erreur, souvent appelé **risque** α, s'élève à 5 %. Il est commandé par le nombre d'écarts-type (ici 1,96) pris de part et d'autre de la proportion lue. Un risque α de 5 % est généralement accepté.

Il apparaît, à travers cette formule, que le degré de précision ω du sondage est d'autant plus fort que sa fiabilité est faible pour une taille donnée d'échantillon et donc pour un coût donné.

Réaliser un sondage demande de choisir un **mode d'administration** du questionnaire, ou encore la façon d'entrer en contact avec les interviewés et d'obtenir leurs réponses. Il existe quatre modes principaux d'interrogation :

- les entretiens en face-à-face : à domicile, sur le lieu d'achat, etc.,
- par téléphone,
- par correspondance,
- par moyens télématiques (minitel, télécopie, internet, etc.).

Le mode d'administration est choisi en fonction de différents critères : on citera, entre autres, le coût, la rapidité d'obtention et la fiabilité des réponses, la longueur du questionnaire, la nature des questions, ainsi que la dispersion des personnes interrogées.

3.3. Les autres techniques de collecte de l'information

Les **études qualitatives** sont généralement utilisées dans une phase préalable au sondage quantitatif. Il s'agit de mettre en évidence les différents motifs sous-jacents aux comportements, de repérer les principaux éléments du processus de comportement du consommateur ainsi que les facteurs qui peuvent l'influencer.

Ce travail s'effectue sur de petits échantillons (10 à 20 individus) desquels on n'exige pas d'être représentatifs, mais qui doivent intégrer des individus de catégories très diverses, de façon à mettre en évidence la plupart des motivations qui peuvent se rencontrer et les différents types de processus de choix. Plusieurs techniques peuvent être employées.

- Les **entretiens non directifs**, ou encore entretiens en profondeur, qui sont des enquêtes non structurées.

- Les **entretiens semi-directifs** utilisent des guides d'entretiens comportant une liste de questions ouvertes posées dans un ordre déterminé.

- Les **réunions de groupes** permettent de créer des interactions entre les participants, ce qui a pour intérêt de faire apparaître de nouvelles idées.

- Les **tests projectifs** ont pour but de permettre aux individus d'exprimer leurs motivations sans s'impliquer directement dans la réponse.

Parmi les autres techniques de recueil de l'information, il conviendra de citer aussi les panels et les expérimentations.

- Le **panel** est un échantillon permanent de personnes ou d'entreprises qui sont interrogées de façon périodique au sujet de leur comportement manifeste (quantités achetées, marques, modèles, lieux d'achats).

- Les **expérimentations** ont pour objet de repérer, à l'aide de procédures relevant de la démarche scientifique, les réactions des consommateurs à des décisions marketing données (modification de prix ou de conditionnement, nouveau produit).

Chapitre 3

LES INSTRUMENTS DE LA POLITIQUE MARKETING

1. Le produit

Le produit constitue l'élément de base du marketing-mix. Un produit est un ensemble d'avantages perçus par le consommateur. Il peut être étudié à l'aide du concept de base sur lequel il a été établi, à travers ses caractéristiques, sa marque, son conditionnement et par la place qu'il occupe dans son cycle de vie. Une entreprise doit généralement gérer un ensemble de produits, qui constituent son product-mix. Ces produits sont regroupés en gammes. Chaque gamme est analysable en fonction des comportements de différentes dimensions ; les produits qui la composent y jouent des rôles variés. La gestion de la gamme peut amener l'entreprise à des décisions d'extension et de contraction. L'innovation et la création de produits nouveaux sont indispensables à la survie et au développement de l'entreprise. Le processus d'innovation est la succession des étapes qui font passer le produit du stade d'idée au stade de produit commercialisable. À ce processus d'innovation succède un processus d'adoption au cours duquel le produit est diffusé au sein du marché.

Le produit constitue l'élément de base du marketing-mix : les trois autres variables du mix en sont largement dépendantes.

La gestion des produits sera abordée successivement à travers :
- l'analyse de leurs caractéristiques ;
- la politique de gamme ;
- la politique d'innovation.

1.1. L'analyse du produit

1.1.1. Le niveau d'analyse du produit

Un produit peut être étudié à différents niveaux d'analyse correspondant à des approches plus ou moins fondamentales.

- Le **produit central** ou **concept de produit** correspond à ce qu'achète fondamentalement le consommateur et constitue donc la réponse aux besoins qu'il ressent.
- Le **produit tangible** matérialise le produit central à travers une offre concrète. Plusieurs éléments sont nécessaires à cette matérialisation : des caractéristiques, une qualité, un nom et un conditionnement.
- Le **produit global** ou **produit élargi** représente le produit tangible avec tous les éléments fournis avec lui, comme, par exemple, l'installation, le service après-vente, le conseil, le mode de financement.

1.1.2. Les composantes du produit

En marketing, le produit n'est pas appréhendé uniquement à travers ses caractéristiques techniques, mais plus fondamentalement comme un **ensemble d'avantages perçus** par le consommateur.

Un produit peut être défini par ses caractéristiques fonctionnelles mais aussi d'image.

- Les caractéristiques **fonctionnelles** sont essentiellement d'ordre physique : composition, dimensions, performances techniques, facilité d'utilisation, qualités sensorielles et esthétiques. Elles dépendent aussi de certains services offerts avec le produit tels que le service après-vente ou la garantie.
- Les caractéristiques d'**image** correspondent au contenu symbolique du produit qui est plus ou moins associé à des valeurs données, à des motivations spécifiques, à l'expression d'une personnalité et d'une image souhaitée. Cette dimension symbolique est plus importante dans le cadre de ce qui occasionne une consommation ostentatoire.

1.1.3. La marque

La marque est un **signe de reconnaissance** qui sert à distinguer les produits d'une entreprise. De façon plus précise, une marque est un nom, un terme, un signe, un symbole, un dessin ou toute combinaison de ces éléments servant à identifier les biens et services d'un vendeur et à la différencier des concurrents.

La marque remplit plusieurs fonctions :

- Elle sert à **identifier** l'origine du produit.
- Elle offre au consommateur une **garantie**.
- La marque **protège** le produit contre d'éventuelles imitations.
- Elle contribue à le **différencier** des produits concurrents et donc à son **positionnement**.

Une entreprise a le choix entre utiliser une ou plusieurs marques. Elle peut également employer une marque propre ou faire appel à une marque de distributeur.

- Une **marque ombrelle** couvre des produits variés, soit l'ensemble des produits de l'entreprise, soit ceux appartenant à une gamme donnée. Cette stratégie de **marque unique** permet de réaliser des économies d'échelle sur les investissements publicitaires et d'étendre la réputation de l'entreprise à tous ses produits. Cette stratégie est difficilement applicable dans le cas de produits trop différents.
- Lorsque l'entreprise commercialise des produits répondant au même type de besoins, elle peut recourir à des **marques multiples**. Ceci permet de s'adresser à différents segments de marché.

Depuis quelques années, on constate le développement de l'utilisation des **marques de distributeurs**. Ce sont les intermédiaires qui appliquent leur nom aux produits qu'ils commercialisent. Pour le fabricant, les dépenses de communication sont réduites, mais il risque de devenir dépendant de son distributeur.

1.1.4. Le conditionnement

Le conditionnement désigne l'enveloppe du produit, tel qu'il se présente à la vente dans le rayon d'un magasin. Suivant les produits, cette notion recouvre différentes acceptions.

- Le **conditionnement primaire** est en contact direct avec le produit lui-même. Il définit généralement l'unité de consommation du produit.
- Le **conditionnement secondaire** constitue l'unité de vente proposée au consommateur : il comprend des éléments destinés à protéger le conditionnement primaire, et sert de support promotionnel.

- Le **conditionnement d'expédition** sert au transport, à l'identification, au stockage et à la manutention du produit.

Longtemps limité à un rôle technique de protection, de conservation et de distribution du produit, le conditionnement a de plus en plus une **fonction marketing** à remplir :

- Il est conçu pour **faciliter l'utilisation** du produit.
- Il constitue un **support d'information** pour le consommateur.
- C'est également un **moyen de communication** et de promotion.
- C'est enfin un instrument du **positionnement** du produit.

Cette fonction marketing s'est développée parallèlement à la progression du libre-service, et à l'augmentation du poids de l'image de marque dans le comportement d'achat.

1.1.5. Le cycle de vie du produit

Le concept de cycle de vie schématise l'évolution des ventes du produit au cours du temps, en fonction de son âge.

Dans sa formulation la plus courante, le cycle de vie comporte quatre phases (*cf.* schéma 4).

- Phase de **lancement** : le produit est introduit sur le marché. Il est encore imparfait sur le plan technique, peu connu de la majorité des consommateurs et de la distribution. Les ventes évoluent lentement et comme les coûts de production restent élevés, le produit dégage des résultats négatifs. La concurrence est faible.

- Phase de **croissance** : le produit est de plus en plus accepté par les consommateurs et par la distribution. L'accroissement rapide des ventes, associé à la réduction des coûts, fait apparaître les premiers bénéfices, mais aussi la concurrence.

- Phase de **maturité** : le marché potentiel est atteint et les ventes totales se stabilisent. La concurrence est très forte ; il y a une tendance à la sur-capacité de production. Pour maintenir ses ventes, l'entreprise doit augmenter ses dépenses de marketing. Au cours de cette phase, l'effet d'expérience joue à plein et les coûts de production sont bas ; les bénéfices atteignent leur niveau maximum puis se stabilisent.

- Phase de **déclin** : de nouvelles technologies permettant de mieux satisfaire les besoins apparaissent, les goûts et les habitudes se modifient.

Le produit considéré devient obsolète : ses ventes et ses résultats baissent. Ceci peut conduire à l'abandon du produit.

Schéma 4 - Le cycle de vie du produit

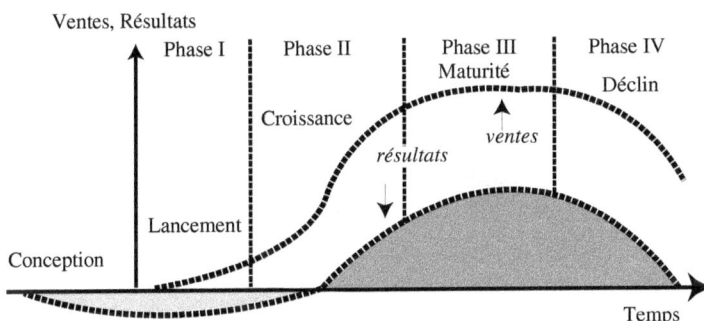

Ventes, Résultats

Phase I | Phase II | Phase III Maturité | Phase IV Déclin

Croissance

ventes

résultats

Lancement

Conception

Temps

Le concept de cycle de vie apparaît relativement simple, mais son utilisation peut se heurter à différentes difficultés. En premier lieu, il faut choisir le **niveau d'analyse** auquel on doit se placer. Faut-il considérer le marché, le produit ou la marque ? Il est possible, en effet, de définir un cycle propre à chacun de ces niveaux se situant éventuellement à des stades différents. Le niveau d'application le plus opérationnel semble être celui du **couple produit-marché**. Dans ce cadre, le cycle de vie reflète aussi bien l'évolution du produit que celle du marché auquel il s'adresse.

Un autre problème apparaît lorsque l'on constate que les cycles de vie ne respectent pas toujours l'évolution en quatre phases du modèle de base. Ainsi, on observe des **cycles atypiques**. Certains produits passent directement de la phase de lancement à celle de déclin. D'autres produits, tels les gadgets, ne connaissent qu'une phase de croissance accélérée et une phase de déclin rapide. D'autres cycles se caractérisent par des phases de croissance à rebondissement.

Dans ces conditions, l'application du concept à des fins de prévision s'avère difficile, surtout si l'on considère que le cycle de vie est en partie conditionné par les actions marketing de l'entreprise. En modifiant son produit, en lui donnant des applications nouvelles, l'entreprise arrive à prolonger les phases de croissance ou de maturité. L'intérêt essentiel de cette notion est de rappeler à l'entreprise que ses produits ne sont pas éternels, et qu'ils sont destinés à être remplacés par de nouveaux produits permettant de mieux satisfaire les besoins.

1.2. La gamme de produits

1.2.1. La notion de gamme

Une entreprise fabrique rarement un seul produit. L'ensemble des produits fabriqués par une entreprise constitue son *product-mix* ou encore son **portefeuille de produits**. Si les produits d'une entreprise sont très différents les uns des autres, il est nécessaire de les regrouper en ensembles homogènes. On est ainsi amené à définir des gammes de produits.

Une gamme est constituée par l'ensemble des produits proches les uns des autres parce qu'ils remplissent la même fonction, sont vendus aux mêmes groupes de consommateurs ou sont commercialisés par les mêmes circuits de distribution.

1.2.2. L'analyse de la gamme de produits

L'analyse de la gamme de produits s'effectue à travers l'étude de ses dimensions, du rôle des produits qui la composent, de leur poids économique et de leur âge.

Une gamme est caractérisée par ses **dimensions**. On parle de sa largeur et de sa profondeur.

-   La **largeur** d'une gamme est égale au nombre de lignes ou de catégories de produits existantes : une augmentation de la largeur est associée à une politique de diversification.
-   La **profondeur** de la gamme se mesure par le nombre de modèles différents au sein de chaque ligne. Une gamme plus profonde correspond à un objectif de segmentation du marché.

Les produits constituant une gamme ont des **rôles** très variés à remplir.

-   Les **produits leader** sont ceux qui assurent la plus grande partie du chiffre d'affaires ou du résultat de l'entreprise. Les bénéfices dégagés par ces produits peuvent être investis sur des produits peu rentables mais susceptibles de le devenir.
-   Les **produits d'appel** sont généralement les premiers prix et constituent des versions simplifiées des produits leader ; ils ont pour vocation d'attirer le consommateur.
-   Les **produits de prestige** ont pour objet de valoriser la gamme en lui conférant une image de haute qualité. L'existence de ces produits répond plus à des préoccupations commerciales que financières.

- Les **produits tactiques** ont pour objet d'occuper le terrain et de contrer la concurrence.
- Les **produits régulateurs**, au contraire, ont surtout une vocation financière. Ils sont destinés à absorber les frais fixes et à amortir les variations du chiffre d'affaires.

Lorsque l'on s'intéresse au rôle des produits dans une gamme, il convient aussi d'apprécier les relations de **complémentarité** ou de **substitution** éventuelle entre les produits. Si deux produits sont trop proches, ils risquent de se faire concurrence. Lorsque cela se produit, on parle de phénomène de cannibalisation.

L'analyse de la structure de la gamme doit également prendre en compte :

- le **poids économique** des produits à l'aide du chiffre d'affaires et des bénéfices qu'ils dégagent,
- mais aussi leur **position dans le cycle de vie**. Une gamme équilibrée doit ainsi comporter des produits répartis sur toutes les phases du cycle de vie. Une entreprise qui ne possède que des produits en phase de maturité dégage certes des bénéfices, mais n'assure pas pour autant son avenir.

1.2.3. La gestion de la gamme de produits

La gestion d'une gamme de produits peut se traduire en termes d'extension ou de contraction.

Une politique d'**extension de gamme** revient à augmenter la largeur (adjonction de lignes) ou la profondeur (augmentation du nombre de modèles au sein des lignes) de la gamme existante. Une telle politique :

- assure une meilleure **couverture** du marché,
- réduit la **vulnérabilité** de l'entreprise par diversification,
- permet une meilleure **rentabilisation** des moyens,
- risque, en revanche, d'entraîner une **dispersion** des efforts.

L'extension de gamme peut revêtir différentes modalités. L'**extension vers le bas** permet d'exploiter une image de qualité gagnée à travers les produits du haut de la gamme et de toucher un public plus large. L'**extension vers le haut** repositionne l'image de l'entreprise et lui ouvre des segments plus rentables. La consolidation consiste à ajouter de nouveaux modèles afin de compléter la gamme.

La politique de **contraction de gamme** vise à concentrer les efforts sur un nombre de produits plus faible. Les objectifs poursuivis sont essentiellement la **réduction des coûts**.

1.3. Les produits nouveaux

1.3.1. La notion de produit nouveau

La création de produits nouveaux est une nécessité pour l'entreprise. Elle permet de relancer les ventes dans des marchés saturés et d'équilibrer le portefeuille de produits pour lutter contre le déclin des produits anciens. Avec l'évolution du progrès technique et les modifications des goûts des consommateurs, la durée de vie des produits est de plus en plus courte.

Il est difficile de dire à partir de quand un produit peut être qualifié de véritablement nouveau. Pour certains, un produit nouveau ne résulte que d'une découverte majeure. Pour d'autres, une modification même mineure du produit peut être qualifiée d'innovation.

En marketing, on considérera qu'un produit est nouveau dès qu'il est **perçu comme tel** par le consommateur. Les concepts d'innovation et de produit nouveau ne se recouvrent donc pas totalement. Certaines innovations purement techniques ne sont pas connues du public. D'autre part, des produits nouveaux pour l'entreprise ne le sont pas nécessairement pour le consommateur.

Si l'on s'intéresse à la **source de l'innovation**, on distinguera les innovations à dominante technologique ou à dominante marketing.

- Les innovations à **dominante technologique** portent sur les caractéristiques physiques du produit ou sur son processus de production. Elles découlent de l'application des sciences exactes dans la pratique industrielle.

- Les innovations à **dominante marketing** s'inscrivent dans le processus de commercialisation d'un produit. Elles relèvent moins du progrès technique et sont plus axées sur les sciences humaines que sur les sciences exactes. Elles sont souvent issues d'études auprès des utilisateurs.

Le **degré de nouveauté** d'un produit s'analyse à partir de deux dimensions repérant l'innovation en termes de contenu technologique et en termes d'un impact plus ou moins élevé sur le comportement de l'utilisateur.

1.3.2. Le processus d'innovation

Ce processus comprend plusieurs phases : recherche et filtrage des idées, évaluation économique, développement et test des produits.

- La recherche d'idées nouvelles peut faire appel à des **sources internes** à l'entreprise (service de recherche et développement, avis des représentants, orientations de recherche données par la direction générale) et **externes** (publications scientifiques, congrès, concurrents, suggestion des clients, des fournisseurs et des distributeurs). La recherche d'idées nouvelles peut être stimulée à l'aide de techniques de créativité.

- Le **filtrage** a pour objet d'opérer une première sélection des idées. Il s'agit d'éliminer le plus rapidement possible celles qui n'apparaissent pas intéressantes, de façon à leur consacrer le moins de temps et de dépenses possible. On peut s'aider, pour cette phase, de grilles d'évaluation.

- L'**évaluation économique** permet d'estimer si le concept de produit qui vient d'être défini est rentable. Pour cela, on établit des comptes de résultats prévisionnels, ce qui nécessite d'estimer les ventes, les coûts et les bénéfices attendus. Le risque est appréhendé à l'aide du calcul du seuil de rentabilité du produit et de l'analyse de sensibilité des résultats.

- Le **développement** du produit concerne la mise au point du produit aussi bien au niveau physique, à l'aide de la réalisation de prototypes, qu'au niveau de son programme de commercialisation.

- Le **test du produit** est réalisé soit en laboratoire soit en dimension réelle sur le terrain avec éventuellement recours à des marchés-test pour vérifier si le produit répond bien aux attentes avant le lancement commercial.

1.3.3. La diffusion des produits nouveaux

La diffusion des produits nouveaux est tributaire du **processus d'adoption**, c'est-à-dire de la succession d'étapes qui amènent le consommateur à prendre connaissance du produit, à l'essayer éventuellement et à l'adopter, donc à l'intégrer dans son système de consommation.

Ce processus varie en fonction de l'individu. Les consommateurs sont plus ou moins sensibles à l'attrait du produit nouveau. Les adopteurs précoces sont en général plus jeunes, de condition sociale et intellectuelle plus élevée, avec une situation financière plus favorable et des sources d'informations plus diversifiées que les autres individus. Ce sont souvent des leaders d'opinion.

La nature du produit influence également la rapidité avec laquelle il sera adopté par le marché. Plusieurs facteurs conditionnent son rythme d'adoption :

- son prix ;
- son avantage comparatif par rapport aux produits antérieurs ;
- son degré de compatibilité avec les habitudes de consommation ;
- le degré de complexité de l'innovation qu'il contient ;
- la communicabilité de cette innovation.

Les produits nouveaux présentent des taux d'échecs importants pouvant dépasser 50 %. Une grande partie des causes d'échec relève plus d'un manque de réflexion au niveau stratégique que d'un manque de moyens au niveau opérationnel. Le renforcement des études en amont du processus d'innovation est de nature à faire baisser notablement le taux d'échec.

2. Le prix

Le choix du prix de vente du produit est conditionné par les objectifs de l'entreprise. Il met en jeu plusieurs approches complémentaires : le prix peut être déterminé à partir du coût, à partir de la demande et à partir de la concurrence. Lorsqu'il est fixé à partir du coût, deux conceptions s'opposent, celle du coût complet et celle du coût partiel. La fixation à partir de la demande fait appel à différentes procédures relevant de l'économie, de l'analyse de la valeur et de la psychologie, à travers les phénomènes de perception des prix. Lorsque la concurrence est prise en considération, il convient d'analyser la structure du marché ainsi que d'anticiper les réactions des concurrents à toute modification de prix.

Le prix de vente paraît *a priori* comme l'élément du mix le plus facile à déterminer. En effet, les entreprises emploient souvent, lors de sa fixation, des méthodes relativement rudimentaires. Il s'agit cependant d'un facteur essentiel du succès d'une politique commerciale, d'où la nécessité d'accorder à la décision de prix toute l'attention qu'elle mérite.

2.1. Les objectifs et la démarche en matière de prix

À travers sa politique de prix, une entreprise peut rechercher plusieurs types d'objectifs.

- Objectifs de **profit** : ils se traduisent par la recherche de la rentabilité à long terme ou à court terme. Dans le premier cas, l'entreprise pratique des prix stables lui assurant des résultats réguliers. Dans le second, elle exploite le plus possible la situation actuelle sans tenir compte de répercussions à long terme (politique d'écrémage).

- Objectifs de **volume** : l'entreprise cherche à développer ses ventes. La fixation de ses prix a alors pour finalité d'accroître ses parts de marché ou d'obtenir un taux de croissance élevé (politiques de pénétration).

- Objectifs de **concurrence** : l'entreprise veut se positionner sur le marché, éviter des guerres de prix ou empêcher l'entrée de nouveaux concurrents sur le marché en pratiquant des prix suffisamment bas. Dans certains cas, la fixation des prix est liée à la survie de l'entreprise. Ainsi, en période de sur-capacité, elle désire avant tout écouler ses stocks et obtenir des liquidités.

- Objectifs d'**image** : le prix est un moyen de communication sur la qualité de ses produits. Par une politique de prix élevés, l'entreprise vise un positionnement haut de gamme dans l'esprit du consommateur.

Tous ces objectifs ne se situent pas au même niveau. Certains relèvent de la stratégie et du long terme (rentabilité, volume, image), les autres plus de la tactique et du court terme (concurrence, survie). Néanmoins, le profit constitue une finalité fondamentale car il est une condition nécessaire de la pérennité et de la croissance. Pour beaucoup d'entreprises, l'objectif privilégié est la recherche à long terme d'un taux de rendement satisfaisant de ses capitaux propres.

Une fois ses objectifs de prix définis, l'entreprise doit déterminer la **zone d'acceptabilité** du prix par le marché en fonction de l'attitude des utilisateurs et des stratégies des concurrents. L'entreprise étudie ensuite si elle peut produire de façon rentable dans cette zone de prix, compte tenu de ses conditions de coûts. Le prix définitif auquel on aboutit ainsi que sa présentation doivent, en outre, respecter la réglementation. Au cours du processus de fixation des prix, l'entreprise est ainsi amenée à aborder le prix à travers des considérations de différents facteurs en matière de coût, de demande et de concurrence.

2.2. La fixation du prix à partir du coût

2.2.1. L'estimation du coût

Dans une perspective de fixation de prix, il est nécessaire de distinguer différents types de coûts.

- La répartition entre **coûts fixes** ou coût de structure et **coûts variables** ou coût de fonctionnement repose sur la liaison entre le coût étudié et le niveau d'activité. Un coût sera qualifié de variable s'il dépend du niveau d'activité ; il sera fixe s'il en est indépendant.

- Les **coûts directs** sont affectables à un produit déterminé sans calcul intermédiaire. Les **coûts indirects** ou communs ne le sont qu'à la suite d'opérations d'imputation souvent complexes et toujours plus ou moins arbitraires.

Lorsqu'une entreprise cherche à estimer un coût, elle doit également tenir compte de son **évolution**. Le coût d'un produit varie en fonction des quantités produites au cours d'une période (**économies d'échelle**), mais aussi en fonction de sa production cumulée depuis le début de sa mise en fabrication. Au fur et à mesure que la production cumulée augmente, l'entreprise améliore son savoir-faire et rationalise son organisation (**effet d'expérience**).

2.2.2. Les techniques utilisées

Dans la **méthode du coût complet**, le prix est fixé de façon à absorber la totalité des charges. Le coût de revient complet est obtenu en rapportant la somme des charges au nombre des unités produites. Le prix de vente est alors calculé par affectation d'un **coefficient multiplicateur** au coût de revient complet ou par addition d'une **marge**.

L'application de cette méthode soulève plusieurs types de difficultés. Quand le niveau de production atteint n'est pas celui qui était prévu, cela entraîne une modification du coût complet. Le recours au coût complet donne une fausse sécurité à l'entreprise qui n'est pas du tout assurée d'obtenir la marge attendue. La procédure est d'autre part incohérente puisqu'elle conduit à vendre plus cher quand on prévoit des ventes plus faibles, alors qu'il semblerait plus logique de faire l'inverse. D'autres difficultés apparaissent avec la répartition des coûts indirects. Dans la mesure où cette affectation dépend des systèmes d'imputation utilisés, les prix qui en résultent risquent de s'avérer arbitraires.

Avec la **méthode du coût de revient partiel**, on n'intègre dans le calcul du coût qu'une partie des charges supportées par l'entreprise :

- méthode du **coût marginal** où seules les charges associées au supplément de production seront comptabilisées. Si la production d'unités additionnelles ne nécessite pas de changement de structure, le coût marginal ne comprendra que des coûts variables. La différence entre le prix de vente et le coût marginal représente une **marge brute**.

- méthode du **coût direct** où seules les charges directes sont prises en compte dans le calcul du coût de revient. Le prix est alors déterminé en ajoutant une marge brute au coût direct.

Dans les deux cas, tout produit est déclaré rentable s'il présente une marge brute positive. Le coût direct et le coût marginal constituent le prix minimum au-dessous duquel le produit ne dégage plus de marge. On parle souvent de **prix technique** ou de **prix interne**.

2.2.3. La relation profit-volume

La relation profit-volume intègre simultanément trois paramètres conditionnant le bénéfice : le prix, les coûts et le niveau d'activité. Dans le domaine de la fixation des prix, la relation profit-volume a de nombreuses applications.

Elle aide à déterminer le **seuil de rentabilité**, niveau d'activité Q^* qui permet d'égaliser les recettes et les dépenses pour un prix donné. Si

- CF est le montant des frais fixes
- a, le coût variable unitaire
- p, le prix de vente

le point mort est donné par l'expression suivante :

$$Q^* = . \frac{CF}{p - a}$$

La relation profit-volume permet également de déterminer le niveau de production nécessaire Q_1, pour obtenir un niveau de marge brute MB donné.

$$Q = . \frac{CF + MB}{p - a}$$

C'est également un instrument de simulation qui permet de réaliser des **analyses de sensibilité** du résultat ou du seuil de rentabilité pour une modification envisagée du prix de vente, du coût variable unitaire ou encore des coûts de structure. Par exemple sur le schéma 5, on voit que le fait de réduire le prix de vente de p_1 à p_2 demande de faire augmenter de Q_1 à Q_2 le niveau d'activité pour maintenir le niveau de marge brute.

Schéma 5 - La relation profit-volume

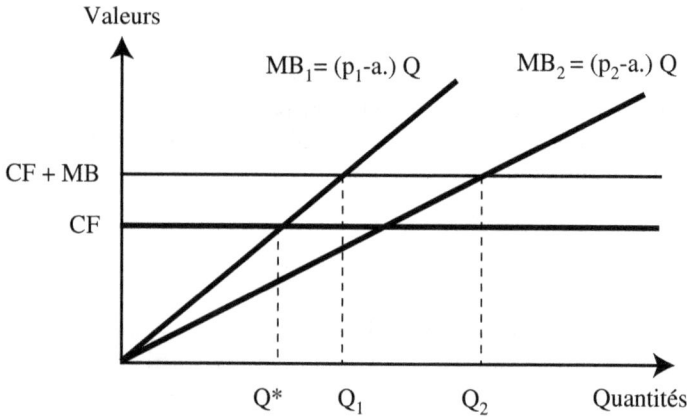

La relation profit-volume met en évidence, à côté des coûts, la nécessité de prendre en compte la demande dans le choix du prix.

2.3. La fixation du prix à partir de la demande

2.3.1. L'approche économique classique

La fonction de demande relie les quantités vendues au prix du produit. Généralement, les ventes varient inversement au prix. Le degré de sensibilité de la demande s'exprime à l'aide d'un **coefficient d'élasticité-prix** ε égal à la variation relative de la demande (dq/q) rapportée à la variation relative du prix (dp/p) : $\varepsilon = (dq/q)/(dp/p)$. L'élasticité-prix de la demande s'évalue à l'aide de méthodes économétriques ou par expérimentation.

Le profit de l'entreprise s'exprime par la formule B=R(q)-C(q), où R(q) désigne la relation recettes-quantités, q le niveau de production et C(q) le coût total associé à ce niveau de production. La fonction de bénéfice est optimisée par dérivation du bénéfice par rapport aux quantités. On obtient : ∂B / ∂q =R'-C'=0. Dans cette expression, C' est le coût marginal et R' la recette marginale qui s'écrit également R'= p $(1 + 1/\varepsilon)$. Dans ces conditions, le prix qui rend le profit maximum est donné par la relation : p=C'/$(1 + 1/\varepsilon)$.

L'approche économique classique fournit les conditions d'optimisation du profit. Mais son approche globale du problème ne permet pas d'intégrer de façon opérationnelle les besoins de l'utilisateur ainsi que sa perception du produit.

2.3.2. Les analyses en termes de valeur

Quand un consommateur évalue l'intérêt d'un achat, il compare l'ensemble des coûts occasionnés par l'acquisition du produit (notion de **prix élargi**) et la valeur des avantages qu'il en retire. La différence entre cette valeur et les coûts autres que le prix d'achat constitue un prix maximum acceptable.

- Les **coûts d'acquisition** dépendent non seulement du prix d'achat mais aussi des termes de l'échange (conditions de paiement, etc.), des coûts de fonctionnement (frais de maintenance, etc.), des coûts de transfert (coûts d'adaptation du système de production).

- Les **avantages** ne se mesurent pas uniquement en termes économiques et objectifs. Ils doivent être évalués sur l'ensemble des caractéristiques qualitatives et quantitatives du produit telles que les perçoit l'utilisateur.

2.3.3. L'approche psychologique

Les approches précédentes relèvent d'une vision rationnelle d'un consommateur parfaitement informé des prix et de la qualité des produits. L'approche psychologique va se démarquer de cette conception du consommateur. Elle met en évidence qu'il ne connaît pas toujours parfaitement les prix des produits, ni leur qualité et qu'il est soumis à certains phénomènes de perception des prix.

Des études réalisées à partir de nombreuses enquêtes ont montré que la **connaissance des prix** était relativement réduite et qu'elle variait selon les types de consommateurs. Dans beaucoup de cas, le prix est un **indicateur de qualité**. Pour le consommateur, le prix est lié au coût de production du produit : si le prix est élevé, c'est que le coût est élevé et donc que la qualité est forte.

La **perception physique** des prix pose également un certain nombre de problèmes que l'approche psychologique a essayé d'intégrer :

- les prix ne sont pas perçus de façon linéaire, mais selon une échelle logarithmique ;

- il existe des seuils dans la perception des prix, en particulier les nombres ronds. Le franchissement d'un prix rond entraîne une perception de forte hausse de prix.

Le **prix psychologique** est fondé sur le principe selon lequel le consommateur s'aide du prix afin d'appréhender la qualité du produit. Quand il envisage d'acheter un produit, il analyse son prix en fonction d'une fourchette de prix acceptables : un **prix minimum** au-dessous duquel le produit est estimé de qualité insuffisante et un **prix maximum** à partir duquel le produit paraît trop cher. Le prix psychologique est celui qui est jugé acceptable par le maximum de consommateurs.

2.4. La fixation du prix à partir de la concurrence

2.4.1. Les structures concurrentielles

L'analyse économique classique classe les marchés selon les critères suivants :

- **nombre** d'intervenants,
- **type de produit**, homogène ou différencié,
- **fluidité** du marché, c'est-à-dire facilité d'y entrer ou d'en sortir.

D'autres facteurs jouent également un rôle important. En ce qui concerne la **demande**, on distingue les cas où le marché est expansible ou saturé, segmentable ou non, sensible ou insensible aux autres variables du mix et enfin si les utilisateurs sont ou non informés. Au niveau de l'**offre**, on est amené à tenir compte des conditions de productivité (économies d'échelle, phénomène d'apprentissage) et des surcapacités éventuelles de production.

Il est clair que la concurrence sera forte pour un nombre d'intervenants élevé, un produit homogène et un marché fluide. Lorsque ces conditions sont réunies, il est difficile pour une entreprise de vendre à un prix supérieur à celui du marché. De même, la concurrence est d'autant plus vive qu'il existe des capacités de production excédentaires, une demande peu expansible, homogène, insensible aux autres variables du mix et que les utilisateurs disposent de beaucoup d' informations.

2.4.2. Le choix du prix face à la concurrence

Lorsqu'une entreprise fixe le prix d'un produit par rapport à la concurrence, elle s'adapte au prix du marché, ce qui va l'amener à **vendre au prix du marché**, si son produit n'offre pas d'avantage comparatif particulier. Dans le cas contraire, elle pourra commercialiser son produit au-dessus du prix du marché.

En simulant, par expérimentation, les choix des consommateurs entre plusieurs marques à des prix variés, une entreprise peut mesurer la part de marché dont bénéficiera sa marque par rapport aux marques concurrentes. Cette simulation permet de repérer le supplément de prix pouvant être obtenu pour différents niveaux de part de marché. Ce supplément de prix s'explique, selon le cas, par la qualité supérieure du produit, un meilleur programme de communication ou un degré élevé de fidélité à la marque. De façon plus générale, il dépend de la valeur perçue relative du produit par les utilisateurs.

Dans le cas de produits nouveaux, l'entreprise se trouve en position de monopole. Elle aura le choix entre deux grandes stratégies :

- l'**écrémage** du marché, avec des prix élevés, permet de faire apparaître des marges fortes, mais limite la diffusion du produit et risque de susciter l'apparition de concurrents.
- la **pénétration** du marché, avec des prix faibles, permet une diffusion plus rapide du produit, ce qui se traduit souvent par une réduction du coût, tout en le protégeant de la concurrence.

2.4.3. Les réactions aux modifications de prix

Quand une entreprise décide de modifier son prix, les réactions des concurrents vont dépendre de plusieurs types de facteurs :

- **économiques** : capacité productive, productivité,
- **commerciaux** : degré d'homogénéité du marché, valeur des parts de marché, niveau de saturation du marché,

- **financiers** : capacité à supporter des pertes,
- **comportementaux** : objectifs, procédure de décision, degré d'information.

Pour faire face à une réduction de prix d'un concurrent, une entreprise devra, avant de réagir, identifier les causes et la durabilité de cette réduction, puis adopter une des trois grandes stratégies suivantes :

- **maintien des prix**, si elle pense que la réduction du prix chez le concurrent est provisoire, ou que celle-ci a peu d'effet sur sa part de marché,
- **contre-attaque sur d'autres variables du mix** en améliorant son produit ou son positionnement,
- **réduction des prix** si elle estime que la réduction du concurrent est durable, le marché très sensible au prix et les produits très homogènes.

On considère que la concurrence par les prix comporte de **nombreux risques**. C'est une forme de concurrence très visible, surtout sur les marchés de grande consommation, et très facilement imitable. La concurrence par les prix peut d'autre part dégénérer en guerre de prix. Dans ce cas, toutes les entreprises ont baissé leurs prix et leurs bénéfices sont donc réduits.

Les risques d'une **guerre des prix** sont d'autant plus grands que le marché est saturé, les capacités de production excédentaires et le produit homogène. Dans ces cas, il vaut mieux utiliser d'autres armes concurrentielles (innovation, publicité, etc.) ou s'entendre sur les prix, dans les limites autorisées par la réglementation.

3. La distribution

La distribution est l'ensemble des opérations qui permettent au produit fabriqué par l'entreprise d'être mis à la disposition de ses utilisateurs. La distribution remplit diverses fonctions spatiales, temporelles et commerciales. L'entreprise a à sa disposition des canaux de distribution de longueur et de forme différentes. La politique de distribution consiste à choisir les circuits de distribution en fonction de diverses contraintes et de la stratégie de distribution, intensive, sélective ou exclusive adoptée par l'entreprise, et à les gérer, entre autres à l'aide d'un système de motivation, de techniques de merchandising et à travers l'action de la force de vente.

La distribution recouvre l'ensemble des opérations par lesquelles un bien sortant de l'appareil de production est mis à la disposition des utilisateurs. Les choix de distribution sont importants pour l'entreprise car ils l'engagent généralement pour une longue période.

3.1. L'analyse de la distribution

3.1.1. Les fonctions de la distribution

La distribution a pour mission première la mise à disposition des produits dans les lieux et les quantités voulus par les consommateurs. Cette **fonction spatiale** sera associée à :

- des activités de **transport**, avec l'acheminement du produit entre le fabricant et ses clients,
- un ensemble de tâches d'ordre **logistique**, telles que la manutention et l'entreposage,
- l'**allotissement** ou constitution de lots homogènes et suffisamment importants à destination des intermédiaires,
- le **fractionnement** est l'éclatement nécessaire de la production en lots de taille réduite, adaptés aux besoins des consommateurs.

La distribution a également une **fonction temporelle** de mise à disposition des produits au moment voulu par les clients, ce qui se traduit par des activités :

- de **stockage** pour permettre l'ajustement de l'offre à la demande au cours du temps,
- de **financement**, correspondant à l'immobilisation de capitaux imputable aux stocks et au crédit à la consommation.

La **fonction commerciale** de la distribution comporte trois aspects :

- l'**assortiment** consiste à transformer les lots de production en lots de vente,
- l'**information** se traduit par le rôle de media que joue la distribution avec l'affichage des prix, les actions promotionnelles, la publicité sur le lieu de vente et le merchandising,
- le **service** avec le conseil, la livraison, l'installation des produits, et le service après-vente.

3.1.2. Les structures de distribution

Un canal de distribution est l'itinéraire suivi par un produit pour aller du producteur au consommateur. Il est plus ou moins long. L'analyse habituelle d'un canal se fait à partir du nombre d'intervenants, ou intermédiaires, par lesquels le produit transite. Le schéma 6 reproduit des exemples de canaux de distribution.

- Le **canal ultra-court** est caractérisé par l'absence d'intermédiaire entre le producteur et le consommateur.

- Le **canal court** ne comporte qu'un intermédiaire entre le producteur et le client.

- Les **canaux longs** intègrent plusieurs intermédiaires (grossiste, semi-grossiste).

Schéma 6 - Les canaux de distribution

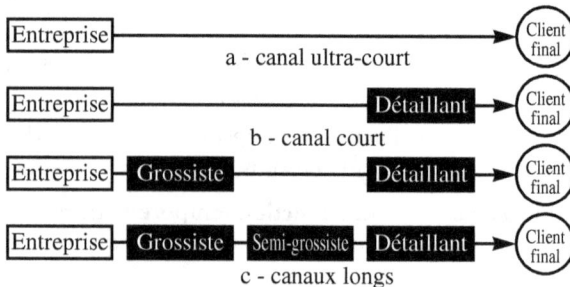

Les composantes d'un canal de distribution peuvent être classées en trois catégories selon les fonctions qu'ils assurent :

- les **intermédiaires**, tels que les courtiers, agents ou commissionnaires assurent un certain nombre de services comme la mise en relation ou la conclusion de contrats sans manipulation physique et sans droit de propriété sur les marchandises ;

- les **grossistes** prennent en charge les transactions entre fabricants et détaillants ou entre plusieurs fabricants ; ils ne sont pas au contact du consommateur final ;

- les **détaillants** assurent la vente des produits auprès des particuliers soit en magasins, soit par d'autres moyens tels que la vente par correspondance, le téléphone, etc.

La présence d'intermédiaires entre l'entreprise et ses consommateurs finals comporte des avantages mais aussi des inconvénients.

- Des avantages car le recours à des intermédiaires permet une plus grande **couverture géographique** du marché, une meilleure **régulation** et **prévision des ventes**, une **réduction des coûts** commerciaux associés à diverses économies d'échelle sur des éléments tels que les équipes de vente, les frais administratifs, le transport et le stockage.

- Des inconvénients, si les intermédiaires risquent de former un **écran** entre le producteur et son marché et s'ils représentent une **menace de dépendance**, dans la mesure où ils concentrent une grande partie des transactions et accumulent un pouvoir important au sein du circuit. La présence d'intermédiaires peut aussi s'avérer négative s'ils prélèvent une **marge** plus élevée que les économies de distribution qu'ils permettent.

Les producteurs et les intermédiaires ont des rôles complémentaires, mais aussi des **intérêts opposés**. Leurs relations se traduisent souvent par des problèmes de rapports de force. À la suite de la concentration de la distribution au profit de quelques grands groupes, ces rapports de force ont évolué en leur faveur. Entre autres, la création des marques de distributeurs tend à réduire le rôle du producteur à celui d'un simple fournisseur qui ne maîtrise plus les prix, les marges ni le positionnement de son produit.

3.1.3. Les formes de distribution

D'un point de vue économique, on distingue trois formes de distribution : intégrée, associée et indépendante. Les deux premières formes relèvent de systèmes de marketing verticaux dans lesquels différents niveaux du circuit mettent leurs efforts en commun de façon à obtenir plus d'efficacité ou plus de pouvoir.

- La **distribution intégrée** regroupe les fonctions de grossistes et de détaillants au sein d'une même organisation. Il s'agit d'organisations à but lucratif ou de coopératives.

- La **distribution associée** est composée de sociétés qui, tout en conjuguant leurs efforts sous des formes diverses, conservent leur indépendance juridique. On trouve des groupements de grossistes, des groupements de détaillants, des chaînes volontaires de grossistes et de détaillants et les franchises.

- La **distribution indépendante** est essentiellement constituée de petites sociétés jouant soit le rôle de grossiste, soit de détaillant.

L'étude des **formes de vente** demande d'intégrer à la fois des considérations ayant trait au lieu et aux méthodes de vente.

- En ce qui concerne le lieu, la **vente en magasin** est de loin la forme de vente la plus répandue actuellement. Elle peut revêtir de nombreuses formes en fonction de la surface de vente concernée. La vente à domicile se développe de plus en plus avec la **vente à distance** (par correspondance, par téléphone ou par internet), le téléachat et la vente en porte-à-porte.

- S'agissant des **méthodes de vente,** on distinguera celles qui nécessitent la présence physique de vendeurs (vente en magasin, par téléphone ou sur les marchés) ou non (vente en libre-service, par correspondance, par distributeur automatique ou par internet).

3.2. La politique de distribution

3.2.1. Le choix des circuits de distribution

Quatre grands types de **contraintes** doivent être prises en considération par le producteur lors du choix d'un circuit de distribution.

- Les **contraintes légales** imposent parfois un circuit de distribution spécifique (médicaments, tabac, produits financiers). Il faut également tenir compte de la réglementation du refus de vente ou sur les conditions de vente discriminatoires.

- Les **contraintes financières** vont également conditionner les choix : si les ressources d'un producteur sont limitées, il aura des difficultés à financer lui-même l'achat de moyens de transport, d'entrepôts, de points de vente et il sera obligé de déléguer la fonction de distribution à des intermédiaires.

- Les **contraintes liées au produit** relèvent aussi bien de ses caractéristiques techniques que de son image. Les produits périssables demandent des circuits comportant des canaux courts. Les produits à haut degré de technicité nécessitent la sélection d'intermédiaires spécialisés et compétents. Les produits à forte image demandent un circuit correspondant à l'image recherchée.

- Les **contraintes liées à la clientèle** portent principalement sur le nombre de clients et leur dispersion géographique. Plus les clients sont nombreux et dispersés, et plus il est nécessaire de recourir à des intermédiaires pour réduire le nombre de contacts et donc les coûts de distribution.

Une fois les contraintes prises en compte, le producteur a le choix entre trois grandes **stratégies de distribution**.

- Avec la **distribution intensive**, le fabricant souhaite que son produit soit présent dans le maximum de points de vente. Il espère ainsi obtenir la plus grande couverture possible du marché. Cette stratégie convient plus particulièrement aux produits de consommation courante que le consommateur s'attend à trouver partout.

- Dans le cas de la **distribution sélective**, le producteur commercialise son produit auprès d'un nombre limité d'intermédiaires. Cette stratégie qui permet de concentrer les efforts en aval, sur les détaillants, s'applique plus particulièrement aux produits dont l'achat implique un processus long et réfléchi ou un processus dans lequel l'image joue un rôle prépondérant.

- La **distribution exclusive** est le cas où seuls quelques détaillants se voient accorder le droit d'écouler le produit. Le contrôle de la distribution au niveau de la qualité du produit, des services proposés, du prix et de l'image est meilleur. La distribution exclusive est particulièrement bien adaptée aux produits de luxe.

3.2.2. La gestion des circuits

Une fois les distributeurs choisis, le producteur doit mettre au point un ensemble de méthodes d'évaluation et de motivation des intermédiaires. Cette motivation peut être obtenue grâce à des avantages de nature financière ou technique. Le rapport de forces jouant très souvent en faveur de la grande distribution, le producteur pourra se voir imposer la fourniture de ces différents avantages.

- Les **avantages financiers** portent principalement sur les conditions de référencement, les remises sur quantités, les primes sur quotas, la participation aux campagnes publicitaires ou promotionnelles des distributeurs. Dans certains cas, lorsque le producteur est en mesure de contrôler le prix de vente au public, il peut alors, à partir du prix de vente au distributeur, déterminer sa marge et donc l'inciter plus ou moins à promouvoir le produit.

- L'**assistance technique** peut revêtir différents aspects, comme la fourniture d'informations sur le marché, l'aide à l'implantation du magasin, à la mise en place des produits, à la gestion de stocks ou encore à la formation du personnel. Le merchandising joue un rôle important dans cette assistance.

L'évolution des relations entre les fabricants et les intermédiaires a fait apparaître de nouvelles façons de pratiquer le marketing. Le **trade marketing** est ainsi le marketing développé par les entreprises en direction de la distribution : il consiste à mettre au point une stratégie et des actions commerciales conçues dans l'intérêt commun des deux parties. Par exemple, l'entreprise va intégrer les préoccupations de ses distributeurs lorsqu'elle définira le conditionnement de son produit ou encore son système logistique (transport, stockage, gestion des flux).

Le partenariat entre producteurs et distributeurs peut déboucher sur l'**ECR** (Effective consumer response) avec une véritable stratégie de coopération, d'organisation et d'échanges d'informations permettant d'améliorer la rentabilité à tous les stades du processus de distribution tout en assurant une meilleure satisfaction du consommateur.

On définit le **merchandising** comme l'ensemble des méthodes de choix concernant l'aménagement d'un point de vente, la sélection et la présentation des produits. Il peut recouvrir également toutes les techniques publicitaires et promotionnelles pratiquées sur le lieu de vente. Son apparition est liée au développement de la vente en libre-service.

Les décisions de merchandising peuvent être prises séparément ou conjointement par les distributeurs et les producteurs. Elles visent à accroître la rentabilité du point de vente et l'écoulement des produits, ce qui demande une adaptation permanente de l'assortiment aux besoins des consommateurs et une présentation appropriée des marchandises.

- En matière d'**aménagement du point de vente**, il s'agit de trouver la disposition des rayons qui permettra de réaliser les plus fortes ventes et les plus forts bénéfices.

- Le merchandising concerne également la **gestion des rayons** ou li-néaires, ce qui comporte à la fois la définition de politiques d'assortiment et de présentation des produits.

3.3. La force de vente

La force de vente est constituée de l'ensemble des personnes qui vendent ou font vendre les produits de l'entreprise au moyen de contacts directs avec les clients potentiels, les distributeurs ou les prescripteurs.

Les principales **tâches** qui sont dévolues à la force de vente concernent la prospection des clients potentiels, la négociation des conditions de vente, la diffusion de l'information tant en amont qu'en aval, l'aide à la revente et éventuellement le service après-vente. Dans certains secteurs d'activité, comme en milieu industriel, elles comportent aussi la mise au point d'une offre spécifique lorsque les produits sont non standardisés.

Les **objectifs** assignés à la force de vente s'expriment à deux niveaux : tout d'abord, de façon globale pour l'ensemble de la force de vente, puis par vendeur.

- Les **objectifs globaux** sont donnés en termes quantitatifs (chiffre d'affaires à réaliser, quantités à écouler, part de marché à conquérir, etc.) et qualitatifs (améliorer l'image de marque, développer la qualité du service, collecter et diffuser l'information, etc.).

- Ces objectifs sont ensuite répartis par secteur et par vendeur à qui on assigne des **quotas** à réaliser, ce qui permet de stimuler le vendeur, d'orienter ses efforts, d'évaluer et de contrôler son travail.

Une fois les objectifs déterminés, il convient de déterminer la taille de la force de vente ainsi que sa répartition par secteur.

- Pour déterminer la **taille de la force de vente**, parmi les différentes techniques utilisées, on citera la méthode la plus simple, fréquemment utilisée dans les grandes entreprises et qui repose sur le calcul de la charge totale de travail assignée aux vendeurs.

- En ce qui concerne leur **répartition par secteurs**, plusieurs critères peuvent être utilisés : la répartition peut être effectuée sur une base géographique, par type de produits ou de clientèle, ou encore par mission.

Pour **stimuler la force de vente**, l'entreprise dispose d'un ensemble de moyens permettant de motiver les vendeurs afin de les pousser à vendre un produit ou un service. Cette stimulation revêt différents aspects :

- la rémunération du vendeur, par un salaire fixe, par un système de commissions, ou par la combinaison des deux ;

- l'attribution de primes lorsque les objectifs définis sont atteints ;

- les concours de vente avec attribution de cadeaux ou de voyages.

L'**évaluation de la force de vente** est indispensable. Elle peut être qualitative (notation par un supérieur hiérarchique des connaissances du vendeur, de sa motivation, de sa personnalité) ou quantitative (comparaison des ventes aux quotas fixés, fréquence des visites effectuées, chiffre d'affaires moyen par visite, nombre de nouveaux clients, etc.). Le contrôle des résultats s'effectue soit par rapport aux résultats précédents, soit par rapport aux autres vendeurs.

4. La communication

La communication est l'ensemble des signaux émis par l'entreprise à destination de ses partenaires dans le but de leur transmettre des informations susceptibles de modifier leur comportement dans un sens souhaitable. On peut opposer à ce niveau des objectifs commerciaux exprimés en termes de vente et des objectifs plus qualitatifs, exprimés en termes de notoriété ou d'image. Le choix d'une politique de communication demande de déterminer outre des objectifs, la composition du mix-communication. La publicité est un élément essentiel de ce mix-communication. D'autres moyens sont à la disposition de l'entreprise : la promotion des ventes, le marketing direct, le sponsoring et le mécénat.

Sous le terme communication, on regroupe l'ensemble des signaux émis par l'entreprise en direction des clients actuels ou potentiels, des distributeurs, des prescripteurs ou de toute autre cible. Le but de la communication n'est pas nécessairement de faire vendre, mais de transmettre des informations auprès des publics visés, de façon à modifier leur connaissance, leur attitude ou leur comportement vis-à-vis d'une entreprise, d'une marque, d'un produit, ou d'une idée.

4.1. La politique de communication

4.1.1. Les objectifs de la communication

Les objectifs de la communication correspondent aux réactions que l'on attend des individus vers qui elle est dirigée. Ces réactions ont été modélisées à l'aide de divers schémas théoriques, tel que le modèle AIDA, qui repose sur le concept de **hiérarchie des effets**.

Selon ce modèle (*cf.* schéma 7), l'individu traverse une succession d'étapes correspondant respectivement aux trois dimensions de l'attitude : cognitive, affective et comportementale.

Schéma 7 - Le modèle AIDA

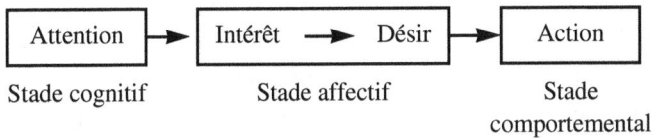

Attention	→	Intérêt	→	Désir	→	Action

Stade cognitif   Stade affectif   Stade comportemental

- Au niveau **cognitif**, la communication a pour but la prise de conscience, l'attention, la notoriété et l'information de la cible au sujet d'une marque, d'un produit, d'une idée ou d'une entreprise.
- Au stade **affectif**, la communication agit sur les attitudes. Elle a pour objet d'éveiller chez les individus leur intérêt, leur désir et leur préférence.
- Au stade **comportemental**, le but est d'entraîner une action, se traduisant par un achat ou l'adoption d'un nouveau comportement.

4.1.2. Les niveaux de la communication

Pendant longtemps, la communication a surtout porté sur les produits diffusés par l'entreprise. De plus en plus, l'entreprise devient l'objet de sa propre communication. On est ainsi amené à distinguer quatre niveaux de communication : le produit, la marque, l'institution et l'entreprise.

- La **communication de produit** cherche essentiellement à présenter aux consommateurs les caractéristiques intrinsèques des biens ou des services proposés.
- La **communication de marque** valorise plutôt les images et les symboles qui lui sont rattachés. Elle s'intéresse aux aspects subjectifs du comportement du consommateur.
- La **communication d'entreprise** a pour but de décrire de façon objective les caractéristiques physiques, socio-économiques et financières d'une

organisation ainsi que sa politique. Elle s'adresse principalement au personnel.

- La **communication institutionnelle** met l'accent sur le système de valeurs de l'entreprise. Elle est destinée aux individus appréhendés en tant que membres d'une société et appartenant ou non à l'organisation.

4.1.3. Le mix-communication

Il existe de multiples outils de communication à la disposition des entreprises que l'on peut classer selon divers critères.

On distinguera ainsi les canaux de communication selon :

- le **degré de personnalisation**, la communication pouvant être spécifique ou non pour chaque individu visé.
- le **degré de contrôle** que l'entreprise peut exercer.

On oppose, en second lieu, les moyens de communication en fonction des supports utilisés.

- Les **media** comprennent les instruments de publicité traditionnelle tels que la presse, la radio, la télévision, le cinéma et l'affichage.
- Le **hors-media** comprend tous les autres moyens de communication, avec, par exemple, la promotion des ventes et les relations publiques.

Le degré de formalisation de la communication peut être également pris en compte. Au-delà de la **communication formelle**, organisée en programmes, la **communication informelle** comprend tous les signes émis par l'entreprise et susceptibles d'influencer les cibles visées (produit, nom, logotype, packaging, etc.). L'ensemble de ces moyens constitue la **communication globale** de l'entreprise.

Parmi tous les outils à sa disposition, l'entreprise doit retenir ceux qui sont les plus adaptés à son problème de communication. On désigne par **mix-communication** l'ensemble des moyens qu'elle sélectionne. Le choix des outils de communication dépendra de différents facteurs :

- le **type de produit**, avec la distinction entre les biens de grande consommation vendus aux particuliers et les biens industriels vendus aux entreprises ;
- le **type de marché** influence également le choix des moyens de communication : dispersion géographique des consommateurs, possibilité ou non de segmenter le marché ;

- le **contenu du message** doit également être pris en considération.

De façon générale, on constate que les investissements dans le hors-media ont tendance à voir leur part augmenter au détriment des investissements dans les media traditionnels.

4.2. La publicité

4.2.1. Les objectifs de la publicité

On appelle publicité toute forme de communication non interactive utilisant un support payant, mise en place pour le compte d'un émetteur identifié en tant que tel. Les objectifs de la publicité pour un produit ou une marque sont très nombreux.

Une première classification regroupe les objectifs publicitaires en deux catégories :

- les **objectifs commerciaux** sont axés sur la vente du produit. Pendant très longtemps, ils ont été la seule finalité reconnue de la publicité ;

- les **objectifs de communication** sont associés à l'obtention d'un certain niveau de notoriété du produit ou à la mise en évidence de certaines de ses caractéristiques.

Une seconde classification des objectifs publicitaires distingue les publicités ayant pour but l'information, la persuasion, la confirmation ou le rappel :

- la **publicité informative** a pour objet de faire connaître l'existence du produit, ses caractéristiques, ses qualités, son fonctionnement et éventuellement ses nouvelles applications. Elle joue un rôle important en phases de lancement ou de relance du produit ;

- la **publicité persuasive** cherche à créer une préférence pour la marque, en mettant en évidence les caractéristiques importantes pour le consommateur et sur lesquelles elle dispose d'un avantage par rapport à la concurrence ;

- la **publicité de confirmation** a pour but de rassurer le consommateur une fois qu'il a réalisé son achat. Elle vise à supprimer chez le consommateur certains sentiments de doute qu'il peut éprouver à la suite de son acquisition et qui seraient susceptibles de l'amener à revenir sur sa décision ;

- la **publicité de rappel** entretient la notoriété d'un produit dont l'existence, les caractéristiques et les utilisations sont déjà largement connues des consommateurs. Elle est principalement pratiquée en phase de maturité du produit.

4.2.2. Les décisions publicitaires

Les décisions publicitaires s'insèrent dans un processus qui met en jeu, à partir des choix stratégiques et des objectifs publicitaires, plusieurs éléments tels que la création des messages et leur test, le choix des budgets, des media et des supports, la réalisation de la campagne et le contrôle de son efficacité.

La **détermination du budget publicitaire** est sans doute une des décisions de marketing les plus compliquées qui soient. Dans ce domaine, la plupart des entreprises s'en remettent à des méthodes empiriques. L'utilisation de techniques scientifiques est beaucoup plus rare, les informations nécessaires étant souvent difficiles à réunir.

Deux pratiques se rencontrent fréquemment.

- Avec la méthode du **pourcentage des ventes**, on considère qu'il faut soutenir en priorité les produits à fort potentiel. On notera que son application peut conduire à des décisions irrationnelles, dans la mesure où une baisse des ventes entraînera une baisse des efforts publicitaires.
- Selon la méthode du **rapport aux dépenses publicitaires des concurrents**, la part de marché d'un produit dépend du poids relatif des dépenses publicitaires de l'entreprise par rapport aux dépenses totales du marché (S.O.V. ou *share of voice*). Si l'entreprise veut augmenter sa part de marché, elle doit faire progresser son effort publicitaire plus rapidement que celui de ses concurrents.

Les deux méthodes précédentes reposent sur une vision très sommaire des effets de la publicité. Des techniques plus scientifiques sont disponibles.

- La première approche consiste à **recenser les objectifs** que l'on donne à la campagne publicitaire et à évaluer les efforts nécessaires pour les atteindre. Il est possible de déterminer un budget en fonction du nombre de personnes à atteindre et de différentes hypothèses concernant l'exposition et la sensibilité à la publicité dans les différents media, ainsi que la compréhension des messages.
- La technique des **courbes de réponses** fait appel à des études économétriques. On construit des courbes reliant le niveau d'effort

publicitaire et l'effet induit. Les courbes de réponses ont souvent une forme en S. Au-dessous du seuil de perception, la dépense est peu efficace et au-dessus du seuil de saturation, un surcroît de dépenses est inutile.

Il est difficile d'**évaluer l'effet d'une opération publicitaire**. La publicité n'est qu'une des variables du marketing-mix susceptibles d'agir sur le comportement et isoler son action sur les ventes est problématique. Il est plus simple d'évaluer son effet au niveau des variables cognitives et affectives, c'est-à-dire à partir des objectifs de communication.

4.3. Les autres moyens de communication

4.3.1. La promotion des ventes

La promotion des ventes consiste à donner un **avantage supplémentaire provisoire** à un produit, dans le but d'obtenir une **augmentation rapide** mais **temporaire** des ventes.

La promotion peut être menée à différents niveaux, auprès des intermédiaires de distribution, auprès des vendeurs ou directement auprès des consommateurs finals. On distingue ainsi deux types de promotion : celle qui a pour but de faire acheter, menée auprès des consommateurs, et celle qui a pour but de faire vendre, dirigée auprès du réseau de distribution. Dans tous les cas, il s'agit de mettre le produit en avant. On parle d'**action push**.

On ne confondra pas la promotion des ventes avec d'autres éléments du mix. Par rapport aux politiques de produit et de prix, la promotion se distingue essentiellement par son caractère provisoire. Par rapport à la publicité, la promotion poursuit surtout des objectifs commerciaux en facilitant l'essai ou l'acquisition du produit. Elle interviendra beaucoup moins aux stades cognitifs et affectifs du comportement de l'individu.

Il existe de nombreux moyens de promotion des ventes : la distribution d'échantillons, l'essai gratuit, la réduction temporaire de prix, les primes et cadeaux, les jeux et concours. Certaines pratiques de merchandising, telles que la présentation d'un produit nouveau en tête de gondole ou sur un stand de dégustation font également partie des techniques promotionnelles.

4.3.2. Le marketing direct

Le marketing direct est l'ensemble des moyens de communication **directs, individuels, interactifs**, ayant pour but de déclencher, de la part des personnes visées, **une action immédiate**. Le marketing direct est simultanément une technique de communication et de distribution.

Il s'agit d'une démarche qui se caractérise :

- par l'utilisation d'une **base de données**, permettant d'établir des contacts personnels et différenciés entre l'entreprise et ses clients potentiels ;
- par l'emploi de techniques de traitement données, pour **cibler** la population visée, afin d'assurer une meilleure productivité aux actions commerciales ;
- par le recours à des techniques de promotion et de communication ayant pour effet de susciter une **réponse immédiate**, en fournissant à la cible visée les moyens de transmettre directement cette réponse à l'entreprise.

Le marketing direct présente différents avantages qui expliquent son développement.

- Il permet d'assurer un nombre de contacts ciblés plus nombreux et moins coûteux que la vente personnelle.
- Dans la mesure où il fournit aux prospects des moyens de transmettre leur réponse, il assure une réponse plus rapide de leur part que la plupart des autres moyens de communication.
- Enfin, la mesure des remontées des réponses rend plus facile le contrôle de son efficacité.

Les outils disponibles sont très variés. On trouve ainsi, à côté de la vente par correspondance, qui constitue l'ancêtre du marketing direct, le publipostage, la vente par téléphone, la vente par moyens télématiques, la vente par l'intermédiaire de la télévision, la vente par annonces dans des revues ou des journaux dont le lectorat est très typé.

4.3.3. La communication événementielle

La communication événementielle consiste à utiliser un événement comme support de communication. Deux moyens sont disponibles : le sponsoring et le mécénat.

Faire du sponsoring consiste, pour une organisation, à accorder son soutien à un événement ou à un individu, en y associant son nom ou une de ses marques. On parle de **communication par l'action**. Le champ d'application du sponsoring est, par principe, illimité.

- Le **sponsoring sportif** est le domaine qui concentre la plus grande partie des dépenses de parrainage.

- La **culture** est un secteur beaucoup moins sponsorisé que celui du sport mais elle constitue néanmoins une opportunité intéressante.

- Une organisation peut également apporter son soutien à un **événement scientifique, technique ou éducatif**.

- Les **causes sociales et humanitaires** fournissent aussi d'excellents supports.

Le **mécénat** est également une forme de communication par l'événement. Il s'inscrit dans une perspective de valorisation sociale de la firme. Par rapport au parrainage, l'entreprise a un plus grand souci de discrétion et le désir de s'effacer derrière l'événement. Son domaine d'action privilégié est celui de la culture.

4.3.4. La communication par internet

La communication par internet comprend les insertions publicitaires dans les supports en ligne ou utilisant le canal du courrier électronique.

Il s'agit d'une communication relativement bon marché, assez facilement personnalisable et dont l'efficacité peut être mesurée.

Cette forme de communication est en cours de développement rapide.

Chapitre 4

LA STRATÉGIE
ET LA PLANIFICATION
MARKETING

La stratégie marketing, définie au niveau de l'entreprise, demande de déterminer son métier, puis les domaines d'activités stratégiques sur lesquels elle entend travailler. Cette définition peut s'appuyer sur des outils d'analyse tels que la matrice du BCG (Boston Consulting Group). Au niveau de chaque activité, le choix d'une stratégie passera par un diagnostic, puis par la définition d'objectifs. Au niveau du produit, il s'agira de définir des marchés-cibles à l'aide de procédures de segmentation, un positionnement, puis un mix-marketing. Le recours à un plan de marketing permet de donner la cohérence nécessaire aux différentes actions projetées, de suivre le déroulement de ces activités et d'en assurer le contrôle.

1. La stratégie marketing

L'élaboration de la stratégie marketing s'effectue selon une démarche séquentielle, comme le fait apparaître le schéma 8. Il convient tout d'abord de se placer au niveau de l'entreprise dans son ensemble afin de cerner ses grandes orientations, puis au niveau de chaque activité afin de définir leur stratégie de base, et enfin au niveau du produit où les décisions sont ainsi largement conditionnées par les choix antérieurs.

Schéma 8 - La démarche stratégique

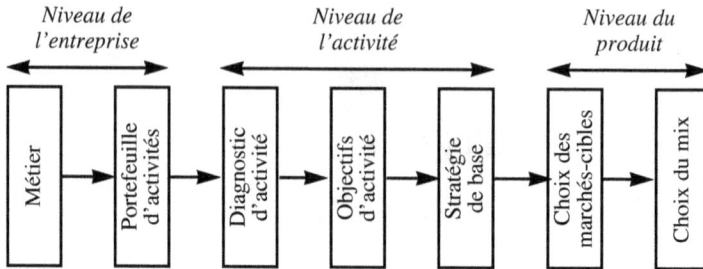

| Niveau de l'entreprise | Niveau de l'activité | Niveau du produit |

```
Métier → Portefeuille d'activités → Diagnostic d'activité → Objectifs d'activité → Stratégie de base → Choix des marchés-cibles → Choix du mix
```

1.1. La stratégie marketing au niveau de l'entreprise

1.1.1. Les niveaux d'analyse

Toute entreprise doit identifier son **métier** avant de définir sa stratégie marketing. Le métier se définit comme le **savoir-faire possédé** par une entreprise, c'est-à-dire les **compétences distinctives** qu'elle détient et sur lesquelles elle bénéficie d'un avantage particulier par rapport à la concurrence.

L'intérêt de la notion de métier est qu'elle permet de dépasser les analyses traditionnelles en termes de consommateurs et de produits, et donc de mieux situer l'entreprise par rapport à son environnement concurrentiel. C'est une notion qui s'inscrit parfaitement dans le contexte du marketing stratégique.

La notion de métier est trop agrégée pour être directement opérationnelle lors de l'élaboration d'une stratégie. En effet, identifier un métier ne permet pas d'apprécier la position concurrentielle de l'entreprise, ni de détecter les choix stratégiques à faire. Il est donc nécessaire de se placer à un niveau inférieur et de considérer désormais, en plus du métier, l'ensemble des différentes activités de l'entreprise ou **portefeuille d'activités**.

Pour cela, il est nécessaire de procéder à un découpage qui consiste à diviser les activités de l'entreprise en segments homogènes ou **domaines d'activités stratégiques** (DAS). Un DAS est donc un ensemble de produits qui partagent les mêmes ressources, affrontent la même concurrence et peuvent faire l'objet d'une stratégie spécifique.

1.1.2. Les outils d'analyse

Avant de convenir d'une stratégie pour chaque DAS, il est nécessaire de les analyser puis de faire leur diagnostic. Différents outils ont été conçus à cette fin.

La **matrice du BCG** (Boston Consulting Group) permet de positionner les activités selon deux dimensions : le taux de croissance du domaine d'activité stratégique et la part de marché détenue par l'entreprise, mesurée par son poids relatif par rapport au concurrent principal.

Schéma 9 - La matrice du BCG

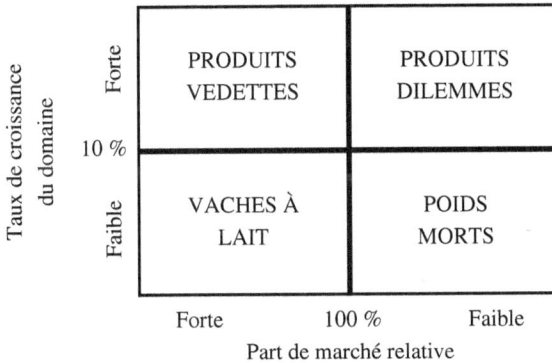

La représentation des différents produits de l'entreprise dans cette matrice permet d'évaluer l'équilibre du portefeuille. Un portefeuille est équilibré s'il comprend suffisamment de produits « vedettes » et de « vaches à lait » et, évidemment, le moins possible de « poids morts ».

L'approche du BCG a le mérite d'intégrer à la fois des préoccupations commerciales et financières. Elle est surtout utilisable dans les industries de volume dont la production est très standardisée et pour lesquelles la loi d'expérience joue à plein.

Parmi les autres méthodes, on citera :

- La **matrice de Mc Kinsey** qui relève d'une approche plurifactorielle. L'attrait du domaine est mesuré par la taille du marché, les prix pratiqués, les perspectives d'évolution technologique ou encore l'importance des investissements nécessaires. La position concurrentielle dans le DAS s'exprime à travers la part de marché, la qualité des produits vendus, l'image de l'entreprise, son avance technologique, et de façon plus générale tout ce qui représente un facteur de compétitivité.

- L'**approche de Porter** élargit le champ concurrentiel de l'entreprise, jusque là limité aux marchés aval. Selon lui, l'évaluation des DAS et de leur solidité, de même que l'accession aux positions convoitées, se fait trop par référence à la situation et aux intentions des concurrents.

- La **méthode Pims** peut être considérée comme un panel d'entreprises permettant de suivre un très grand nombre de DAS. Le but est de mettre en évidence, à partir des réponses fournies par les entreprises sur leurs activités, leurs résultats, leurs marchés et la concurrence, quels sont les facteurs explicatifs de la rentabilité ainsi que les normes par rapport auxquelles il sera possible de se positionner.

1.2. La stratégie marketing au niveau de l'activité

1.2.1. Le diagnostic de l'activité

Un **diagnostic interne** doit être régulièrement dressé pour chaque domaine d'activité. Ainsi, on est amené à examiner les différentes fonctions de l'entreprise et pour chacune d'entre elles, on mettra en évidence les **points forts** et les **points faibles** à la fois de façon absolue et de façon relative par rapport à la concurrence.

Un **diagnostic externe** permet ensuite d'analyser le marché sur lequel se situe l'entreprise afin d'appréhender ses **opportunités** et ses **menaces**, c'est-à-dire les facteurs de succès ou d'échec auxquels chaque activité va être confrontée.

De façon plus précise, l'étude doit porter sur les éléments du micro et du macro-environnement qui risquent d'affecter de façon positive ou négative la position de l'entreprise sur le marché.

1.2.2. Les objectifs d'activité

Au terme de cette double analyse et des conclusions que l'on a tirées (forces et faiblesses de l'entreprise et menaces et opportunités du marché), l'entreprise est en mesure de choisir pour chaque activité ses objectifs de développement : la **maintenir**, la **développer** ou l'**abandonner**.

Pour toute activité retenue, l'entreprise peut également se demander quelle place elle souhaite occuper sur le marché. Trois grandes possibilités sont offertes :

- être **leader**, c'est-à-dire détenir une part de marché très importante, au moins le double de celle du concurrent le plus important ;
- être **challenger**, et souhaiter égaler ou dépasser un leader ;
- être un **suiveur**, si l'on préfère consolider ses positions actuelles ;
- être **spécialiste**, en se concentrant sur un créneau très précis ou « niche » où elle sera compétitive.

1.2.3. L'identification de l'avantage concurrentiel

Préalablement à toute démarche stratégique, il convient d'identifier l'avantage concurrentiel possédé par l'entreprise, fondement sur lequel repose sa compétitivité. Un avantage concurrentiel apparaît chaque fois que l'on maîtrise mieux que ses concurrents **une compétence constituant un facteur décisif** de succès dans le domaine d'activité considéré.

Il existe deux grands types d'avantages qu'une entreprise peut détenir par rapport à ses concurrents : avoir des **coûts moins élevés** ou avoir des **produits différenciés**. Le choix stratégique va donc dépendre de sa capacité à agir sur les coûts ou sur la différenciation.

Pour identifier son avantage concurrentiel, une entreprise doit examiner systématiquement toutes ses fonctions ainsi que leurs interactions. Cela revient à procéder au diagnostic approfondi des différentes étapes de l'élaboration du produit. On aboutit ainsi à la mise en évidence de la **chaîne de valeur** de l'entreprise.

La décomposition de l'entreprise en chaîne de valeur a pour but de comprendre le comportement de chaque fonction et de voir dans quelle mesure elle crée mieux que ses concurrents un **supplément de valeur pour le consommateur** et donc un avantage concurrentiel pour l'entreprise. Il faut ainsi examiner comment chaque fonction peut permettre soit une baisse des coûts, soit une différenciation du produit.

1.3. La stratégie marketing au niveau du produit

1.3.1. Le choix des marchés-cibles

Lorsque la stratégie se situe au niveau du produit, il est nécessaire de préciser, au préalable, à quel(s) segment(s) du marché l'entreprise souhaite s'adresser.

La notion de **segmentation** recouvre en marketing deux significations différentes.

- Considérée comme **technique d'analyse des marchés**, elle a pour objet de mettre en évidence des groupes de consommateurs aux comportements homogènes. Selon cette conception, la segmentation répond à la question suivante : est-il possible de distinguer au sein de la population des groupes réellement différents et identifiables ?

- Considérée comme une **stratégie de formulation de l'offre**, elle consiste à adapter le mix à certains des segments repérés au cours de la phase d'analyse du marché. On répond ici à la question : y-a-t-il un intérêt pour l'entreprise à différencier son produit ?

Pratiquer une stratégie de segmentation va permettre d'adapter le mix à certains des segments repérés au cours de la phase d'analyse du marché. Cette démarche présente de nombreux avantages. Elle permet, en effet :

- une meilleure **adéquation** de l'offre aux besoins des consommateurs et donc une meilleure chance de les attirer et de les fidéliser ;

- une plus grande **efficacité** et une moindre déperdition des efforts de marketing dans la mesure où ils sont mieux ciblés ;

- la mise en évidence d'**opportunités** nouvelles à travers le repérage de segments de marché non encore satisfaits.

Une fois les segments mis en évidence, il reste à l'entreprise à définir sa stratégie vis-à-vis d'eux. Trois stratégies sont concevables :

- pratiquer un **marketing indifférencié**, c'est-à-dire appliquer le même mix à l'ensemble des segments,

- pratiquer un **marketing différencié** qui consiste à utiliser un mix différent pour chacun des segments auxquels elle a décidé de s'intéresser,

- pratiquer un **marketing concentré** qui focalise son action sur un seul segment.

1.3.2. Le positionnement

Le choix d'un positionnement est une étape importante dans la stratégie du produit. Il permet d'affiner la définition des marchés-cibles en intégrant dans la démarche les phénomènes de perception des produits par les consommateurs. C'est à partir de ce choix qu'il sera possible de décliner de façon cohérente toutes les variables du mix.

Le positionnement est la **place qu'occupe un produit** au sein du marché, telle qu'elle est **appréhendée par le consommateur** à partir des caractéristiques qu'il associe aux différents produits. Le positionnement joue un rôle important dans la décision d'achat.

Devant la multiplicité des marques offertes, le consommateur est amené à utiliser des procédures de simplification de choix qui le conduisent à structurer l'univers des marques autour de leurs caractéristiques les plus saillantes dans son esprit. Le positionnement va conditionner sa perception des produits, puis ses préférences.

1.3.3. La formulation du marketing-mix

Une fois le positionnement choisi, il faut le concrétiser. Pour créer cette différence de perception, l'entreprise va **agir sur un ensemble de variables** dont elle a le contrôle et susceptibles d'avoir un impact sur le comportement du consommateur. Ces variables, le produit, le prix, la distribution et la communication constituent le marketing-mix.

Selon les stratégies choisies et les moyens disponibles, les variables du mix vont bénéficier de **poids** différents.

- Certaines d'entre elles peuvent être amenées à jouer un rôle prédominant. L'importance relative accordée à une variable du mix va dépendre essentiellement des critères de choix du consommateur ainsi que des atouts et des faiblesses du produit.

- Dans la réalité, l'entreprise ne choisit pas forcément de privilégier une seule variable. On aboutit très souvent à des mix ayant comme élément moteur des combinaisons de variables telles que le produit et la communication, le prix et la communication, ou encore le produit et la distribution.

- En outre, la pondération des variables doit être étroitement **liée au cycle de vie** du produit. Le tableau 1 donne le rang d'importance qu'il convient d'accorder aux variables du mix selon la phase du cycle de vie dans laquelle se situe le produit.

Tableau 1 - Les variables du mix et le cycle de vie du produit

	Lancement	Croissance	Maturité	Déclin
Qualité	1	4	3	2
Prix	4	3	1	3
Distribution	2	2	4	4
Communication	3	1	2	1

2. La planification marketing

2.1. La notion de plan de marketing

La planification se situe en aval du processus stratégique. La stratégie générale de l'entreprise puis la stratégie marketing ont été choisies, les marchés-cibles, le positionnement et le marketing-mix qui en résultent ont également été définis. Ces divers éléments doivent maintenant conduire à l'élaboration d'un plan de marketing.

Le plan de marketing est un **document écrit** qui reprend, pour une période donnée, toutes les décisions commerciales retenues par l'entreprise. Il présente la marche à suivre et à respecter pour les actions ultérieures. Il facilite ainsi la cohérence et le déroulement des activités relevant du marketing. Le plan constitue à cet égard une référence pour tous les intervenants. Il sert également de base de comparaison pour apprécier les résultats et les performances de la fonction marketing.

Le plan de marketing relève de différents niveaux d'analyse, en fonction de l'objet de la planification et de son horizon temporel.

- L'**objet** du plan peut concerner un domaine plus ou moins large : l'ensemble de la fonction marketing, un domaine d'activité, une gamme ou un élément du mix.

- L'**horizon** du plan dépend, en grande partie, de son objet. Lorsque le plan se situe au niveau de la fonction marketing dans son ensemble, on se place dans le long et moyen terme. La planification de l'activité relève d'un horizon à moyen terme et celle du produit du court ou du moyen terme. Enfin, certains des éléments du mix peuvent être planifiés au niveau de l'année.

2.2. La démarche de planification

À partir de la confrontation entre, d'une part, les objectifs généraux de l'entreprise et, d'autre part, le diagnostic de l'entreprise et de son environnement, les objectifs marketing sont formulés aux différents niveaux évoqués précédemment (fonction marketing, activité, gamme ou produit). Pour réaliser ces objectifs, une stratégie est élaborée. Elle se traduit sous forme de moyens d'action, de délais et de budgets prévisionnels (*cf.* schéma 10).

Schéma 10 - Le processus de planification

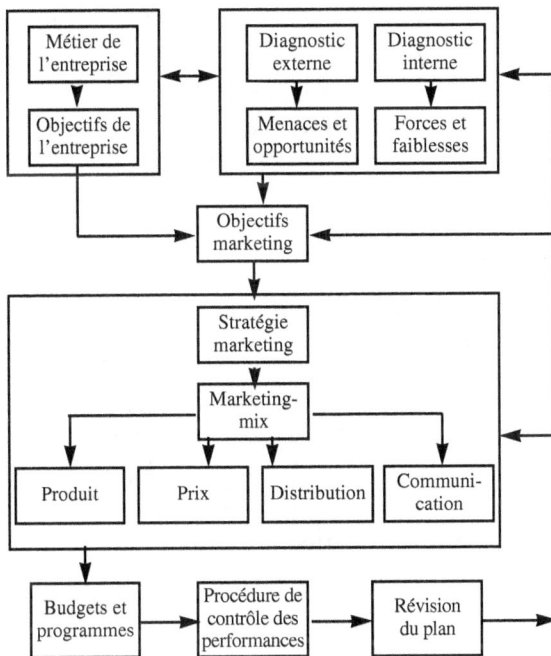

Le plan de marketing doit être revu fréquemment afin d'intégrer les informations les plus récentes concernant les modifications de l'environnement externe et interne. Cela permet à l'entreprise d'adapter ses décisions, ses actions, voire ses objectifs en fonction des situations nouvelles auxquelles elle se trouve confrontée.

2.3. Le contrôle du plan de marketing

Le contrôle constitue la phase finale de toute décision de gestion. Il sert à **mesurer les écarts éventuels** entre les objectifs poursuivis et les résultats obtenus, à **identifier les causes de ces écarts**, afin de mettre en œuvre les **actions correctrices** qui s'imposent.

Un élément essentiel du dispositif est le **contrôle du plan de marketing**. À partir d'une phase d'alerte issue d'une comparaison périodique des objectifs et des résultats, un contrôle approfondi est déclenché. Ce contrôle, qui suit les phases de la démarche de planification, porte sur le diagnostic de la situation, les objectifs, la stratégie marketing et les actions spécifiques menées au niveau du mix. Il peut amener à reformuler tout ou partie du plan.

Ce contrôle doit être réalisé avec la périodicité la plus courte possible. Plus le repérage d'un décalage entre résultats et réalisations est rapide et plus il sera facile de rectifier la situation par des décisions appropriées.

À côté du contrôle du plan de marketing, que l'on pourrait qualifier de permanent dans la mesure où les responsables doivent suivre en permanence leurs résultats, on trouve :

- des **contrôles d'actions spécifiques** qui sont des contrôles ponctuels, sans périodicité particulière, destinés à évaluer les résultats de décisions tactiques une fois qu'elles ont été réalisées. Un responsable commercial mesurera ainsi les effets d'une opération de promotion des ventes ou d'une action de marketing direct ;

- l'**audit marketing**, encore appelé **contrôle stratégique**, réalisé selon une périodicité plus longue que le contrôle du plan et dont le domaine englobe non seulement les choix stratégiques mais l'organisation elle-même à travers ses structures et ses procédures.

Bibliographie

Ouvrages généraux :

HELFER J.-P. et ORSONI J. : **Marketing**, Vuibert, Collection Gestion, 8ᵉ édition, 2003.

JOLIBERT A. et DUBOIS P.-L. : *Le marketing : fondements et pratique*, Economica, 3ᵉ édition, 1998.

KOTLER Ph., DUBOIS B. et MANCEAU D. : *Marketing management*, Publi Union, 11ᵉ édition, 2003.

LENDREVIE J. et LINDON D. : *Mercator, Dalloz, 7ᵉ édition*, 2003.

MARTIN-VEDRINE S. : *Initiation au marketing - Les concepts-clés*, Éditions d'Organisation, 2003.

Ouvrages portant sur un domaine spécifique :

DESMET P. et ZOLLINGER M. : *Le prix*, Economica, 1997.

FADY A. et SERRET M. : *Le merchandising*, Vuibert, 5ᵉ édition, 2000.

M. FILSER : *Le comportement du consommateur*, Dalloz, Collection Précis de Gestion, 1994.

GIANNELLONI J.-L. et VERNETTE E. : *Études de marche*, Vuibert, Collection Gestion, 2ᵉ édition, 2001.

LAMBIN J.-J. : *Le marketing stratégique*, Ediscience, 4ᵉ édition, 1998.

LENDREVIE J., BROCHAND B. et GRANDJEAN M. : *Publicitor*, Dalloz, 5ᵉ édition, 2001.

NEGRO Y. : *Les pratiques de la vente*, Vuibert, 1995.

LA FONCTION
PRODUCTION

Par André BOYER

Une entreprise a pour but de produire des biens et des services afin de satisfaire les besoins du marché. Pour réaliser cet objectif, elle dispose de quatre fonctions principales, marketing, finance, production et GRH.

Le rôle de la fonction production consiste à produire les quantités demandées par les clients de l'entreprise en temps voulu, à un coût et à un niveau de qualité déterminé. Ce rôle s'exerce à partir de la problématique particulière de la gestion de la production, de ses instruments et de la stratégie qu'elle implique.

Chapitre 1

LA NOTION
DE PRODUCTION

La notion de production est fondée sur la transformation des ressources afin de créer des biens ou des services. Les besoins des clients potentiels étant évalués par le marketing, la production doit s'effectuer selon une combinaison efficace des facteurs de production, le capital et le travail.
Ainsi les méthodes de production consistent à définir un objectif, des contraintes, et à s'approcher d'une maximisation. On peut donc définir la production comme la fonction technique de l'entreprise, celle qui fournit le produit ou le service qui justifie son existence.

1 . Les fondements de la production

L'objectif de la production est de fournir des biens et des services de qualité et utilisables pour le plus grand nombre. La problématique de la production concerne les méthodes utilisées dans les entreprises pour rendre efficace la fourniture de biens ou de services.

On peut distinguer la technologie du produit, qui concerne la conception et les caractéristiques du produit lui-même et la technologie du processus de production. Le management de la production s'intéresse plus spécialement à la gestion des ressources humaines, financières et techniques.

Au fur et à mesure du développement de l'industrie, des études ont montré qu'il était possible d'introduire des méthodes scientifiques dans l'organisation du travail, qui s'applique non seulement à la production industrielle, mais à des organisations variées. L'utilisation de l'informatique a élargi considérablement le champ des systèmes de planification de contrôle, de traitement de l'information et de l'automatisation des méthodes de production.

Au plan humain, l'efficacité de la production a de plus en plus intégré la protection et le confort des ouvriers et des employés, ainsi que ses effets sur l'environnement.

L'histoire de la production, qui entraîne le développement de la société, la révolution industrielle et la transformation des conditions d'existence de l'humanité, doit servir de point de référence à la définition des systèmes de production.

2. Le développement de la production

« L'homme », a écrit Benjamin Franklin, « est un animal qui fabrique des outils ». Le développement des outils, qui se perfectionnent constamment, accompagne celui de la production.

La préhistoire est organisée autour de l'évolution des outils de la pierre brute à la pierre polie. La révolution urbaine, il y a 5 000 ans, introduit l'âge des outils de cuivre et de bronze, l'irrigation, la construction de bâtiments, l'artisanat et la transmission systématique des connaissances.

Toutes les civilisations depuis 3 000 ans jusqu'à la brusque accélération de la Renaissance, qu'elles soient égyptiennes, grecques, romaines, chinoises, indiennes, arabes ou asiatiques, ont apporté leurs maîtrises techniques particulières dans le domaine du fer, des découvertes mécaniques (la roue) de l'agriculture, de l'architecture, de l'utilisation de l'énergie, des transports et de la technique militaire.

La Renaissance, en favorisant la révolution scientifique, encourage l'observation et l'expérimentation qui permettent de mettre au point de nouvelles techniques. Après l'imprimerie, la mise au point de la machine à vapeur à la fin du 17e siècle modifie les conditions de la production industrielle qui bénéficie en même temps du progrès technique dans les mines, la métallurgie, l'agriculture et les communications.

La Révolution Industrielle est avant tout celle de l'énergie (moulins à vent, machines à vapeur, électricité, moteurs à combustion interne et pétrole) qui accroît quantitativement et qualitativement les domaines traditionnels de la production : outils (mécanique), métallurgie, agriculture (chimie), construction (grands travaux), transport et technologie militaire.

La fonction production

Le 20ᵉ siècle se caractérise par une énergie abondante et variée (électricité, pétrole, nucléaire), une capacité de production alimentaire supérieure en moyenne aux besoins de l'humanité et une croissance continue de la fourniture de biens matériels. Le développement de la production engendre une forte croissance de la population, de profondes modifications de son style de vie et une dégradation du système écologique de la planète. C'est dans ce contexte, issu de l'histoire de la technique humaine et déterminé par les contraintes actuelles, que s'organisent les systèmes de production.

3. Les systèmes de production

Tous les systèmes de production sont des processus de transformation de ressources en produits ou en services. Ces processus de transformation utilisent du travail, du capital (matières premières, machines) et de l'espace (terrains, constructions) que les gestionnaires de la production rassemblent en cinq catégories (les 5 M) : la Main-d'œuvre, les Machines, les Méthodes, les Métiers et les Moyens financiers.

En tant que processus, le système de production est caractérisé par deux flux : un flux des matières premières qui est transformé en produits intermédiaires puis en produits finis ; un flux d'information (de documents ou de données informatiques) qui oriente et accompagne le flux physique :

Schéma 1 - Le schéma du système de production

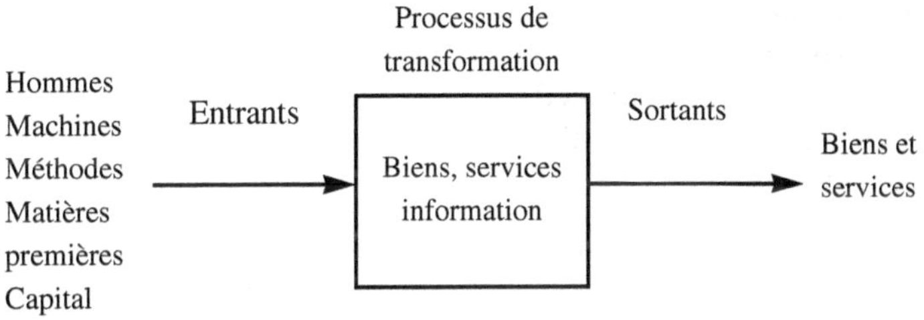

Les flux physiques sont limités en quantité et en qualité par les contraintes du système de production. De même la capacité des canaux d'information qui entourent ce système délimite sa performance : la gestion des flux d'information, de la planification et du contrôle des systèmes afin d'obtenir une production satisfaisante est une tâche essentielle du responsable de la production.

Au-delà de sa capacité quantitative, la qualité du produit fourni est une caractéristique du système de production. Elle se mesure par une série de critères tels que la présentation, les performances, la durée de vie, la facilité d'entretien ainsi que des critères liés aux services qui accompagnent le produit : délai de livraison, qualité de l'information ou du service après-vente, etc.

4. Une typologie des systèmes de production

Les systèmes de production peuvent être classés en trois catégories selon la quantité de biens identiques fabriqués en série : **le système par lots**, le système continu et le système par projet. Dans le premier, les hommes, les machines et les méthodes sont destinés à produire de petites quantités de produits ou de services, dont les caractéristiques varient grandement d'un lot à l'autre. Le produit, traité par lots, effectue plusieurs étapes de transformation jusqu'à la fin du cycle de production.

La production de machines-outils, de produits alimentaires ou le traitement des sinistres dans une compagnie d'assurances relèvent de la production par lots. On se réfère dans ces cas à des ateliers sur demande, ou ateliers à façon, ou « job shop ».

Dans **le système continu**, les éléments à traiter traversent une série d'opérations qui sont communes à la plupart des produits à traiter. Comme de grandes quantités de produits doivent être traitées, des méthodes et des équipements spéciaux sont mis en place à cet effet, de façon à minimiser les coûts de production.

Les tâches dévolues aux ouvriers ou aux employés sont souvent décomposées en tâches élémentaires qui peuvent être facilement et rapidement maîtrisées et exécutées. À titre d'exemple de système continu, on citera la production d'automobiles, de téléviseurs, de réfrigérateurs ou d'ordinateurs qui relèvent de la consommation de masse.

Les systèmes de production de masse se réfèrent souvent à des productions en chaîne ou en ligne. Les systèmes de production par lots et continus sont souvent combinés. Par exemple dans la production de circuits intégrés par l'électronique, les circuits sont fabriqués par lots, puis assemblés selon un processus continu.

Le troisième système de production est **le système par projet** (ou unitaire) : pour un produit unique, par exemple un pont, un avion ou une machine spécifique, l'ensemble des ressources nécessaires sont assemblées une seule fois et des méthodes spécifiques de gestion permettent d'en limiter le coût.

Le choix du système de production s'impose à partir de la quantité de produits à fabriquer et des moyens disponibles. Trois décisions importantes s'imposent ensuite pour mettre en place les systèmes de production, dans le cadre de ce que l'on appelle la « configuration du système de production ».

5. La configuration du système de production

Quel que soit le système de production choisi, il reste à déterminer la technologie, la capacité et la flexibilité du système.

Tout d'abord le **choix de la technologie** relève des ingénieurs et des managers de la production. Il s'agit de choisir le local, l'équipement, l'outillage, les espaces disponibles, les procédures de travail, la sélection des ouvriers et leur formation. Ce premier choix détermine les deux suivants et donc le risque global de l'investissement.

Le choix de **la capacité du système** s'impose ensuite principalement en fonction du capital disponible et de la demande prévisible. Il est clair qu'une capacité excessive accroît le coût de production, tandis qu'une capacité insuffisante place l'entreprise dans une situation d'infériorité par rapport à des concurrents qui produisent en plus grande quantité, donc à des coûts plus bas.

Enfin, **le choix de capacité** étant effectué, une décision doit être prise vis-à-vis de la capacité d'ajustement du volume de production aux changements prévisibles de la demande du produit. L'ajustement de la capacité de production s'effectue à travers l'embauche ou le licenciement, le travail temporaire, les heures supplémentaires ou le chômage partiel, par la mise en service de nouvelles machines ou l'arrêt d'une partie du parc de matériel, par l'ouverture ou la fermeture de sites de production.

L'efficacité de ces ajustements dépend des contraintes techniques du processus de production, des caractéristiques économiques du secteur industriel et du niveau de concurrence. Pour certaines fabrications, ayant un matériel très spécialisé (l'automobile ou l'aéronautique par exemple), les ajustements se révèlent très coûteux ou nécessitent de longs délais.

6. La production de masse

Les caractéristiques des systèmes de production sont liées au type de production. Cette relation est particulièrement visible dans le cas de la production de masse.

On appelle production de masse les processus qui permettent des coûts de production d'autant plus faibles que la quantité produite est importante, et dont les méthodes sont fondées sur le principe de la division et de la spécialisation du travail, afin de fabriquer des produits standards.

6.1. L'histoire de la division du travail

Le principe de la division du travail est presque aussi ancien que l'artisanat, et on en trouve déjà des exemples dans la fabrication des objets de la Grèce Antique. En 1776 dans la Richesse des Nations, Adam SMITH attire l'attention des économistes et des industriels sur les avantages de la spécialisation du travail pour la fabrication des épingles. En effet, à cette époque, les innovations dans les procédés de fabrication se multiplient de façon à réduire les coûts de production par la spécialisation du travail et l'utilisation des machines : la vague de procédés nouveaux dans les filatures (la navette volante de John KAY en 1733, le métier à tisser de Richard ARKWRICHT en 1769) s'appuient sur l'invention de la machine à vapeur de James WATT (1765) avec sa première application au moulin à coton (1785).

La mise en place d'éléments interchangeables pour la fabrication des fusils à pierre est effectuée dès la fin du 18e siècle par Eli WHITNEY. Dès lors le 19e siècle voit l'utilisation croissante de la division du travail, de l'utilisation des machines et de l'assemblage des pièces détachées standardisées dans l'industrie. Cependant les méthodes et les procédures utilisées pour organiser le travail humain, pour planifier et contrôler le flux de production, étaient fondées sur l'expérience pratique et historique.

Frederick W. TAYLOR, après avoir décomposé soigneusement les tâches les plus simples de la production de l'aciérie de Midvale, formulait en 1881 les principes, les méthodes et les outils qui devaient permettre aux ouvriers de produire plus en réduisant leurs efforts. Il apportait de plus une mesure quantitative des temps pour les tâches élémentaires des fonctions de production.

À partir de 1916, Henri FAYOL publiait ses principes de l'organisation et du commandement dans les usines, qui clarifiait la structure d'organisation des manufactures, notamment avec le concept d'unité de commandement selon lequel chaque employé ne doit recevoir d'ordres que d'un seul supérieur.

La création effective de l'organisation de la production de masse a été réalisée par Henri FORD à compter de 1913. Il a utilisé une bande transporteuse pour l'assemblage d'une magnéto d'automobile et grâce à elle divisée par trois le temps d'assemblage. La même approche fût appliquée au moteur et à la carrosserie automobile, avec une analyse des lignes de production, une recherche d'optimum pour la division des tâches, la vitesse des bandes transporteuses, la quantité de travail à effectuer et la synchronisation des opérations simultanées. Le succès des méthodes de H. FORD entraîne l'adoption de ses principes de production de masse dans un grand nombre d'industries.

6.2. Les principes de la production de masse

On peut les résumer de la manière suivante :

- Les opérations de la production globale sont divisées **en tâches spécialisées** nécessitant des actes relativement simples et répétitifs, avec un minimum de manipulation des pièces à fabriquer. Ce principe a permis le développement d'actions faciles à apprendre et à répéter pour les ouvriers ou les employés.

- **La simplification et la standardisation** des composants autorisent la production en grande quantité de pièces détachées ajustables aux autres pièces sans modifications.

- La mise au point de **machines et de processus spécialisés** pour chaque opération minimise l'effort humain, maximise la production relativement au capital investi, et réduit le pourcentage de rebuts et le coût des matières premières.

- La conception et la planification systématiques du **processus de production global** permettent d'obtenir l'équilibre optimum entre le travail humain et les machines, la meilleure division du travail ainsi que l'intégration complète du système de production de façon à optimiser la production et minimiser les coûts.

La planification débute avec la première conception du produit. Les matières premières et les composants doivent être utilisables par les techniques de production de masse. Tout le processus de production est planifié en détail, y compris les flux d'informations et de matières transformées qui passent à travers le processus.

Le volume de production doit être estimé, ainsi que les variations possibles de la demande, parce que le choix des techniques en dépend.

Le besoin de planification se manifeste depuis le système de production lui-même jusqu'au marketing du produit : la recherche-marketing, la publicité, la distribution, les prix doivent être intégrés dans la production de masse, ainsi que la mesure statistique de la qualité.

Le système qui en résulte manque cependant de souplesse car les outils, les machines, les méthodes de travail sont exactement adaptés à la quantité et à la qualité prévues. Les changements dans la conception du produit (ou les erreurs de prévision sur la quantité demandée) obligent à des modifications continues des tâches des ouvriers et de l'utilisation des machines.

L'exemple le plus classique de la production de masse est l'industrie automobile et par extension les industries des biens de consommation courante. Cependant le même principe a été appliqué à l'agriculture (labourage, semis, moissonnage) ou aux services (les compagnies aériennes). De nombreux secteurs économiques sont devenus de plus en plus complexes, ce qui a nécessité la division du travail et la spécialisation avec en contrepartie des efforts croissants de communication et de coordination.

6.3. Les limites de la production de masse

La production de masse a modifié l'environnement et le fonctionnement des entreprises. Les consommateurs ont bénéficié d'une quantité croissante de produits à des prix de plus en plus réduits. En contrepartie, l'environnement a été altéré directement par l'usage de ces produits et indirectement par l'énergie dégradée ou les déchets. Les ouvriers ont bénéficié d'horaires plus réduits, d'un travail moins pénible et de salaires plus élevés. Mais l'identification au produit et à l'entreprise s'est amoindrie, ainsi que la satisfaction au travail. Les détenteurs de capitaux ont reçu des rémunérations élevées mais ils ont dû confier leurs capitaux à des dirigeants professionnels qui ont disposé d'une grande liberté de décision.

L'arrivée de nouveaux concurrents a accru les risques d'erreur de planification car l'innovation technique, manageriale ou commerciale est par nature imprévisible.

C'est pourquoi on a trouvé de nouveaux mérites à la production artisanale, dans laquelle le produit est suivi par l'artisan depuis la matière première jusqu'au produit fini à travers toutes les étapes de la production.

L'artisan s'identifie au produit et à son métier, est en étroite relation avec ses fournisseurs et avec ses clients, et a une notion précise de son rôle dans la société.

Les systèmes « Juste à Temps» et « Contrôle Total de la Qualité » appliqués par l'industrie japonaise puis mondiale tentent la synthèse entre les vertus de la production de masse et celles de l'artisanat. Ce sont ces principes et ces contraintes qui inspirent le management de la production.

Chapitre 2

LE MANAGEMENT
DE LA PRODUCTION

La responsabilité de la production dans l'entreprise est du même ordre que celle du marketing, de la finance ou de la gestion des ressources humaines. Elle comprend la responsabilité de la conception du produit et du processus de production, la planification et le contrôle, ainsi que l'organisation et la direction des ouvriers et des employés, afin d'assurer un niveau suffisant de qualité et de capacité de production.

1. Les responsabilités du management de la production

Ces responsabilités concernent cinq matières (les cinq M) : la Main-d'œuvre, les Machines, les Méthodes, les Matières et les Moyens financiers.

La **main-d'œuvre** de la production appartient soit à la partie directement liée à la conception, à la production, à l'approvisionnement et à la gestion des stocks, à la livraison du produit, soit aux flux d'informations (comptabilité, contrôle, entretien et renouvellement du matériel, coordination avec les autres fonctions de l'entreprise) qui accompagnent le processus de production. Dans les deux cas, elle constitue une partie importante du personnel de l'entreprise et la plus grande responsabilité du management (qui signifie l'art d'organiser, de motiver, de diriger et d'animer les producteurs).

Le manager de la production doit également choisir les **machines** et les **méthodes**, planifier puis contrôler les méthodes et les procédures de leur utilisation. La flexibilité du processus de production et la capacité des ouvriers (ou des employés) à s'adapter aux équipements et aux procédures sont les préalables au bon fonctionnement de la production.

Vis-à-vis des **matières**, la responsabilité du manager de la production concerne la gestion du flux de production des matières premières à transformer et de l'information. Vis-à-vis des **moyens financiers**, le management de la production est responsable du coût des équipements et du choix du volume de stock de façon à arbitrer entre un bon service à la clientèle garanti par des stocks suffisants et un risque de surinvestissement dans les stocks.

La fonction de contrôle, au sens du contrôle du système de production, résume les responsabilités du manager de la production. Ce contrôle a deux objectifs : tout d'abord s'assurer que les opérations sont exécutées conformément au plan, puis remettre en permanence le plan de production en question de façon à s'adapter aux objectifs de coût, de qualité, de délai, de flexibilité impartis au processus de production. Par exemple, le lissage de la production consiste à ajuster le flux des produits finis aux variations de la demande ou des parts de marché de l'entreprise.

Le contrôle s'exerce également sur les stocks, qu'ils soient de matières premières, de produits intermédiaires ou de produits finis, ou même d'emballages. Le dilemme, que s'efforce de résoudre la théorie de la gestion des stocks, est de choisir entre un stock trop abondant et donc trop coûteux et un stock insuffisant entraînant des ruptures de production ou une diminution du service à la clientèle.

Aussi l'objectif du **stock zéro** suppose une organisation de l'ensemble du processus de production et de relation avec les clients et les fournisseurs.

Le contrôle des coûts du travail nécessite que soit mesurés et évalués la quantité et le type de travail requis pour un produit donné et que les méthodes de production choisies soient bien adaptées aux tâches de production. Les concepts de décomposition des tâches et de mesure du temps de travail restent utiles, même s'ils évoluent en fonction de la nature du travail, plus ou moins répétitif, plus ou moins laissé à l'initiative du producteur. De même les systèmes de motivation et de récompense de la qualité du travail restent essentiels, tout en évoluant avec le contexte culturel et sociétal de l'entreprise.

Dans le domaine du travail, le point critique du contrôle est celui de l'anticipation des besoins en personnel et la capacité à recruter et à former à temps du personnel pour utiliser le matériel de production. Le besoin en personnel ne se limite pas à la production proprement dite, mais s'étend au personnel de maintenance, de contrôle et aux services annexes.

Le contrôle des matières suppose le suivi des déchets et des gaspillages, la recherche de matières premières concurrentes et la mise en place de méthodes de production plus efficaces. De même le contrôle des machines porte sur la capacité des machines à effectuer leurs tâches spécifiques, sur l'intensité de leur utilisation et sur leur entretien.

Les différentes tâches du management de la production sont résumées dans le tableau suivant :

Tableau 1 : Les tâches du management de la production

Opérations	Processus	Stock	Inspection	Coûts
OBSERVATION	Mesurer le rythme de production. Noter les temps morts et les arrêts de production	Noter les niveaux de stocks	Contrôler les matières premières et les pièces détachées	Mesurer les coûts
ANALYSE	Comparer les résultats au plan de production	Analyser la demande de stocks selon les usages et les périodes	Estimer les capacités du processus de production	Comparer les coûts réels aux estimations *a priori*
ACTION CORRECTIVE	Réaliser la correction	Émettre les ordres d'achats et de production	Adapter les processus	Modifier les prix de vente
ÉVALUA-TION	Estimation de la capacité de production et des périodes de maintenance	Remise à niveau des politiques de réapprovision-nement et de stockage	Réévaluation des spécifica-tions : amélioration des processus et des procédures	Réévaluation des calculs et des données de la production

Le management de la production suppose une qualification à la fois dans l'ingénierie industrielle, l'ergonomie et l'ingénierie des systèmes.

2. L'ingénierie industrielle

Nous rappelons ci-après les principes de l'ingénierie industrielle avant de présenter ses applications.

2.1. Les principes de l'ingénierie industrielle

Le manager responsable de la production dans l'entreprise a besoin d'une assistance technique liée à la complexité du système de production (une combinaison d'hommes, de machines et de matières premières) et aux tâches supplémentaires de planification, de programmation et de coordination.

Chronologiquement, ces aspects techniques se sont concentrés (à partir des apports de Taylor) sur les méthodes de travail, l'établissement de standards et la technologie du processus de production. Il s'agit par exemple de mettre en place des méthodes de travail qui accroissent l'efficacité et réduisent la fatigue ; de concevoir et de standardiser des systèmes de fabrication pour la manutention et le transport des pièces ; de réaliser des procédures de planification et de contrôle de la production.

Pour faire face à ces problèmes, les méthodes quantitatives fondées sur l'utilisation du traitement informatique des données ont été développées dans le cadre de **la recherche opérationnelle**, qui est l'application des méthodes scientifiques au management des systèmes organisés comme les systèmes de production ou les systèmes militaires (où elle a trouvé son origine).

La recherche opérationnelle s'intéresse aux décisions qui contrôlent les opérations d'un système. Plus précisément, il s'agit de savoir comment les décisions du management sont (et devraient être) prises, comment obtenir et traiter les données nécessaires, comment organiser la prise de décision jusqu'à ce qu'elle donne des résultats effectifs, et comment organiser sa mise en pratique.

Les outils scientifiques utilisés pour la recherche opérationnelle relèvent de la logique, des statistiques et probabilités, de la théorie de l'information, de la théorie de la décision, de la cybernétique, des sciences du comportement ou de la théorie des systèmes.

La recherche opérationnelle est fondée sur une **approche systémique** des problèmes, ce qui signifie qu'elle part du principe que le comportement de n'importe quelle partie du système a un effet sur celui du système tout entier.

Elle essaie de la sorte d'évaluer les effets des changements d'un élément (ou d'une partie) du système sur les résultats du système tout entier et de rechercher les causes d'une difficulté qui intervient dans une partie du système en relation avec d'autres parties du système ou avec les interrelations entre ses parties.

Par exemple, si une usine fabrique un petit nombre de produits rentables en grandes quantités et un grand nombre de produits non rentables en petites quantités, cela peut signifier que de longues séries à gros volumes de production rentables sont interrompues pour fabriquer de petites séries de produits non rentables. Dans ce cas, la recherche opérationnelle proposera d'accroître les ventes de produits rentables (et de réduire les autres) en mettant en place un système de motivation des vendeurs pour les produits les plus rentables.

De nombreux problèmes opérationnels des systèmes organisés ont des structures communes, notamment en gestion de la production, ce qui permet de généraliser les solutions obtenues.

2.2. Les problèmes des systèmes de production

L'expérience de la gestion de la production a révélé des structures types de résolution des problèmes, parmi lesquelles on peut citer les suivantes :

- **L'allocation des ressources** : les problèmes d'allocation concernent la distribution de ressources selon des possibilités concurrentes d'allocation avec pour objectif de maximiser le profit ou de minimiser les coûts. Le problème est de savoir combien de ressources affecter à chaque activité.

  Si chaque activité demande une ressource et une seule, il s'agit d'un problème d'affectation des ressources. Si les ressources sont divisibles et si les activités et les ressources sont exprimées sur une même échelle, il s'agit d'un problème de transport ou de distribution. Dans le cas contraire, on retrouve un problème général d'allocation des ressources.

  Par exemple, un problème d'affectation consiste à affecter des ouvriers à des tâches, des camions à des trajets routiers, des pilotes à des avions. Un problème de transport consiste à expédier des camions là où ils sont nécessaires, ou des ordres de production à des usines différentes. Un problème général d'allocation des ressources consiste à déterminer quelles sont les machines qui doivent être employées pour un produit donné ou quel ensemble de produits doit être fabriqué dans une usine pour une période particulière.

- **La programmation linéaire** : elle correspond à des techniques d'optimisation mathématique qui ont été développées pour des systèmes de production. En programmation linéaire, la fonction objectif et les contraintes doivent être connues et prendre une forme linéaire. De nombreux problèmes réels peuvent être résolus par approximation de la programmation linéaire, comme le choix des produits chimiques à raffiner, la détermination des trajets d'une compagnie aérienne ou le choix des fournisseurs d'une grande entreprise.

- **Le contrôle des stocks** : les stocks comprennent les matières premières, les composants, les produits semi-finis et les emballages. Le contrôle des stocks consiste à décider où les stocks doivent être présents dans le flux de production et pour quelle quantité.

Certains coûts croissent avec le volume du stock, tels le coût de stockage, l'obsolescence ou l'assurance des stocks et d'autres décroissent lorsque le stock augmente, tels les coûts de mise en place, les coûts de rupture des stocks et les coûts de commande.

La formulation classique du problème consiste à fixer quelle quantité (par achat ou par production) de produit acquérir et quand, de façon à minimiser la somme des coûts induits par les stocks.

La problématique de gestion des stocks s'applique dans de nombreuses situations : en dehors de l'achat des produits, on peut citer le calcul du nombre de personnes à embaucher ou à former, le volume d'une nouvelle production à lancer, le stock optimal d'un nouveau magasin ou la taille optimale d'une trésorerie d'entreprise.

La résolution de ces problèmes est bien connue pour des produits isolés. Elle se complique lorsqu'il y a plusieurs produits interdépendants et nécessite dans ce cas sa décomposition en problème de gestion des stocks d'une part, et d'allocation des ressources d'autre part.

L'approche japonaise (système juste à temps) intègre les calculs précédents avec une priorité stratégique à la qualité et à la coordination avec les acheteurs et les vendeurs.

- **Le remplacement et la maintenance** : les problèmes de remplacement concernent les produits qui s'abîment avec l'usage et le temps. La maintenance est d'autant plus lourde que le produit abîmé est utilisé longtemps, tandis que sa valeur de revente diminue et que son obsolescence s'accroît. En sens inverse, si l'équipement est remplacé fréquemment, le coût d'investissement s'accroît.

Le problème est donc de déterminer, par les moyens de l'analyse numérique ou de la simulation, quand doit être remplacé le produit ainsi que le volume de la maintenance, de manière à minimiser le total du coût d'opération, de maintenance et d'investissement.

- **Les files d'attente** : un problème de file d'attente consiste à déterminer dans quel délai un service doit être proposé, en minimisant soit le coût du service, soit la durée d'attente. Des problèmes de files d'attente se retrouvent dans la détermination du nombre de caisses dans un supermarché ou de places de parking dans un centre commercial. Certains problèmes de maintenance ou de stocks peuvent également être formulés comme des files d'attente.

- **L'ordre des tâches** : lorsque des unités de travail ou des machines interviennent sur plusieurs produits fabriqués en même temps, le problème se pose de définir l'ordre des opérations pour chaque produit dans chaque atelier de façon à éviter des temps morts, des chevauchements d'opération, des ruptures de stocks et à faciliter l'entretien des machines. Les solutions, lorsqu'elles sont simples, sont définies par des graphiques (graphiques de GANTT) ou par la simulation lorsque les combinaisons possibles sont trop nombreuses.

- **Les réseaux** : un réseau peut être défini comme un ensemble de points (les nœuds) reliés par des droites (chaînons). Les routes, qui mènent d'un nœud à un autre, sont caractérisées par des distances, des durées ou des coûts.

Un problème de réseau consiste à trouver une route optimale entre deux ou plusieurs nœuds, compte tenu des contraintes de distance, de temps ou de coût.

Le problème le plus connu est celui du voyageur de commerce qui consiste à atteindre une série de nœuds tous différents et à revenir au point de départ en minimisant le coût, la distance et le temps. Les méthodes analytiques et graphiques permettent de résoudre ce type de problème.

Le management de la production ne se limite pas aux calculs de l'ingénierie industrielle, mais concerne également la question importante de l'ergonomie.

3. L'ergonomie

En tant que processus, l'ergonomie consiste à concevoir des machines, des systèmes, des méthodes de travail et d'environnement qui prennent en compte la sécurité, le confort et la productivité des opérateurs humains.

Les données et les principes de l'ergonomie s'appliquent aux performances humaines, aux comportements dans les systèmes ergonomiques de façon à les concevoir et à les développer.

Le modèle le plus simple d'une unité ergonomique est celui d'un opérateur travaillant sur une machine unique. L'opérateur humain doit donner un sens à l'affichage de la machine qui lui donne un signal sur son fonctionnement.

Ayant donné un sens à cet affichage, l'opérateur l'interprète, effectue éventuellement des calculs, prend une décision, puis entreprend une action sur un élément de contrôle de la machine qui, en échange, modifie son affichage.

L'opérateur utilise de nombreuses capacités humaines, comme par exemple celle de comparer des expériences passées avec la perception actuelle, ou la coordination de ces perceptions avec les stratégies passées ou encore l'extrapolation des perceptions et des expériences passées pour résoudre de nouveaux problèmes.

Le système homme-machine n'est pas isolé de son environnement (température, bruit, éclairage, vibration, odeurs, etc.) qui influence son efficacité. L'ergonomie tient compte de ce système pour concevoir les machines en fonction des préoccupations ergonomiques, que ce soit les contrôles et l'affichage des machines, les espaces, l'environnement du travail ou les moyens d'entretiens.

Le téléphone presse-boutons est un exemple intéressant d'un produit simple qui nécessite un travail ergonomique important. La répartition des touches en lignes de trois boutons a été sélectionnée après de nombreux tests alternatifs : deux colonnes verticales de cinq touches, deux lignes horizontales de cinq ou une présentation en diagonale. Le classement des chiffres et des lettres sur les touches, avec un ordre de gauche à droite et du haut vers le bas a été choisi de préférence à celui appliqué aux calculateurs. Ces choix n'ont pas été fondés sur la logique mais sur l'expérience du nombre d'erreurs commises et la rapidité de composition des numéros. S'y sont ajoutées des considérations sur la taille et le style des nombres afin d'obtenir le maximum de lisibilité, sur la pression à exercer sur les touches pour obtenir une impression tactile de confort et avoir la sensation d'avoir pressé la touche.

Cependant les problèmes les plus difficiles proviennent de la **conception des grands systèmes hommes-machines** car il s'agit d'y intégrer les opérateurs. Une usine, un avion ou une agence bancaire constituent des systèmes hommes-machines complexes.

La croissance très rapide du nombre et de la complexité des machines (robots, ordinateurs, avions, satellites de communication, téléphones, fax, appareils ménagers, etc.) a créé des problèmes entièrement nouveaux vis-à-vis de l'intégration de l'ensemble homme-machine, qui forme un des défis les plus importants du management industriel. Ils posent en effet des problèmes psychologiques et sociaux tels que l'apprentissage de l'utilisation des ordinateurs, la protection des bâtiments contre les agressions, le déplacement des personnes dans les aéroports ou le rythme de vie dans une usine.

On peut prévoir que la relation de plus en plus étroite entre l'homme et la machine nécessitera dans le futur un élargissement du concept et des tâches de l'ergonomie.

L'ergonomie fait partie de l'ingénierie de la production. Sa généralisation conduit à l'ingénierie des systèmes.

4. L'ingénierie des systèmes

L'ingénierie des systèmes est liée à la recherche opérationnelle, mais s'en différencie au sens ou c'est une fonction de conception et de planification plutôt que d'opération.

La conception d'un avion de transport commercial est un exemple d'ingénierie des systèmes. Dans une telle conception, la traînée du fuselage et des ailes, le mécanisme de contrôle, le système de propulsion ou le train d'atterrissage interagissent. Par exemple des ailes plus courtes entraînent une modification du mécanisme de contrôle. L'objectif du système, à savoir le type d'avion souhaité, détermine le choix de chaque élément et de leurs interdépendances. La question centrale de l'ingénierie du système doit prendre en compte les relations entre les caractéristiques possibles de l'avion et les besoins du système actuel de transport aérien.

De plus, l'avion ne peut être étudié isolément mais en fonction des avions possédés par les compagnies, du nombre total d'avions en service et des équipements aériens de chaque pays : l'ingénierie des systèmes dépasse le cadre de l'avion pour inclure celui du transport aérien dans son ensemble.

Le management de la production implique donc des responsabilités particulières et un mode de pensée issus de l'ingénierie industrielle. Il faut chercher à s'approcher d'un optimum qui dépend du travail humain, des capacités techniques comme des aléas de la production et de la demande. Cette notion d'optimum a entraîné le développement de techniques d'analyse mathématique appliquées à des systèmes complexes.

La logique du management de la production le conduit, à l'instar du marketing, à englober l'ensemble des problèmes de l'entreprise et à confondre les objectifs de la production et de l'entreprise. Les succès des entreprises japonaises avec le concept de Qualité Totale ou du Juste à Temps ont renforcé cette tendance du management de la production qui sera examinée dans l'aspect stratégique de la production (*cf.* Chapitre 4).

En outre, la croissance du nombre et des potentialités des machines (robots, informatique, télé information) rend de plus en plus délicate la relation entre l'homme et la machine : il n'est plus certain que les hommes, quelle que soit leur formation, soient capables d'utiliser toutes les potentialités des machines, et il est par ailleurs crucial de rendre les machines les plus « conviviales » possible pour l'homme.

Ces responsabilités du management (conception globale de la production, vision « système », recherche d'un optimum général, intégration de la machine) ne doivent pas être confondues avec l'organisation (ou le pilotage ou la régulation) de la production qui suppose que les problèmes précédents du management de la production aient été résolus.

L'ORGANISATION DE LA PRODUCTION

En organisation de la production, il s'agit de s'assurer que l'ordonnancement, la planification de la production et la gestion des stocks sont efficaces. Ces problèmes sont traités pour la production en série ou par lots, mais non pour la production d'un produit unique qui fait l'objet d'une analyse particulière de l'organisation de la production, l'organisation de projet.

1. L'ordonnancement

L'ordonnancement a pour objectif général l'affectation des hommes, des machines et des matières afin d'être capable de fournir les produits demandés et au moindre coût.

Au plan opérationnel, l'ordonnancement consiste à déterminer le calendrier de fabrication, à procéder au lancement de la production et à effectuer son suivi. Nous présenterons successivement la problématique et la mise en œuvre de l'ordonnancement.

1.1. La problématique de l'ordonnancement

L'ordonnancement est l'ultime étape dans le processus d'organisation de la production. Il est donc déterminé par le système et le choix de la planification de la production qui le précèdent.

Sur le plan chronologique, l'ordonnancement comprend successivement :
1. **Le cheminement du travail** : les différentes phases du travail nécessaires à la production sont fixées.

2. **L'affectation du travail** : les commandes de travail sont passées aux différents postes.

3. **Le jalonnement** : la chronologie des différentes opérations ou des commandes à exécuter est déterminée.

4. **Le lancement** : la date de début des opérations est arrêtée.

Le jalonnement (la chronologie) suppose l'établissement d'une règle de priorité entre commandes concurrentes pour les mêmes postes de travail. Ces règles sont choisies en fonction d'une logique de production ou de marketing. Ainsi, on utilise couramment les règles de priorité suivantes, au choix :

- par ordre d'arrivée ;
- prise au hasard ;
- dont le temps opératoire est le plus court ;
- dont la date de livraison est la plus proche.

Bien qu'aucune règle ne s'impose logiquement, le temps opératoire le plus court semble en pratique la règle qui donne les meilleurs résultats dans les situations les plus courantes.

Pour aider à visualiser une séquence de production, on utilise le Graphique de GANTT.

Par exemple, dans le cas de quatre tâches à effectuer pour deux postes de travail successifs, A puis B, nécessitant les heures de travail suivantes :

Tâches	T1	T2	T3	T4
Poste A	1,4	2,3	3,2	3,1
Poste B	1,7	1,0	1,5	2,8

Le Graphique de GANTT prend la forme :

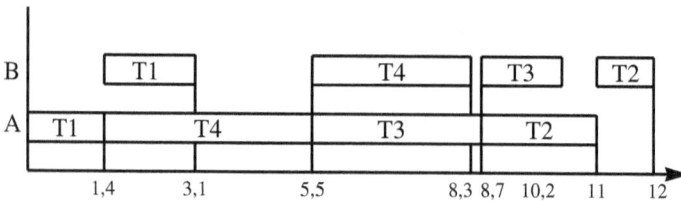

La fonction production

La durée totale de 12 a été obtenue en classant les tâches les plus courtes en fin de processus pour le 2ᵉ poste (B) et en début de processus pour le 1ᵉʳ poste (A) jusqu'à épuisement de toutes les tâches (méthode de JOHNSON).

Dans la pratique, l'accumulation des commandes bouleverse l'ordonnancement et accroît les délais de livraison et les stocks. Ainsi, le bon fonctionnement de l'ordonnancement suppose qu'un contrôle soit exercé sur le nombre de commandes émises à la production et que l'action pour réduire le délai de la fabrication porte non seulement sur le temps de traitement proprement dit (l'ordonnancement), mais aussi sur les délais d'attente entre les traitements ainsi que sur les délais de manutention et de préparation d'une commande.

Par exemple si, entre deux étapes de fabrication, les produits intermédiaires sont produits et transmis par lots plus réduits (voir méthode JAT), les stocks intermédiaires et les délais d'attente, donc de fabrication, s'en trouvent également réduits.

Sous la pression du marketing, la tentation est forte d'accélérer certaines commandes qui n'avancent pas assez vite au gré des clients, au détriment des autres : cette procédure est appelée réordonnancement.

L'ordonnancement est finalement un système souple auquel on demande de s'adapter aussi bien aux changements internes (outils non disponibles, dégâts sur les machines) qu'externes (matières premières non disponibles, changements d'ordre des clients). Ces changements ont des effets négatifs car ils entraînent le système à accroître les tensions qui pèsent sur l'ensemble homme-machine, en acceptant un nombre trop élevé de commandes ou en n'utilisant pas les règles de priorité entre les tâches qui minimisent le temps de production.

Le réordonnancement doit par conséquent être lui-même régulé par des limites imposées à la recherche de la souplesse du calendrier de fabrication.

1.2. La mise en œuvre de l'ordonnancement

L'ordonnancement consiste principalement à mettre en œuvre la production avec plusieurs horizons temporels, le long terme (jusqu'à plusieurs années) ou le court terme (d'une semaine à un an). Le long terme concerne

© Éditions d'Organisation

93

la mise en place des hommes et des investissements, et le court terme la gestion des commandes fermes, c'est-à-dire le planning prévisionnel de la production.

Ce sont ces dernières qui intéressent l'organisation de la production. À cet effet, on s'intéresse à la capacité d'un poste de charge qui est un ensemble (qui peut être réduit à l'unité) de postes de travail chargé d'exécuter une tâche.

En matière de capacité, on distingue la capacité réelle de la capacité théorique, compte tenu de la fiabilité des opérateurs, du nombre de pannes et de rebuts observés. La charge est le travail à effectuer pour un poste de travail pendant une période donnée. On se réfère à une surcharge (ou à une sous-charge) lorsque la charge est supérieure (ou inférieure) à la capacité réelle, et on définit le coefficient d'utilisation comme le rapport entre la charge et la capacité réelle.

Exemple : un atelier de confection dispose d'un poste de coupe et de couture (couturier) ainsi que d'un poste d'ajustement et de finition (tailleur). L'horaire hebdomadaire est de 39 heures. Compte tenu de l'entretien et de causes diverses, le couturier s'arrête 45 minutes par jour et le tailleur 1 heure. De plus ce dernier, compte tenu de sa faible expérience, ne travaille que 75 % du niveau d'activité normal. Une commande de 150 pantalons, qui doit être exécutée en 1 semaine, a été passée avec les contraintes de fabrication suivantes : pour chaque pantalon, le temps total de coupe et de couture (couturier) est de 10 minutes. Il en est de même pour le temps d'ajustement et de finition (tailleur).

Le temps d'entretien des machines est de 1 h par jour pour le poste de coupe et de couture et de 2 h par jour pour le poste d'ajustement et de finition.

On calcule :

	du couturier	du tailleur	Total
la capacité théorique	39 h	39 h x 75 % = 29 h 1/4	68 h 1/4
l'entretien et les temps morts	3/4 h	1 h	1 h 3/4
la capacité réelle	39 - 3/4 = 38 h 1/4	29 h 1/4 - 1 = 28 h 1/4	66 h 1/2
la charge	1 h x 5 + 150 x 10' = 30 h	2 h x 5 + 150 x 10' = 35 h	65 h
le coefficient d'utilisation	78,43 %	123,89 %	97,74 %

La lecture des coefficients d'exploitation montre que si le coefficient d'utilisation total est satisfaisant, le tailleur supporte un coefficient d'utilisation supérieur à 1. Il est donc en surcharge, ce qui rend improbable l'exécution du travail programmé.

L'établissement du planning suppose le respect de plusieurs contraintes :
- le délai de livraison ;
- le plein emploi des moyens en hommes et en machines ;
- la flexibilité de la production.

Le planning est élaboré en utilisant les méthodes plus ou moins globales de la planification de la production (PERT, MRP, KANBAN) ou de l'ordonnancement lui-même (critères d'ordre et GANTT).

Le jalonnement, qui consiste à placer chronologiquement les différentes phases d'une fabrication, doit intégrer les délais d'attente (ou temps interopératoires) entre les fabrications.

Ces derniers comprennent par exemple les temps de transit, de contrôle, de lancement et de traitement administratif. Ils sont généralement évalués à partir d'observations statistiques.

Le temps opératoire réel doit être évalué en tenant compte d'un côté de la capacité maximale de production (au plus tôt) qui permet de vérifier si le délai de livraison est réalisé, et d'un autre côté de la capacité minimale de production avec des délais surdimensionnés (au plus tard) de façon à accélérer éventuellement le rythme de fabrication. Il doit être porté une attention particulière aux éventuels goulets d'étranglement (opérations complexes, opérateur unique, etc.).

Une fois le calcul définitif du jalonnement de la production effectué, on établit les charges prévisionnelles de fabrication : si le coefficient d'utilisation dépasse 100 %, la planification est remise en question, soit par un accroissement des délais de fabrication, soit par une modification des moyens (heures supplémentaires, transfert de travail vers d'autres postes, sous-traitance), soit par un accroissement volontaire des risques de retard en jouant sur les délais au plus tôt – au plus tard.

Le responsable de l'ordonnancement procède ensuite au lancement de la fabrication (distribution des documents nécessaires) et à son suivi. Il s'agit notamment de déterminer la taille des lots. La réduction de la taille des lots de fabrication (qui devient de plus en plus souvent un objectif principal ou secondaire de l'ordonnancement) permet de détecter plus rapidement les pièces défectueuses, de s'adapter à de petits lots de commande, tandis que la réduction des lots de transfert réduit les stocks intermédiaires et les délais de fabrication complets (principes du JAT).

2. La planification de la production

Les responsables de la planification de la production ont pour objectif de répondre à la demande dans la limite des capacités humaines, techniques et financières de l'entreprise. La diversité de ces contraintes oblige tout d'abord à une coordination entre la planification de la production et les différentes fonctions de l'entreprise.

Le rôle de la planification de la production est ensuite d'utiliser les ressources (y compris les stocks) dans le sens défini par la stratégie de l'entreprise. À long terme, la planification autorise la modification de la capacité de production, alors qu'à moyen ou à court terme il s'agit d'atteindre, à capacité donnée, des objectifs de qualité, de volume, de coût et de délai.

Il existe plusieurs méthodes de planification de la production qui sont fondées sur des priorités différentes en matière de coordination : le MRP (Material Requirement Planning) recherche un système rationnel de détermination des besoins en composants ; l'OPT met l'accent sur l'optimisation des flux plutôt que sur la régulation des capacités de production. La méthode KANBAN, à mi-chemin entre la planification de la production et l'optimisation des stocks, permet un ordonnancement décentralisé des ateliers, de façon à réduire les cycles de production et les stocks.

2.1. Les méthodes MRP

Les méthodes MRP (ou en français PBC, Planification des Besoins en Composants) se sont développées à partir de 1965 pour devenir la méthode de gestion industrielle la plus répandue dans les entreprises américaines et européennes. Elles ont pour objectif de réorganiser les stocks en fonction non pas de la consommation passée mais de la demande future.

Il s'agit donc à première vue d'une méthode de gestion des stocks de fabrication, de façon à disposer en temps et lieu de composants en quantité suffisante. Pour réaliser cet objectif, il faut disposer d'informations fiables (et actualisées en permanence) sur le déroulement du processus de production.

L'inventeur du système, Joseph ORLICKY, a séparé les besoins indépendants (qui ne peuvent être estimés que par prévision) et les besoins dépendants (de la structure de production) qui peuvent être calculés.

Le MRP original permet donc de connaître les composants à utiliser, la quantité et la date à laquelle ils sont nécessaires.

Ce MRP a été perfectionné (en 1971) pour devenir le MRP1 en y intégrant les besoins en capacité : il répond à la question supplémentaire de savoir si le système de production a la capacité de fournir les composants demandés. En 1979, la méthode MRP2 a intégré de plus les besoins financiers et comptables dans le système de la production.

Le MRP nécessite de décrire le système productif avec d'autant plus de variables qu'il s'agit de MRP, MRP1 ou MRP2. Il faut disposer successivement des informations suivantes :

- la prévision de la demande de produits finis ;

- le calcul de production nécessaire, en y intégrant les mouvements de stocks, à partir de la première prévision ;

- les besoins quantitatifs en matières premières et en composants, compte tenu de la production nécessaire ;

- les dates de commande des matières premières et des besoins en composants ;

- le contrôle de la capacité de production correspondant à l'ensemble des exigences précédentes.

Tout le système MRP repose sur le recueil et le traitement d'informations nombreuses (c'est pourquoi les MRP ont suivi la généralisation de l'outil informatique dans la production) et pertinentes. La pertinence se mesure par la capacité du système d'information à décrire la composition complète des produits finis, de la relier aux matières premières et aux composants puis d'estimer les délais de livraison des matières premières, de production des composants et de mise en place des produits.

On peut donc schématiser les besoins d'informations du MRP de la façon suivante :

Schéma 2 - Les besoins d'information du MRP

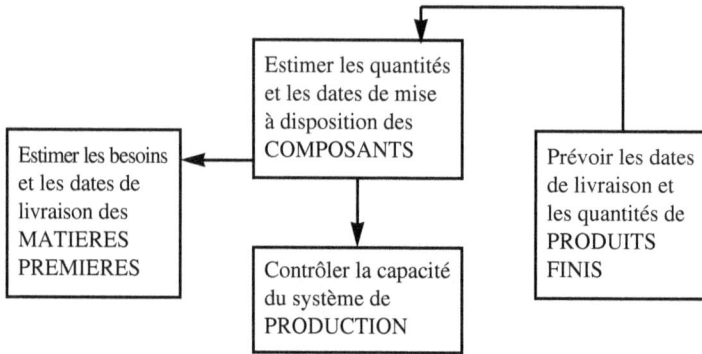

```
                    ┌──────────────────┐
                    │ Estimer les quantités
                    │ et les dates de mise
                    │ à disposition des
┌──────────────┐    │ COMPOSANTS       │    ┌──────────────┐
│ Estimer les besoins ◄─┤                  │    │ Prévoir les dates
│ et les dates de │    └────────┬─────────┘    │ de livraison et
│ livraison des   │             │              │ les quantités de
│ MATIERES        │    ┌────────▼─────────┐    │ PRODUITS
│ PREMIERES       │    │ Contrôler la capacité  │ FINIS
└──────────────┘    │ du système de    │    └──────────────┘
                    │ PRODUCTION       │
                    └──────────────────┘
```

Le MRP peut être décomposé en Plan Industriel et Commercial (P.I.C.), Plan Directeur de Production (P.D.P.), et MRP proprement dit :

Le Plan Industriel et Commercial, proposé par les directions techniques, commerciales et financières (MRP2), définit les orientations à moyen terme (plusieurs années) de la production à partir des prévisions de vente ; le Plan Directeur de Production fournit les mêmes prévisions de production pour un horizon plus court (quelques mois) avec un niveau de détail plus élevé ; le MRP établit ensuite, dans tous les détails nécessaires à la production, la liaison entre commandes, production, stocks et livraisons.

Le MRP suppose d'avoir un plan de production très précis, d'effectuer la liaison entre la production et le marketing (et la finance pour MRP2), de maîtriser le caractère aléatoire de la demande et des perturbations de la production. Il nécessite donc un grand nombre de données précises et le traitement informatique de ces données.

Si la production peut être effectuée sous forme de séries répétitives, les techniques KANBAN demandent une quantité d'informations moindre qu'OPT au niveau de l'atelier et permettent une gestion plus souple de la production. On peut alors associer MRP et KANBAN en considérant au niveau MRP une ligne de production comme une boîte noire, qui est intérieurement gérée par une technique KANBAN.

C'est cette dernière que nous allons développer ci-après.

2.2. La méthode KANBAN

On ne confondra pas KANBAN et JUSTE À TEMPS ; le JUSTE À TEMPS (JAT) est un concept stratégique de production (*cf.* Chapitre 4) qui consiste à livrer, fabriquer et approvisionner juste à temps. KANBAN est une des MÉTHODES utilisées pour respecter le principe JAT.

La méthode KANBAN a été mise au point par l'entreprise Toyota au Japon à la fin des années 50. Le diagnostic de départ, qui a donné lieu au développement de KANBAN, fait l'hypothèse que les responsables de la production ont tendance à surproduire. Pour limiter cette surproduction, il faut trouver un moyen qui permette de fournir le produit demandé au moment et dans la quantité où il est demandé.

Pour un atelier de production, cette exigence signifie que chaque poste ne produit que ce qui lui est demandé par le poste qui le suit, le dernier poste étant... le client. À cet effet, il faut mettre au point un système d'information qui fasse **rapidement** remonter les informations depuis les clients jusqu'aux fournisseurs en passant par tous les postes de production intermédiaires.

Le KANBAN est une méthode simple de transmission de l'information de poste à poste par l'intermédiaire d'une commande transmise en amont par un Kanban (Kanban = étiquette) et d'un bon de livraison transmis en aval par un Kanban :

Schéma 3 - Les flux de production,
commandes et bons de livraison Kanban

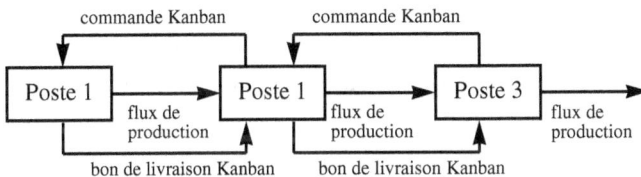

Un Kanban se présente sous la forme d'une étiquette portant :
- la référence du fournisseur (numéro, code, etc.) ;
- la référence du client ;
- la référence de la pièce ;
- la quantité du produit à livrer ou livré.

Chaque client (poste de production ou client final) passe une commande à l'aide d'un Kanban. De son côté, le fournisseur (poste de production ou fournisseur extérieur) examine ses commandes, organise sa production et exécute les commandes reçues qu'il livre, chacune étant accompagnée d'un Kanban (étiquette).

Chaque fournisseur possède un tableau des Kanbans pour chaque produit qu'il est susceptible de fabriquer. S'il n'y a aucun Kanban sur ce tableau pour un produit donné, cela signifie qu'il n'y a pas de demande (donc que le stock de ce produit est suffisant).

Si, pour un produit donné, tous les emplacements de Kanban sont occupés, cela signifie au contraire une forte demande pour ce produit et sans doute une rupture de stock :

Schéma 4 - Le tableau des Kanbans
(1 poste fournisseur de 3 produits, avec 3 Kanbans par produit)

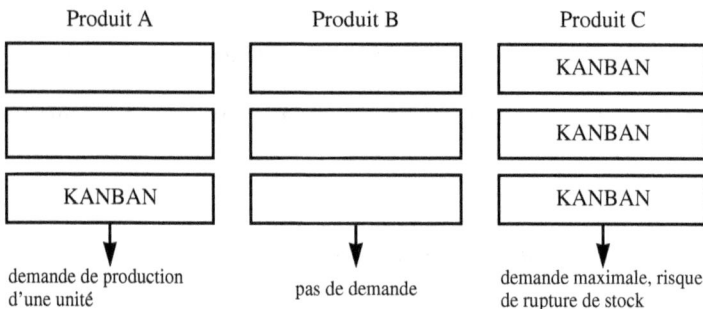

Produit A	Produit B	Produit C
		KANBAN
		KANBAN
KANBAN		KANBAN
demande de production d'une unité	pas de demande	demande maximale, risque de rupture de stock

On notera qu'à chaque Kanban correspond une unité de pièces à livrer qui est matérialisée par un casier ou un conteneur. Pour faciliter la circulation de l'information, chaque casier contient le même nombre de produits, dans lequel on ne mélange pas deux produits différents. L'unité de livraison est donc le casier.

Pour un poste de production, il faut déterminer le nombre de Kanbans possibles sur son tableau de Kanban, compte tenu de la taille des casiers et de la demande moyenne par unité de temps.

Si r est le nombre de produits d'un casier,

D la demande par unité de temps,

F le délai de fabrication et de livraison d'un casier, le nombre de Kanbans K_p, pour un produit p, est au moins égal à :

$$K_p = \frac{D \times F}{n}$$

Par exemple pour des casiers de n = 100, une demande journalière de 600 produits et un délai de fabrication et de livraison d'un casier de 1/2 journée,

$$K_p = \frac{600 \times 0,5}{100} = 3$$

Il convient de corriger ce nombre par une marge de sécurité liée aux irrégularités de fabrication.

Par exemple si F varie de 0,5 à 0,65 (+ 30 % d'incidents de fabrication)

$$K_p = \frac{600 \times 0,5}{100} = 3,9 \text{ arrondi à } 4$$

Cette méthode de fabrication exige un système de production capable d'utiliser l'absence de commande pour passer à une autre fabrication (flexibilité), et d'organiser une fabrication par lignes de produits (pour faire suivre les Kanbans) plutôt que par ateliers techniques.

Si la méthode Kanban ne s'applique qu'à une fabrication à flux continu, et si elle contribue à réduire tous les stocks intermédiaires (parce qu'il n'y a pas de stock commandé) au point de la rendre très dépendante des variations de l'approvisionnement, elle entraîne des avantages substantiels pour la production :

- l'entreprise utilise au maximum son potentiel de flexibilité ;

- les stocks sont facilement réduits ;

- les flux de production sont directement visualisés, sans informatique.

De plus, les tableaux de Kanban sont des outils d'amélioration du système de production. En retirant un emplacement de Kanban pour un produit, on peut diagnostiquer le lieu et la cause de blocage et améliorer le fonctionnement d'un ou plusieurs postes pour supprimer le blocage.

Au contraire, si en retirant un emplacement de Kanban, il n'y a pas de blocage, c'est qu'il y avait trop de stocks qui ont désormais diminué, grâce à ce retrait.

La méthode OPT, développée ci-après, tient compte des méthodes MRP et Kanban en analysant différemment la gestion de l'entreprise.

2.3. La méthode OPT

Développée aux États-Unis à la fin des années 1970 dans un ouvrage de E.M. GOLDRATT et J. COX intitulé « Le but, l'excellence en production », la méthode OPT (Optimized Production Technology) est fondée sur la détermination des goulets d'étranglement de l'entreprise.

Partant de l'objectif de toute entreprise de réaliser un profit qui se traduise par des indicateurs tels que le bénéfice net ou la rentabilité ou même le montant de la trésorerie, les auteurs rappellent qu'il existe d'autres indicateurs du profit, plus significatifs pour le système de production :

- le montant des ventes,

- les stocks,

- les dépenses d'exploitation.

La gestion de la production aura pour objectif, si elle veut contribuer à l'accroissement du profit de l'entreprise, d'accroître les ventes, de réduire les stocks et les dépenses d'exploitation.

Les règles proposées par OPT, règles de bon sens, répondent à cet objectif.

On peut les résumer par les principes suivants :

- les flux doivent être équilibrés plutôt que les capacités. Les goulets déterminent les flux ;

- on doit mettre en lumière les interactions entre les ressources de la production qui forment les goulets d'étranglement et les ressources qui ne sont pas des goulets d'étranglement. Ces interactions ont des effets sur les flux, les coûts et les stocks.

- l'ordonnancement des tâches doit intégrer à la fois les contraintes de produit et de capacité.

La mise en œuvre d'OPT est une invitation à identifier les goulets d'étranglement et à organiser la production des ateliers à partir de la relation approvisionnement - goulet d'étranglement.

La planification de la production est donc un effort pour relier les objectifs de l'entreprise et la production au jour le jour, produit par produit. À cet effet, elle combine une vision globale de la production (le système), une recherche d'une information complète (MRP) et pratique (Kanban). OPT nous rappelle à la nécessité première des liens entre objectif de l'entreprise et obstacles à l'optimisation (goulet d'étranglement).

Au souci de la planification succède la question spécifique de la gestion des stocks. Si les réduire est un objectif évident pour accroître le profit, toute action sur les stocks doit être intégrée dans la planification de la production dont elle fait logiquement partie.

Mais la gestion des stocks nécessite une étude spécifique, plus parce qu'elle est révélatrice des dysfonctionnements du système de production que parce qu'elle fait appel à des techniques particulières.

3. La gestion des stocks

L'utilité des stocks est de permettre de satisfaire la demande des clients en assurant une activité efficace de la production.

La première qualité d'un stock est d'être disponible tandis qu'*a contrario* il convient d'éviter toute rupture de stock : c'est dans cette double attente que se situe la gestion des stocks.

À l'intérieur du processus de production, on distingue successivement les matières premières (qui entrent dans la composition du produit final), les composants et en cours, les produits finis, ainsi que les stocks accessoires tels les stocks de maintenance (les pièces de rechange pour les machines) ou l'outillage.

Les stocks servent à faire face aux décalages entre les approvisionnements, la production et la demande, à réguler les différents stades de la production, à fabriquer des lots qui permettent des économies d'échelle. Mais ces fonctions doivent être réalisées au moindre coût de stockage.

La première difficulté de gestion des stocks provient de la multiplication du nombre d'articles. Dans la mesure où ces articles n'ont pas tous la même importance pour la gestion de la production, il est nécessaire de leur porter une attention proportionnelle à leur importance : c'est l'essence de la méthode ABC (ou loi de PARETO ou règle des 80-20).

3.1. La méthode ABC

On classe les articles du stock en trois catégories : la catégorie A regroupe les articles les plus importants, la catégorie B regroupe les articles d'importance moyenne et la catégorie C rassemble les articles de faible importance par rapport au critère choisi (qui peut être le coût ou l'importance du produit en quantité utilisée par exemple).

On se réfère aussi à une règle 80-20 qui signifie que très souvent 80 % du stock est faiblement utilisé, tandis que 20 % l'est fortement.

Une fois le critère de classement du stock choisi, on calcule les pourcentages cumulés du stock par importance croissante ou décroissante et on représente la répartition des pourcentages sur un graphique en % du critère représenté.

Exemple : soient les 10 produits suivants dont on connaît la quantité en stock, la quantité consommée par période, le prix de revient et la valeur en stock :

Produits	A	B	C	D	E	F	G	H	I	J
quantité en stock	100	200	50	120	500	800	100	1000	300	600
prix de revient	10	6	12	20	30	6	20	5	50	30
valeur en stock	1000	1200	600	2400	1500	4800	2000	5000	15000	18000

On classe les produits par leur valeur croissante en stock, en calculant le cumul de valeur en stock et le % de la valeur totale du stock :

Produits	C	A	B	E	G	D	F	H	I	J
valeur en stock croissante	600	1000	1200	1500	2000	2400	4800	5000	15000	18000
valeur cumulée du stock	600	1600	2800	4300	6300	8700	13500	18500	33500	51500
% de la valeur totale du stock	1,17	3,10	5,44	8,35	12,23	16,89	26,21	35,92	65,05	100

On représente sur un graphique la valeur cumulée du stock en fonction du pourcentage de produits (ici chaque produit correspond à 10 % du nombre de produits).

La fonction production

Schéma 5 - La courbe de PARETO (ou de concentration)

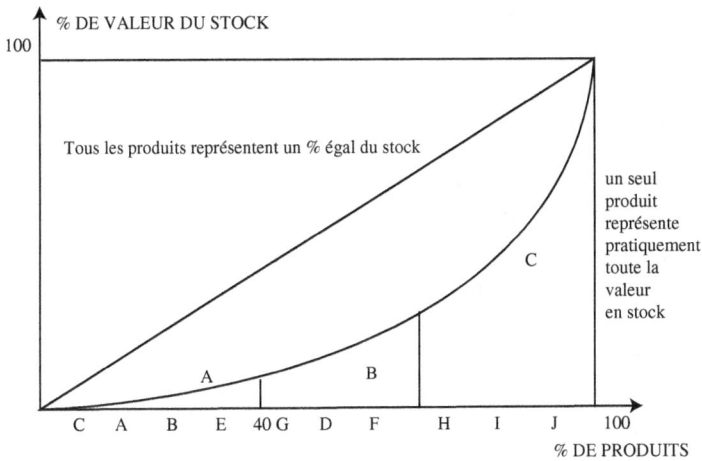

% DE VALEUR DU STOCK

Tous les produits représentent un % égal du stock

un seul
produit
représente
pratiquement
toute la
valeur
en stock

C

A   B

C   A   B   E   40 G   D   F   H   I   J   100
% DE PRODUITS

La courbe en continu se trouve entre les deux extrêmes suivants : la diagonale correspond à la situation ou tous les produits représentent un %
égal du stock et à l'inverse la courbe orthogonale la situation ou un seul
produit représente pratiquement toute la valeur en stock.

On conçoit que ce tableau donne une représentation du degré de concentration de la valeur du stock et permet des comparaisons avec le degré de
concentration de la quantité de produits en stock, ou du chiffre d'affaires,
et donc de la bonne utilisation des stocks.

On peut également déterminer quels sont les produits importants. Par
exemple les quatre premiers produits (40 %) constituent environ 8,35 %
des stocks, les trois suivants (30 %) 17,36 % (26,21-8,35) des stocks et les
trois derniers (30 %) 73,79 % (100-26,21) des stocks. Il est clair qu'une
importance particulière doit être accordée aux commandes, aux stocks et
à la consommation de ces trois derniers produits (H, I, J). Ces derniers (H,
I, J) sont les produits de type A, les plus importants, tandis que les produits G, D, F sont de type B (moyennement importants) et que les produits
C, A, B, E sont les produits de type C (peu importants).

Après avoir classé les stocks par ordre d'importance, il est possible de
définir une politique d'approvisionnement.

© Éditions d'Organisation

105

3.2. La politique d'approvisionnement

La politique d'approvisionnement dépend des caractéristiques de la demande qui peut être plus ou moins prévisible et variable, des coûts de stockage et des coûts de commande.

Les **coûts de stockage** comprennent l'immobilisation des capitaux placés dans les stocks (mesurés par le taux d'intérêt ou le coût d'opportunité de ces capitaux) et le coût de stockage proprement dit (lieu de stockage, obsolescence, risque de détérioration).

Les **coûts de commande** comprennent le coût de passation d'un achat, le coût de réception et de mise en place des produits et, pour le lancement d'une série de production, le coût d'installation, de réglage et de contrôle des machines.

Ces deux coûts incitent à une réduction des stocks qui a elle-même un **coût de rupture**. Ce dernier coût, difficile à évaluer, correspond à un coût d'opportunité (vente manquée) ou à un coût commercial (perte de confiance des clients, image négative de l'entreprise).

Exemple de calcul du coût total de stockage : Supposons que l'on connaisse la demande D pour une période de temps t, et qu'il ait été décidé de commander les produits par quantités fixes Q. On connaît donc le nombre de commandes pour la période de temps D/Q et le stock moyen Q/2, si l'on bénéficie d'une demande linéaire.

Si le coût d'achat d'un produit est c et i le taux d'intérêt du capital pour la période t, le coût de stockage d'une unité de stock est c.i. De plus, si le coût d'une commande est A, le coût des commandes pour la période t est A × D/Q. Au total s'il n'y a pas de rupture de stock, le coût de stockage C_s est égal à :

$$C_s = A \frac{D}{Q} + ci \frac{Q}{2}$$

En prenant C = 100 €, i = 10 %, D = 1 000 pour un an,

A = 500 € par commande et Q = 500 (2 commandes par an), on calcule :

$$C_s = 500 \times \frac{1\ 000}{500} + 100 \times 0,1 \times \frac{500}{2}$$

Cs = 1 000 € (coût de commande) + 2 500 € (coût de stockage)

Une fois calculé le coût de stockage de chaque produit, la politique d'approvisionnement consiste à choisir des méthodes de commande qui minimisent les risques de rupture et le coût total des stocks.

Pour répondre à cet objectif, la date et la quantité d'approvisionnement peuvent respectivement être rendues fixes ou variables :

- **Réapprovisionnement à date et quantité fixes** : cette méthode très simple suppose que la consommation des produits soit prévisible et régulière et que les coûts de surstockage ou de rupture des stocks soient faibles. Elle ne concerne que les stocks de type C.
- **Réapprovisionnement à date fixe et quantité variable** : il est possible d'évaluer un niveau de stock maximum et de prévoir un stock suffisant pour éviter des ruptures de stocks entre les dates d'examen et de réapprovisionnement des produits. Il faut donc que la consommation soit prévisible et que la contrainte du contrôle à date fixe n'entraîne pas de surcoûts ou de ruptures de stocks excessifs. Les stocks de type B ou C sont concernés.
- **Réapprovisionnement à date variable et quantité fixe** : il faut déterminer le niveau de stock qui déclenche l'ordre d'achat permettant de faire face au délai de livraison. Par son caractère fixe, cette méthode ancienne peut être associée au Kanban :

Schéma 6 - Le point de commande à date variable

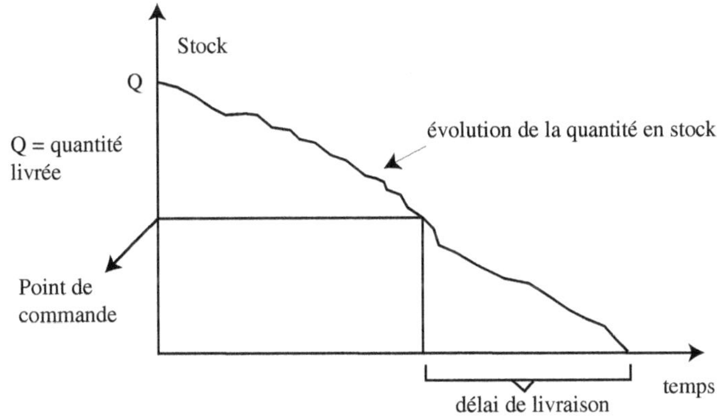

Cette technique permet de faire face à des consommations irrégulières, à condition que le délai de livraison ne soit ni excessif ni trop irrégulier. Elle suppose un suivi permanent des stocks et un risque, soit de rupture de stock soit de surstock (stock de sécurité), pour faire face à des variations des délais de livraison et de la demande. Une liaison étroite avec les fournisseurs et les clients permet de réduire les stocks de sécurité.

Cette méthode concerne les stocks de type A ou B. Elle utilise la quantité économique pour minimiser le coût de stockage.

- **Réapprovisionnement à date et quantité variables** : il s'agit de produits dont la demande et le prix varient fortement et qui nécessitent donc un suivi permanent des produits et des stocks. Il ne s'agit donc que de stocks particuliers de type A, dont l'importance et les fluctuations nécessitent une attention spéciale.

Les coûts de stockage se prêtent à des calculs qui dépendent des hypothèses sur les variations de la demande et des délais de livraison ainsi que du choix du mode de réapprovisionnement.

3.3. Le calcul du coût de stockage

La formule la plus connue est celle inspirée du modèle de WILSON (réapprovisionnement à date variable et à quantité fixe). À partir de la formule du coût total de stock :

$$C_s = A \frac{D}{Q} + ci \frac{Q}{2}$$

On considère que A, c, i et surtout D (la demande) sont fixes. Seule la quantité Q à commander varie. On calcule donc Q* qui minimise C_s à partir de :

$$\frac{dC_s}{dQ} = d, \text{ ce qui s'écrit :}$$

$$\frac{- AD}{Q^2} + \frac{ci}{2} = O \qquad \text{soit } Q^* = \sqrt{2AD / ci}$$

Graphiquement, C_s est représenté par l'addition d'une droite et d'une hyperbole.

Schéma 7 - Le coût du stock en fonction de la quantité

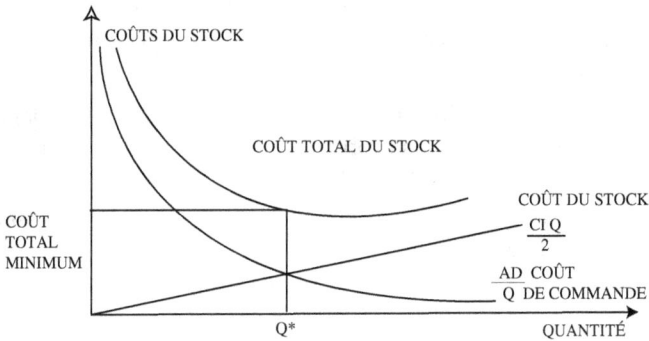

Cette formule donne une première approximation de la quantité optimale à commander, qui doit être corrigée en tenant compte de la complexité de la situation réelle des stocks :

- S'il est possible de pratiquer des ruptures de stocks régulières (ce qui équivaut à retarder la livraison) et d'évaluer le coût de ces ruptures, la formule de WILSON s'applique en tenant compte du coût de rupture de stock cr (c = le coût unitaire du produit et r = le coût de rupture en %) et la nouvelle quantité économique à commander avec rupture de stock, Q*r est égale à :

$$Q^*r = a^* \sqrt{\frac{ci + cr}{cr}} = Q^* \sqrt{\frac{i + r}{r}}$$

ou Q* est la quantité économique à commander sans rupture. On observera que Q*r est supérieur à Q*.

- De même lorsque le produit est livré en continu (ce qui intervient lorsqu'un poste de production livre à un autre poste de production dans la même entreprise), le coût de stockage doit être recalculé en fonction de l'échelonnement de la livraison et Q* s'accroît par rapport au Q* sans échelonnement.

- Lorsqu'il est possible d'obtenir des remises de prix quantitatives, des formules directes ou des algorithmes tiennent compte de la réduction de c qu'entraîne la croissance de Q pour calculer un nouveau Q*.

- La gestion des stocks est en général conduite à intégrer l'incertitude sur la demande et les délais de livraison. S'il est possible de probabiliser l'une et l'autre, la demande ou les délais de livraison sont calculés à partir de leur moyenne, de leur variance et de leurs lois de probabilité. On calcule alors la probabilité que l'un ou l'autre se situe dans un intervalle de valeurs données et le stock nécessaire pour faire face à cette variation prévue.

Par exemple si la demande D a une moyenne m de 100, une variance σ^2 de 100 et suit une loi Normale, la probabilité que la demande D soit comprise entre M et M + σ (soit entre 100 et 110) est égale à 0,34.

Il reste à l'entreprise à décider de faire face ou non à une augmentation de la demande jusqu'à 110 et à éventuellement renoncer à répondre à une demande qui dépasserait 110 (dont la probabilité est 0,16, à partir de la table de la loi Normale).

Pour calculer le niveau du stock de sécurité, il faut disposer, outre la loi de probabilité de la demande (ou du délai de livraison), du niveau de service et du coût de rupture de stock.

Le niveau de service au client ou au poste de travail se calcule en fonction des objectifs de qualité ou des contraintes du système de production. Le coût de rupture se calcule (difficilement) en fonction des informations dont on dispose vis-à-vis des effets d'une rupture de stock sur la demande ou sur la production.

En relation avec la planification de la production, la gestion des stocks doit être optimisée en fonction des objectifs de qualité et de coût, avant que l'ordonnancement de la production puisse être mis en place.

4. La gestion des projets

Toute opération de production est, *a priori*, un projet. Elle peut rester unique (construction d'un immeuble ou d'un navire ou transfert d'un atelier dans un lieu nouveau, etc.) ou bien se transformer en opération répétitive qui fera appel à des méthodes particulières (MRP, KANBAN, OPT), mais la gestion d'un projet constitue la matrice originelle de l'organisation de la production.

Une fois étudiée la faisabilité d'un projet, ce dernier doit être considéré comme un enchaînement d'opérations élémentaires, coordonnées entre elles et liées les unes par rapport aux autres dans le temps.

Les questions principales qui doivent être résolues pour la bonne fin d'un projet sont relatives au temps et au coût, le premier étant lié au second. Il faut, en premier lieu, estimer la durée probable du projet, puis l'organiser de façon à minimiser son coût et sa durée (pour que les moyens engagés le soient le moins longtemps possible et qu'il puisse devenir opérationnel le plus vite possible).

On considérera en premier lieu la représentation du projet, avant de procéder à son analyse en termes de temps.

4.1. Les représentations d'un projet

On utilise couramment quatre types de représentation :

- **GANTT** : chaque opération est représentée par un segment dont la situation et la longueur sont proportionnelles au temps :

Schéma 8 - Le graphique de GANTT

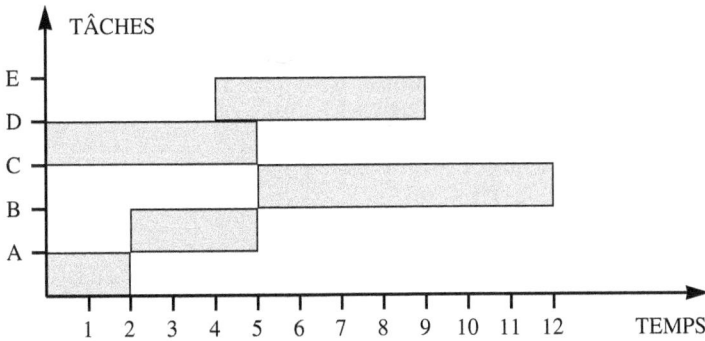

Cette représentation est simple, très utilisée en ordonnancement (*cf.* Chapitre 3, 1.1 - La problématique de l'ordonnancement) mais elle ne fait pas apparaître la structure du programme.

- **Le graphe Sagittal** : comme son nom l'indique, ce type de graphe relie par des flèches une série de points. Soit les flèches représentent les tâches elles-mêmes et les points indiquent les débuts ou les fins d'une tâche, soit les flèches représentent les liaisons entre les tâches, qui sont figurées par les points (représentation utilisée par la méthode Potentiel-Tâche).

Schéma 9 - Le graphe Sagittal

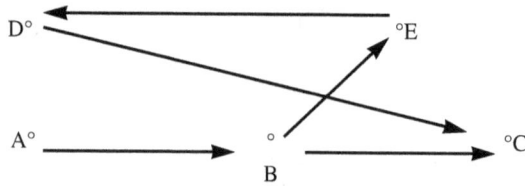

- **La représentation matricielle** : une matrice exprime également la liaison entre les différentes tâches, leur durée ou leur coût, ce qui se révèle utile pour les calculs, notamment informatiques. La valeur 0 exprime par exemple qu'il n'y a pas de relation entre A et C et la valeur 1 qu'il y a une relation entre A et B.

Schéma 10 - La matrice origines extrémités

TÂCHES EXTRÉMITÉS

		A	B	C	D	E
	A	0	1	0	0	0
	B	0	0	1	0	1
TÂCHES	C	0	0	0	0	0
ORIGINES	D	0	0	1	0	0
	E	0	0	0	1	0

Ces différentes représentations sont utiles pour la résolution PERT d'un projet.

4.2. La méthode PERT - CPM

Datant de la fin des années 1950, les méthodes associées PERT (Program Evaluation and Review Technique) et CPM (Critical Path Method) ont pour objectif de déterminer les liaisons entre les opérations d'un projet, d'identifier l'origine du risque de retard (le long du chemin critique) et d'agir sur la structure du projet pour minimiser sa durée ou (et) son coût.

Un projet se décompose en tâches (ou activités ou étapes) qui sont liées entre elles par des contraintes. On détermine successivement :
- les différentes tâches du projet ;
- les liens entre ces tâches, définis par le rang de chaque tâche ;
- les dates au plus tôt et au plus tard de chaque tâche ;
- la marge de liberté dans le temps de chaque tâche ;
- le chemin critique qui contraint la durée du projet.

© Éditions d'Organisation

Nous illustrons cette méthode par l'exemple suivant qui décrit une campagne publicitaire dont on connaît la durée de chaque tâche et les tâches préalables à exécuter :

Tableau 2 - Un exemple de projet PERT

Tâches	Descriptif	Durée	Préalable
A	Choix de la méthode	10	-
B	Constitution de l'équipe de travail	5	-
C	Enquête centre ville	8	A, B
D	Enquête banlieues	12	A, B
E	Traitement des résultats	10	C, D
F	Analyse des résultats	6	E

Dans un premier temps soit directement, soit par une analyse matérielle dans le cas de tâches nombreuses, on classe les tâches par niveaux, selon leur ordre logique d'exécution :

Tableau 3 - Les niveaux et les identifications des tâches

Niveau des tâches	1	2	3	4
Tâches	A	C	E	F
	B	D		

Pour chaque tâche, on établit un tableau indiquant :
- le nom de la tâche ;
- la durée de la tâche ;
- la date d'exécution au plus tôt ;
- la date d'exécution au plus tard.

Pour la tâche B par exemple, on obtient le tableau :

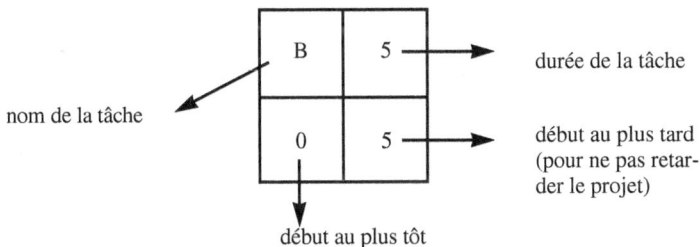

B	5 → durée de la tâche
0	5 → début au plus tard (pour ne pas retarder le projet)

nom de la tâche

début au plus tôt

Le projet tout entier est représenté (selon le graphe potentiel-tâche) par le graphe :

Schéma 11 - Un exemple de graphe potentiel-tâche

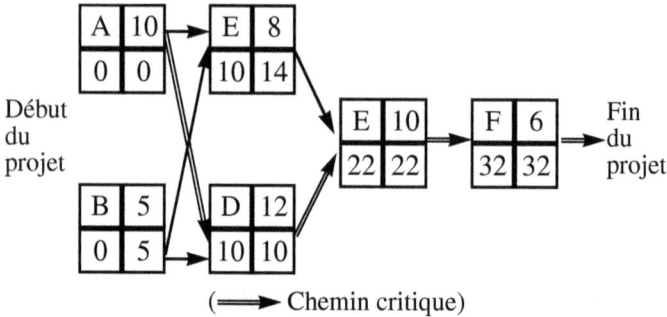

(━━▶ Chemin critique)

L'explication de ce graphe est la suivante :

- A dure 10 jours et doit démarrer immédiatement.

- Pendant que la tâche A est en cours d'exécution, B peut être soit exécutée immédiatement (0), soit démarrer au plus tard le 5e jour (5), compte tenu de la durée (5) pour ne pas ralentir le projet.

- C (durée 8 jours) peut démarrer tout de suite après la fin de la tâche A (10 jours), mais peut attendre 4 jours de plus (14), compte tenu de la durée de l'enquête en banlieue de 12 jours (D).

- D, par contre, doit démarrer impérativement le 10e jour comme E le 22e jour (après la fin de O) et F le 32e jour (après la fin de E). Au total, après exécution de F, le projet total aura duré au minimum 38 jours.

La marge d'une tâche est donc l'écart entre le début de la tâche au plus tôt et au plus tard. B et C ont respectivement des marges de 5 et 4 jours, tandis que A, D, E, F ont des marges nulles. Pour ces dernières tâches, il n'y a aucune liberté de manœuvre, au sens ou tout retard pour l'une de ces quatre tâches engendre le même retard pour le projet : la succession des tâches A, D, E, F, formée des tâches critiques, est appelée chemin critique.

Si l'on veut réduire la durée du projet, ce sont donc les tâches du chemin critique qui doivent être accélérées, avec comme limite la durée des chemins non critiques. Ainsi D, réduit de quatre jours, diminue la durée totale du projet d'autant.

T

La fonction production

Mais au-delà de cette réduction, il faut que C et D soient réduits de façon concomitante.

Bien entendu, les durées des tâches peuvent intégrer le risque, grâce à la connaissance de la probabilité de leur durée. L'addition des durées autorise de calculer l'espérance et l'écart type de la durée du projet tout entier, avec l'aide du théorème central limite.

Dès que l'on se trouve en face d'opérations répétitives, l'architecture du projet (avec la méthode PERT - CPM) doit être complétée par la planification de la production qui établit un lien entre les flux et les stocks de matières premières, composants, produits finis et l'utilisation optimale de la structure de production. Il s'agit de tirer parti de la répétitivité des opérations, avec le même objectif général que celui de la gestion du projet : offrir une qualité satisfaisante avec des coûts minima.

La réflexion finale sur la gestion de la production concerne les stratégies à choisir, pour intégrer la production dans la stratégie générale de l'entreprise.

Chapitre 4

LES STRATÉGIES
DE LA PRODUCTION

On conçoit que la stratégie générale de l'entreprise qui définit ses objectifs, les moyens à employer pour utiliser au mieux ses avantages particuliers face à l'environnement économique, social, concurrentiel, s'applique à la production comme au marketing, à la gestion des ressources humaines ou à la finance.

Il ne s'agit pas ici d'entrer dans les techniques de mise en œuvre de la stratégie (qui relèvent du chapitre Stratégie) mais de définir les principaux objectifs stratégiques qui concernent la gestion de la production dans l'environnement actuel de l'entreprise.

Pour l'Europe de 1945, l'objectif stratégique de la production était, pour beaucoup d'entreprises, la quantité et les délais (le logement, l'automobile, les machines outils, etc.). Pour l'Europe du XXIe siècle, la multiplication des produits, l'ouverture des marchés et la concurrence internationale croissante obligent à fournir une qualité élevée, répondre avec précision à la demande et abaisser le prix de revient. Trois concepts, qui se sont imposés par la rigueur de la concurrence et la course à l'excellence organisationnelle, répondent à ces objectifs stratégiques : la qualité, le juste à temps et le perfectionnement permanent de la production.

1 . L'objectif qualité

« La qualité est l'ensemble des propriétés et des caractéristiques d'un produit, processus ou service, qui lui confère son aptitude à satisfaire des besoins exprimés ou implicites ». Cette définition très large de l'International

T

Standard Organization (I.S.O.) inspire, grâce aux leçons de la concurrence japonaise, un nombre croissant de responsables de systèmes de production.

On se réfère à une qualité globale ou totale non pas parce qu'elle concerne spécifiquement les caractéristiques des produits, mais parce qu'elle signifie que la qualité des produits résulte de la qualité du processus de production (organisation, respect des délais, entretien du matériel) comme de la qualité des opérateurs (motivation, formation, relations avec les clients et les fournisseurs, etc.).

- **La qualité du produit**

La qualité du produit se détermine dès sa conception et s'exerce en permanence dans le contrôle, qui consiste à vérifier la conformité du produit avec ses caractéristiques contractuelles.

Le contrôle peut être effectué aléatoirement ou systématiquement sur tous les produits, tel que le suggère un objectif de qualité.

Il peut être exercé en fin de processus ou au sein même du poste de production, ce qui est préférable pour détecter les défauts à la source et pour impliquer le personnel de production vis-à-vis de l'objectif de qualité.

- **La qualité des opérateurs**

La prise de conscience par l'ensemble du personnel de l'entreprise, de l'ouvrier au PDG, de sa responsabilité dans le niveau de qualité est la première condition d'une qualité globale. Elle signifie souvent une modification de la culture de l'entreprise et donc du contrat de l'entreprise (qui est responsable ? quel niveau de solidarité ? quelles récompenses et sanctions ?).

La formation à la gestion de la qualité, à de meilleures techniques de travail, à l'évolution de l'ergonomie permet d'accroître et de contrôler la qualité des opérateurs.

Les fournisseurs et les clients doivent être associés à la démarche qualité de l'entreprise.

- **La qualité du processus de production**

La qualité de l'outil de production est évaluée par sa capacité à fournir des produits conformes aux exigences de qualité et par sa fiabilité (pourcentage de fonctionnement sans panne).

La qualité du processus de production est garantie par la maintenance de l'outil industriel et certifiée par les normes ISO portant soit sur tout le processus (ISO 9001), soit sur la production et les installations seules (ISO 9002), soit sur les contrôles et les essais (ISO 9003).

La liaison étroite entre production et demande, fournisseurs et clients, et entre agents dans le processus de production est un objectif stratégique spécifique qui complète souvent l'objectif qualité.

2. La recherche du juste à temps

Le principe du juste à temps concerne tous les types d'organisation de la production (production de masse, ateliers spécialisés, industrie de process, production par projet) avec comme objectif un flux tendu, c'est-à-dire la livraison, la fabrication, l'approvisionnement juste à temps par rapport aux besoins de production et de commercialisation.

L'incertitude du déroulement du processus de production entraîne un stockage de précaution, qui a un coût. Ce type de réponse, qui consiste à ne pas s'interroger sur les causes mais en tirer mécaniquement les conséquences est un puissant facteur de gaspillage dans l'entreprise. Si, au contraire, on s'interroge sur les causes, on peut les classer, par exemple, de la manière suivante :

- la qualité insuffisante des produits ;
- les pannes des machines ;
- l'absentéisme du personnel ;
- la non conformité des matières premières ;
- les retards de livraison des fournisseurs ;
- le temps de changement pour passer à une nouvelle série.

La réduction des stocks (zéro stock) suppose donc la réduction des facteurs de surstockage : le zéro délai (on s'efforce de réduire par tous les moyens les temps de changement des séries, le zéro transport (par le rapprochement des fournisseurs et l'implantation des ateliers), le zéro panne (par une capacité de production suffisante, la formation et la maintenance) et le zéro défaut (par la direction des défauts pendant le processus de production).

3. Le perfectionnement de la production

La recherche de la qualité totale et du zéro stock implique un perfectionnement permanent.

Grâce aux **cercles de qualité** qui identifient, analysent et résolvent les problèmes concrets de qualité rencontrés par les personnels de la production, on s'approche d'un plan permanent d'amélioration de la qualité.

Le **diagramme d'ISHIKAWA** incite à la recherche des causes :

Schéma 12 - Le diagramme d'Ishikawa

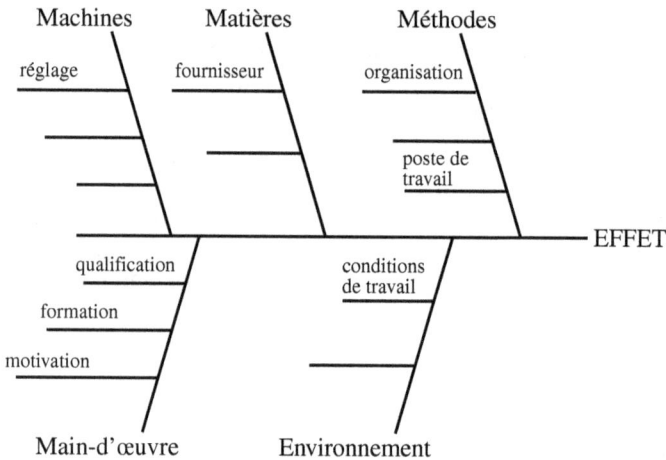

Ce diagramme est un effort de typologie et de hiérarchisation qui permet d'agir rationnellement sur les causes.

Plus généralement, **la demande d'analyse-action** consistant à améliorer la qualité ou à réduire les stocks est fondée sur le principe d'une concurrence faisant pression en permanence sur l'outil de production et sa capacité à offrir un produit répondant à la demande. Elle peut aussi bien s'exercer sur le coût (recherche d'économies d'échelle, de bénéfices d'apprentissage, de standardisation) que sur la productivité ou l'amélioration de tout le processus de production, voire de l'entreprise toute entière.

La production est, de cette manière, replacée au centre d'un système entreprise ou les quatre fonctions sont associées étroitement les unes aux autres sous la pression du couple demande-concurrence.

4. De la Qualité Totale au management de la production

Le concept de qualité apparaît comme une composante clé de la compétitivité de l'entreprise dans le cadre de la mondialisation. Elle s'étend au-delà de l'industrie aux secteurs des services, comme la banque, l'assurance, les administrations centrales, les collectivités locales. Des certifications ont été mises en place pour promouvoir et mesurer la qualité dans ces secteurs. Le concept de **qualité totale** exprime le concept d'unification de l'approche traditionnelle de la qualité à base de procédures techniques et de l'approche nouvelle. Cette dernière englobe les dimensions stratégiques, techniques, organisationnelles, commerciales, financières. La qualité totale concerne le produit ou le service dans ses différentes caractéristiques, les propriétés du produit, la conformité, les services d'accompagnement ou les délais.

La qualité totale peut être définie comme l'adaptation permanente des produits et des services aux attentes des clients et à l'évolution de cette attente, par la maîtrise de toutes les activités de l'entreprise. Dans ce cadre, le concept de qualité doit être élargi dans plusieurs directions :

- Il s'agit de la qualité du produit en premier lieu, mais aussi de la qualité de l'ensemble des activités de l'entreprise.

- Le destinataire du produit est non seulement le client, mais aussi le ou les utilisateurs du produit.

- La notion de client est élargie aux relations de travail dans l'entreprise, d'où la notion de client interne.

- Le contrôle est l'affaire non seulement des spécialistes, mais de tous les acteurs de la production, qui sont invités à pratiquer l'auto-contrôle de leur production et de leurs tâches.

On peut résumer les exigences de la qualité totale par les trois valeurs de base qu'elle implique : le respect du client, la confiance, l'échange, et par les cinq principes d'organisation qui la sous-tendent : la conformité, la prévention, l'excellence, la mesure et la responsabilité.

Les objectifs de la qualité totale consistent à :

- Maîtriser la qualité de la perception du produit (approcher avec finesse les besoins des clients et utilisateurs),

- Maîtriser la qualité de conception du produit (définir un cahier des charges, obtenir la qualification du produit et du processus) et la qualification du produit et du process de production (le contrôle de présérie, l'analyse de la valeur, l'audit de produit et de procédure),

- Maîtriser la qualité de conformité du produit : les spécifications étant définies, il s'agit de les respecter en fabrication (contrôle de la qualité des matières premières et des produits sous-traités ; contrôle en fabrication des produits et du process fondé sur les points clefs, les produits complets, les défauts non apparents et sur l'auto-contrôle de la part de chaque opérateur),

- Maîtriser l'analyse du problème de la qualité : définir un projet en utilisant ses méthodes (programmation et optimisation, PERT, diagramme de Gantt sur l'articulation dans le temps de plusieurs actions, tables de décision).

On peut dès lors mettre en place un **management de la qualité**, dont les deux missions principales consistent à adapter les outils de gestion de la qualité aux caractéristiques de l'entreprise et à créer une dynamique permanente de la qualité dans l'entreprise. Pour cela, on utilise les apports des experts de la qualité, notamment de Feingenbaum (General Electric), d'Ishikawa, de Juran et de Crosby, qui ont conçu des outils tels que :

- Le Total Quality Control.
- Les diagnostics qualité, les cercles de qualité.
- Le coût de la non-qualité, la gestion de la qualité projet par projet.
- Le zéro défaut et sa mesure, le prix de la non-conformité.

Le management de la qualité conduit aux prescriptions du type suivant :

- Définir une politique qualité, qui précise dans une charte de la direction les orientations de l'entreprise pour la qualité.

- Mettre en place le pilotage du progrès de la qualité.

- Concevoir et réaliser des stratégies de mise en œuvre, comme la stratégie d'implication totale de la direction pour les entreprises ayant déjà une expérience de la gestion de la qualité et les stratégies de diffusion de la qualité fondée sur des expériences pilotes dans différents secteurs de l'entreprise lorsqu'elle n'a pas cette expérience.

© Éditions d'Organisation

Les difficultés classiques du management de la qualité se situent dans la nécessité de convaincre l'encadrement intermédiaire et la direction, plus encore que le personnel de base, de l'intérêt et de l'importance de la démarche. On observe en effet souvent une justification insuffisante de la démarche qualité vis-à-vis du personnel, une équipe de direction peu homogène vis-à-vis de la démarche qualité, des actes de management quotidiens contradictoires avec la politique de qualité et ses valeurs, des opérations de qualité limitées à quelques groupes de croyants. Il faut en effet se convaincre que la démarche qualité impliquant des ruptures par rapport aux habitudes de l'entreprise, elle demande des efforts d'adaptation qui doivent être justifiés en permanence.

Bibliographie

ARNOULD P., RENAUD J., *Flux de production, les outils d'amélioration*, Afnor, 2003.

BARANGER P., *Gestion de la production*, Vuibert, 1990.

BENASSY J., *La gestion de la production*, Hermès, 1998.

BLONDEL F., *Gestion de la production*, Dunod, 1999.

COLIN R., *Le Kanban*, Afnor, 2004.

CRUCHANT L., *La qualité*, Que Sais-Je, PUF, 2000.

DURET D., PILLET M., *Qualité en production, de l'ISO 9000 aux outils de qualité*, Éditions d'Organisation, 1998.

FOUQUET B., *Gestion de la qualité de service*, Eyrolles, 2000.

GIARD V., *Gestion de la Production et des flux*, Economica, 2003.

GIARD V., *Gestion de projets*, Economica, 1991.

GOGUE J.-M., *Management de la qualité*, Économica, 1994.

GRATACAP A., *La gestion de la production*, Dunod, 2002.

GRATACAP A., *Management de la production*, Dunod, 2001.

ISHIKAWA K., *Le TQC ou la qualité à la japonaise*, Afnor, 1997.

JAMBART C., CABY F., *La qualité dans les services*, Économica, 2000.

LAUDOYER G., *La certification de la qualité*, Éditions d'Organisation, 2000.

MONTMOLLIN M. De, *L'ergonomie*, La Découverte, 1990.

TARONDEAU J.-C., *La gestion de la production*, PUF, 1996.

ZERMATI P., *La pratique de la gestion des stocks*, Dunod, 1995.

T

PARTIE 3

LA FONCTION FINANCIÈRE

Par Gérard HIRIGOYEN

C'est avec la création des grandes entreprises de la fin du XIXe siècle qu'a probablement émergé la reconnaissance d'une fonction financière indépendante. H. FAYOL écrit à son propos que « rien ne se fait sans son intervention », affirmant ainsi sa primauté sur les quatre autres fonctions.

Sans doute voulait-il par là tout simplement signifier que dans une économie de marché, fondée sur les échanges, c'est sous forme monétaire que naissent les liaisons entre les agents économiques. Le fait financier est ainsi omniprésent dans la vie de l'entreprise en tous ses moments et sous tous ses aspects (naissance, croissance, autonomie, survie). Aussi, le rôle de la fonction financière sera-t-il celui de prendre des décisions au sujet des flux monétaires caractérisant la marche de l'entreprise. L'accent étant mis autant sur les ressources que sur les emplois.

Chapitre 1

LA NOTION
DE « FINANCE »

La notion de Finance est fondée sur l'application d'une série de principes économiques à la maximisation de la valeur d'une entreprise, et à travers elle de la richesse de ses actionnaires. Cet objectif de maximisation de la richesse pouvant s'opposer à court terme au souci de maximisation des profits.

L'étude des fondements de la finance permet de mettre en évidence l'élargissement de son champ. Cet élargissement s'étant traduit par une évolution du rôle de la fonction financière dans l'entreprise. Ce rôle ayant progressé depuis le contrôle exercé pour la mise en œuvre des contraintes de solvabilité et de rentabilité à la participation aux décisions relatives au volume et à la structure des actifs.

1. Les fondements de la « Finance »

Le problème du financement a été pendant longtemps l'objet principal de la gestion financière. Le rôle du responsable financier consistait alors à procurer à l'entreprise les fonds dont la détermination, par ailleurs peu rigoureuse, lui échappent et à veiller aux situations pouvant conduire à la faillite.

Cette conception qui insiste sur le maintien de la solvabilité et de la liquidité et qui a donc pour exigence l'équilibre financier a prévalu jusqu'à la fin de la seconde guerre mondiale. La période qui a suivi a été marquée par l'extraordinaire expansion industrielle que l'on sait et se caractérise dans le domaine de la finance par l'utilisation des méthodes d'analyse rigoureuses et quantitatives. Dans le même temps, la compétence du responsable financier qui gardait ses attributions de liaison avec les banquiers et les actionnaires s'étendait à la gestion des postes d'actif. Les capitaux collectés doivent être engagés dans un processus de production et d'échange qui dégage une plus-value. Cette exigence est celle de la rentabilité des emplois de fonds.

Le responsable financier a déplacé son centre de préoccupation de la solvabilité vers la rentabilité et la croissance.

L'aménagement de cette double contrainte financière de solvabilité et de rentabilité constitue le principal objet de la gestion financière. Les conditions de cet aménagement gouvernent l'évolution de l'entreprise et en particulier son développement. Elles conduisent la gestion financière à être considérée comme partie intégrante de la politique générale de l'entreprise. Dans cette approche, la question essentielle de la politique financière est que tout emploi de fonds ou toute modification d'emplois antérieurs soit soumis au double critère de la rentabilité et de la liquidité. La méthode retenue est la comparaison rationnelle des avantages des emplois potentiels avec le coût des diverses sources potentielles, de façon à atteindre les objectifs financiers que l'entreprise s'est fixés. La gestion financière touche ainsi directement à la production, au marketing et à d'autres fonctions de l'entreprise, toutes les fois que l'on prend des décisions d'acquérir ou de vendre des actifs.

Ainsi, le rôle de la fonction financière a progressé depuis le contrôle exercé pour la mise en œuvre des contraintes de solvabilité et de rentabilité, vers la participation aux décisions relatives au volume et à la structure des actifs.

La fonction financière se préoccupe aussi de l'obtention des ressources nécessaires. Cette collecte des capitaux l'oriente vers l'extérieur et doit elle aussi être assurée en fonction du double impératif d'équilibre et de rentabilité. L'exercice de la fonction financière ne peut toutefois se situer que dans le cadre d'une gestion prévisionnelle dont l'horizon dépendra de la nature des besoins. Le plan de financement sera l'outil de la politique financière à moyen et long terme de l'entreprise. Son équilibrage est le moyen unique de vérification de la cohérence financière des objectifs poursuivis à moyen terme et des moyens mis en œuvre. Le plan de financement constitue l'instrument de gestion financière prévisionnelle par excellence.

Mais la satisfaction des impératifs de solvabilité et de rentabilité n'est qu'un des aspects de la gestion financière. Celle-ci doit aussi veiller à la couverture de tous les risques entraînés par l'activité de l'entreprise, à son autonomie, à la défense de son capital, à la définition d'une politique de croissance et d'une politique de résultats.

2. Le rôle et la place de la fonction financière

2.1. Définition

À la question de savoir ce que recouvre la fonction financière dans l'entreprise, E. SOLOMON fait remarquer « qu'il n'y a pas de réponses tranchées à cette question, mais plutôt une gamme d'approches possibles » [1]. La mission de contrôle que possède, par essence même, la fonction financière est sans doute à l'origine de cette réponse.

En reprenant une définition communément répandue, on peut dire que la fonction financière est celle qui au sein de l'entreprise prépare et exécute les décisions financières ; son pouvoir de décision va dépendre de la nature de la décision, de la dimension de l'entreprise et de sa structure.

L'interdépendance des décisions rend difficile toutefois l'isolement des décisions financières ou la conception de la fonction financière de façon formelle comme s'intéressant à des opérations spécifiques et définies *a priori*. Elle implique aussi la nécessité d'une coordination des décisions et fonctions. La définition de la politique générale correspond alors à un processus d'arbitrage qui permet d'ordonner les décisions et de donner un contenu aux fonctions. L'opposition entre les différentes décisions est de donner un contenu aux différentes fonctions. L'opposition entre les différentes décisions et fonctions reste cependant toujours une réalité dans le fonctionnement de l'entreprise.

Le pouvoir attribué à la fonction financière sera d'autant plus important que la décision n'affecte pas l'orientation de l'entreprise et que la direction est dissociée de la propriété du capital.

La fonction financière doit être distinguée de la fonction d'information. Cette dernière devant fournir à la fonction financière des mesures comptables, telles que documents et états de synthèse.

---

1) E. SOLOMON : « Théorie de la gestion financière », Dunod, Paris, 1972, p. 3.

La place de la fonction financière dans ce processus peut être schématisée comme suit :

Schéma 1 - La fonction financière et la fonction d'information

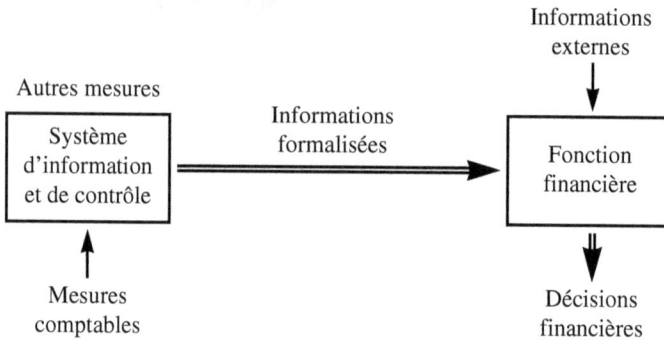

```
                                          Informations
                                            externes
    Autres mesures                             │
    ┌──────────────┐      Informations         ▼
    │  Système     │      formalisées    ┌──────────────┐
    │ d'information│  ═══════════════════▶│  Fonction    │
    │ et de contrôle│                     │  financière  │
    └──────────────┘                     └──────────────┘
          ▲                                     ║
          │                                     ▼
       Mesures                              Décisions
      comptables                           financières
```

Source : F. AFTALIEN, B. DUBOIS, J. MALKIN, « Théorie financière de l'entreprise », Dunod, 1974, p. 5.

Plusieurs modes de regroupement des décisions financières existent. On peut retenir par exemple celui qui opère une distinction entre court terme et long terme. Les décisions à court terme, c'est-à-dire à un horizon limité à un an au plus, concernent les préoccupations de liquidité et de solvabilité. Les décisions à long terme engagent l'entreprise à plus d'un an et concernent le financement à long terme, le choix des investissements et les relations de l'entreprise avec ses actionnaires.

2.2. La fonction financière dans l'organigramme

Les études faites sur la place de la fonction financière dans l'entreprise fournissent des résultats contradictoires. Ainsi, les études de J. BARON et de C. NORDMANN révèlent que la direction financière est dans la plupart des cas en position de direction fonctionnelle. À l'inverse, l'enquête effectuée par J. PEYRARD fait ressortir que dans les grandes sociétés, la direction financière apparaît toujours en état-major. Point de vue partagé par WESTON et BRIGHAM qui écrivent que « quel que soit son titre, le directeur financier est en général proche du sommet de la structure d'organisation de l'entreprise. Il se situe au premier niveau hiérarchique dans le personnel administratif d'une vaste organisation et fait généralement partie du conseil d'administration ». Dans l'étude d'A. GALESNE, P. NAVATTE et C.A. VAILHEN [1], c'est la direction financière en position fonctionnelle qui se rencontre le plus souvent. Il faut toutefois remarquer que si la fonction financière en situation de direction fonctionnelle est la plus fréquente, on en rencontre presque autant de variantes qu'il y a d'entreprises étudiées car il existe une très grande diversité d'organigrammes.

Il n'existe donc pas de règle générale permettant de définir la place de la fonction financière et son contenu dans l'ensemble des entreprises. Il semble toutefois que l'on puisse dégager quelques structures fondamentales, que l'on retrouve sous différentes combinaisons.

La fonction financière fait partie de la fonction administrative au sens le plus large par opposition aux fonctions de production, commerciale et sociale. L'ensemble des quatre fonctions principales est coordonné par la Direction Générale. Le degré de dissociation de la fonction administrative et financière dépend de la dimension de l'entreprise.

Schéma 2 - La coordination des quatre fonctions
dans la direction générale

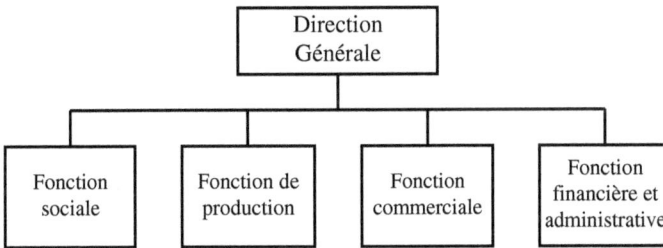

La P.M.E. utilise souvent une structure souple sans aucune dissociation des fonctions comptables, financières et informatiques.

La fonction financière tend aujourd'hui à jouer un triple rôle, opérationnel, fonctionnel et politique. Son **rôle opérationnel**, qui est son essence

---

1) A. GALESNE, P. NAVATTE, C.A. VAILHEN, « Le profil du responsable financier, le contenu et l'organisation de la fonction financière dans les sociétés françaises », CEREFIA, Rennes, 1979, pp. 42 et s.

même, consiste à trouver et à gérer les ressources de l'entreprise ; son **rôle fonctionnel** à gérer le système de planification et de contrôle ; son **rôle politique** à faire prévaloir les contraintes financières de rentabilité et d'équilibre dans le contexte des prises de décision.

LES CONTRAINTES
DE LA GESTION FINANCIÈRE

La gestion financière de l'entreprise obéit à deux impératifs fondamentaux : l'impératif de solvabilité ou d'équilibre et l'impératif de rentabilité. La satisfaction de ces impératifs constitue autant de contraintes
pour le gestionnaire financier. La recherche de la solvabilité, c'est-à-dire
de la capacité de l'entreprise à faire face à son endettement, suppose
qu'un équilibre soit réalisé entre ressources financières et besoins
financiers par l'existence d'une trésorerie positive. La recherche de la
rentabilité suppose que l'entreprise soit capable de secréter un résultat
bénéficiaire. La satisfaction de ces deux contraintes s'avère d'autant
plus délicate à atteindre que d'une part, leur réalisation commune peut
être antagoniste, et que d'autre part, des problèmes de risques (d'exploitation et financiers) viennent se greffer.

1. La contrainte de la solvabilité et de l'équilibre financier

1.1. Définition

La solvabilité est l'aptitude de l'entreprise à assurer à tout instant le paiement de ses dettes exigibles. Cette notion de solvabilité dite **technique**
s'oppose à la notion juridique de solvabilité selon laquelle l'entreprise est
solvable si ses actifs permettent de rembourser ses dettes (ou encore si son
actif net est positif).

Une entreprise est dite **liquide** lorsqu'elle dispose de ressources financières suffisantes pour faire face à ses dettes à leurs échéances. **L'illiquidité**
est le fait de ne pas disposer, à l'échéance, des fonds nécessaires pour faire

face au passif exigible : elle peut conduire à **la cessation des paiements,** donc à la défaillance de l'entreprise. L'article 3 de la loi du 25 janvier 1985 stipule ainsi que « la procédure de redressement judiciaire est ouverte à toute entreprise qui est dans l'impossibilité de faire face au passif exigible avec son actif disponible ».

L'insolvabilité est l'état de cessation de paiement. L'entreprise peut être juridiquement solvable et se trouver à un moment donné dans une situation d'insolvabilité. La solvabilité résulte de **l'équilibre** entre les flux de recettes et de dépenses ou encore entre le capital économique et les ressources disponibles.

L'équilibre financier peut être défini à partir des flux financiers engendrés par les **différents cycles de l'entreprise** : le cycle d'exploitation, le cycle de l'investissement, le cycle des opérations financières.

Ces flux sont les suivants :
- les dépenses d'investissement, (1)
- le solde net des opérations (2) financières (emprunts, prêts, remboursements),
- le surplus monétaire dégagé par l'exploitation (3) et qui résulte de la différence entre les recettes d'exploitation et les charges d'exploitation,
- la variation des actifs d'exploitation (stocks et créances) et des dettes fournisseurs, c'est-à-dire la variation des **besoins en fonds de roulement d'exploitation,** (4)
- les opérations de répartition du surplus monétaire entre tous ceux qui ont participé à la réalisation de la production : l'État, les salariés, les actionnaires (5) ; le solde des flux financiers (3) et (5) mesure la part du surplus monétaire conservé par l'entreprise, c'est-à-dire **l'autofinancement,**
- les opérations de trésorerie à court terme, principalement les crédits bancaires à court terme, (6)

Tous ces flux financiers viennent augmenter ou diminuer le volume de l'encaisse, c'est-à-dire du stock de monnaie disponible. Cette encaisse représente encore **les disponibilités** de l'entreprise.

1.2. La trésorerie

La trésorerie est l'instrument d'ajustement des flux de recettes et de dépenses à court terme. Elle s'appréhende en rapprochant les crédits bancaires à court terme et l'encaisse. Elle est positive lorsque l'encaisse est supérieure aux crédits à court terme, négative dans le cas contraire.

Trésorerie = Encaisse (Banque + Caisse) - Crédits bancaires à CT

La définition de la trésorerie retenue reste cependant très comptable. Au plan conceptuel, la trésorerie représente la différence entre les actifs et les dettes dont la liquidité et l'exigibilité sont immédiates. Dès lors, il convient d'affiner cette vision très comptable en assimilant :

- aux disponibilités :
- les valeurs mobilières de placement,
- les comptes courants débiteurs dont la liquidité n'est soumise à aucune restriction ;
- aux concours bancaires courants :
- les obligations cautionnées,
- les effets escomptés non-échus et les créances cédées,
- les comptes courants créditeurs dont l'exigibilité est immédiate.

À l'inverse, doivent être exclus du calcul de la trésorerie :

- les disponibilités et les valeurs mobilières de placement soumises à une restriction,
- les intérêts courus non-échus inscrits dans les disponibilités et les concours bancaires courants.

Ce niveau de trésorerie est associé à l'existence d'un certain montant de capital investi et d'endettement. La détention d'actifs à long terme dont le degré de liquidité est faible exige la disposition de capitaux de même maturité. C'est de cette constatation qu'est née la règle traditionnelle de l'équilibre financier suivant laquelle les actifs immobilisés doivent être financés par des capitaux permanents, c'est-à-dire l'ensemble constitué par les capitaux propres et les dettes à long et moyen terme. L'excédent des capitaux permanents sur les actifs immobilisés nets est appelé **fonds de roulement**.

Mais il ne suffit pas de raisonner sur le financement de l'actif immobilisé pour s'assurer de l'équilibre. Les actifs circulants (stocks, créances clients, etc.) qui participent au cycle d'exploitation constituent une immobilisation de capitaux dont le montant est diminué par le crédit obtenu des fournisseurs, principalement dans la phase d'approvisionnement. La différence entre les actifs circulants et le crédit fournisseurs constitue le **besoin en fonds de roulement**.

© Éditions d'Organisation

Lorsqu'il est positif, il exprime un besoin de financement qui doit être couvert par des capitaux stables pour garantir l'équilibre financier. C'est ce qui se produit si le fonds de roulement couvre le besoin en fonds de roulement. Lorsqu'il est négatif, il correspond à une ressource de financement qui, le cas échéant, permet de compenser un fonds de roulement négatif (c'est par exemple le cas des entreprises du secteur de la grande distribution).

Par équilibre, la différence entre le fonds de roulement et le besoin en fonds de roulement donne la **trésorerie**.

Trésorerie : Fonds de roulement - Besoin en fonds de roulement

Les différents cas possibles sont présentés dans le tableau ci-après :

Tableau 1 - Les équilibres financiers courants

Entreprises			Équilibres financiers courants
A Besoins en fonds de roulement	B.F.R. T. +	F.R. + ①	Les B.F.R. constatés sont entièrement financés par des ressources permanentes (F. R. +) dont l'importance permet de dégager des disponibilités dont il convient de rechercher si elles ne recouvrent pas un sous-emploi de capitaux.
	B.F.R.	F.R. + T. - ②	Les B.F.R. sont financés, partie par des ressources permanentes (F. R. +), partie par un excédent de concours bancaires courants sur les disponibilités. Il convient d'apprécier l'importance du risque bancaire courant.
	F.R. - B.F.R.	T. - ③	Les concours bancaires courants couvrent une partie des actifs fixes, les B.F.R. et les disponibilités. Cette situation est mauvaise si elle n'est pas occasionnelle et exige de reconsidérer les structures de financement.
A Ressources en fonds de roulement	T. +	F.R. + R.F.R. ④	Les ressources induites par le cycle d'exploitation s'ajoutent à un excédent de ressources permanentes (F. R. +) pour dégager un excédent de liquidités important (dont il est utile de juger s'il ne recouvre pas un sous-emploi de capitaux).
A Ressources en fonds de roulement	F.R. - T. +	R.F.R. ⑤	Les ressources issues du cycle d'exploitation couvrent un excédent de liquidités, éventuellement excessives, mais encore une partie de l'actif immobilisé (F. R. -). Les fournisseurs et les avances de la clientèle financent le cycle mais aussi une partie des immobilisations. Un renforcement des ressources stables est à examiner.
	F.R. -	R.F.R. T. - ⑥	Les ressources permanentes ne couvrent qu'une partie de l'actif immobilisé (F. R. -) et leur insuffisance est compensée par les fournisseurs, les avances de la clientèle et les concours bancaires courants. La dépendance financière externe de l'entreprise est grande et la structure des financements est à revoir.

F. R. + : Ressources permanentes > Actif immobilisé.
F. R. - : Ressources permanentes < Actif immobilisé.
B. F. R. : Stocks + Créances d'exploitation > Dettes d'exploitation.
R. F. R. : Stocks + Créances d'exploitation < Dettes d'exploitation.
T. + : Disponibilités > Concours bancaires courants et soldes créditeurs de banques et organismes financiers.
T. - : Disponibilités < Concours bancaires courants et soldes créditeurs de banques et organismes financiers.

Source : Centrale des Bilans de la Banque de France.

2. La contrainte de la rentabilité

2.1. Définition

La rentabilité se définit comme l'aptitude de l'entreprise à sécréter un bénéfice. Elle revêt cependant de nombreux aspects et sa mesure se révèle délicate. S'exprimant par le rapport : Résultats / Moyens, elle est une mesure monétaire de l'efficience. Elle peut s'appliquer à un bien ou à un ensemble de biens. Elle peut être à court terme ou à long terme.

Il convient toutefois de ne pas confondre **marge** et **rentabilité** : la marge est le rapport d'un résultat au chiffre d'affaires (ou à la production).

Au niveau de l'entreprise, la **rentabilité dite globale** est celle qui résulte de l'ensemble des actifs physiques et financiers détenus par l'entreprise, c'est-à-dire le capital économique. La rentabilité des actifs devant, en même temps, permettre l'accumulation d'un montant de liquidités suffisant pour assurer le maintien du capital de production de l'entreprise, assurer le remboursement des emprunts, contribuer à la naissance du capital et dégager une rémunération du capital investi par les associés.

Cependant, l'objectif de rentabilité ne représente pas la même chose dans une P.M.E. et dans une grande entreprise. D'une part, parce que dans les moyennes entreprises, les rémunérations personnelles jouent un rôle important par rapport aux grandes entreprises. D'autre part, parce qu'à l'échelle de la grande entreprise, on raisonne en termes de rentabilité à long terme alors que dans les P.M.E., le problème dans la plupart des cas est un problème de recherche de la rentabilité à court terme. On peut, de ce point de vue là, souligner le rôle important joué par les frais généraux dans la perception de cette rentabilité. **Rentabilité d'exploitation** et son corollaire, le seuil de rentabilité, l'emportent alors sur les strictes préoccupations de **rentabilité financière**.

Cette dernière domine toutefois dans l'appréciation de la rentabilité au niveau des investissements. Cette rentabilité dite partielle ou d'opération est celle qui résulte de la sécrétion par cet investissement de cash-flows permettant non seulement de couvrir la dépense initiale mais d'être affectés au financement d'autres activités de l'entreprise. La mesure de la **rentabilité économique** d'un investissement peut se faire selon des méthodes qui peuvent être classées en deux catégories selon qu'elles reposent ou non sur la technique de l'actualisation (*cf.* la politique d'investissement).

2.2. Analyse de la rentabilité globale

La rentabilité à retenir ici est la **rentabilité financière** ou **rentabilité des capitaux propres** qui s'exprime par le rapport résultat net/capitaux propres. Ce peut être aussi la rentabilité économique qui est celle de l'ensemble des capitaux investis (capitaux propres et dettes financières) et qui s'apprécie par le rapport entre le résultat économique et l'actif économique. La rentabilité économique r_e peut s'expliquer par la combinaison d'une marge et d'un taux de rotation. En effet :

$$r_e = \frac{\text{résultat économique}}{\text{actif économique}} = \frac{\text{résultat économique}}{\text{chiffre d'affaires}} \times \frac{\text{chiffre d'affaires}}{\text{actif économique}}$$

Le résultat économique = résultat courant (après impôt théorique) + charges financières nettes (après économies d'impôt théorique).

Le premier ratio Résultat économique/chiffre d'affaires est la marge économique dégagée par l'entreprise alors que le second, chiffre d'affaires/actif économique est un ratio de rotation (c'est l'inverse de l'intensité capitalistique) qui indique le montant des capitaux engagés (actif économique) pour un chiffre d'affaires donné. C'est une mesure de la rotation des investissements.

La rentabilité économique peut donc être obtenue par deux politiques commerciales opposées :

- politique de qualité à forte marge mais faible rotation des investissements ;

- politique de prix bas avec une faible marge mais un chiffre d'affaires plus important.

Lorsqu'on compare la rentabilité financière et la rentabilité économique (après impôt pour être homogène), on s'aperçoit qu'elles ne sont séparées que par l'impact de la structure financière, mis à part les éléments d'ordre patrimoniaux. **Par définition, on appelle la différence entre la rentabilité financière et la rentabilité économique l'effet de levier dû à l'endettement, ou plus simplement effet de levier.**

L'effet de levier explique comment il est possible de réaliser une rentabilité financière supérieure à la rentabilité économique. Il peut être mis en évidence à l'aide d'une double formulation :

Égalité (1) :

$$\text{rentabilité financière} = \text{rentabilité économique} + \left(\text{rentabilité économique} - \text{coût net de l'endettement} \right) \times \frac{\text{Endettement}}{\text{Capitaux propres}}$$

soit : $r\varphi = r_e + (r_e - i)\,\lambda$

où : le rapport $\dfrac{\text{Endettement}}{\text{Capitaux propres}} = \lambda$ est appelé **levier financier**

: la différence $(r_e - i)$ est appelée rentabilité différentielle

Égalité (2) :

$$\text{rentabilité financière} = \text{rentabilité économique} \times \frac{\text{Actif}}{\text{Capitaux propres}}$$

soit : $r\varphi = r_e \times (1 + \lambda)$

3. Relations entre la rentabilité et la solvabilité

La rentabilité et la solvabilité conditionnent la survie de l'entreprise. Mais leur satisfaction réciproque peut parfois apparaître antagoniste.

3.1. La rentabilité assure le développement de l'entreprise

Elle rend en effet possible le dégagement d'un autofinancement et la rémunération des capitaux apportés. La sécrétion d'un bénéfice net assure, en premier lieu, un autofinancement qui n'est pas uniquement le maintien de l'appareil productif, mais un autofinancement d'expansion permettant le financement des investissements nouveaux. Le ratio Autofinancement / Besoins Financiers qui est appelé **taux d'autofinancement** mesure la part des investissements autofinancés et celle qui pourra être couverte par les ressources empruntées.

Ce bénéfice permet, en second lieu, la rémunération des actionnaires par le versement de dividendes. Pour l'actionnaire qui garde son titre en portefeuille, le dividende constitue son seul revenu : tant que la vente n'est pas faite, la plus-value n'est que potentielle.

L'addition de cette dernière au dividende versé évalue la rentabilité passée de l'action. Une telle rentabilité permet, d'une part, de conserver les actionnaires anciens de la société et, d'autre part, d'attirer les nouveaux investisseurs, notamment lors d'opérations d'augmentation de capital. Mais la réalisation de l'impératif de rentabilité peut parfois compromettre celle de la solvabilité par le jeu de « l'effet de levier ».

L'effet de levier joue à plein tant que la rentabilité différentielle, c'est-à-dire la différence entre la rentabilité économique et le coût net de l'endettement, reste positive. Si la rentabilité différentielle devient négative, l'effet de levier joue en sens inverse : on parle alors à la suite de Michel de Pontcins « **d'effet de massue** ». Dans ce cas, à la dégradation de la solvabilité due à l'accroissement de l'endettement vient s'ajouter celle de la rentabilité financière.

C'est pour cela, bien qu'il apparaisse parfois en contradiction avec l'impératif de solvabilité, que l'impératif de rentabilité lui est complémentaire et, dans un horizon à long terme, sa réalisation est une condition nécessaire, même si elle n'est pas toujours suffisante au maintien de l'équilibre financier.

3.2. La solvabilité limite le risque total de l'entreprise

L'existence d'un fonds de roulement suffisant assure à l'entreprise une marge de sécurité limitant le risque d'insolvabilité, particulièrement grave pour l'entreprise puisqu'il entraîne soit la liquidation judiciaire, soit la perte de l'autonomie de l'entreprise. Ce risque d'une situation d'insolvabilité de l'entreprise influence l'évaluation du capital financier, soit par le marché financier, soit par les intermédiaires financiers. Cette diminution de la valeur du capital est directement liée à l'incertitude qui concerne le revenu attendu par l'investisseur.

L'éventualité d'un tel risque d'insolvabilité doit être prévue dans l'entreprise par l'élaboration de **comptes prévisionnels** susceptibles de faire apparaître les besoins qui ne peuvent être couverts par un financement adapté aux possibilités de l'entreprise. A priori, le document le plus important pour déterminer la situation de l'entreprise sera le **plan de**

financement prévisionnel qui permettra de faire apparaître les éventuels besoins pressants de trésorerie (*cf.* Chapitre 4 : La planification financière).

Le fonds de roulement, parce qu'il assure une marge de sécurité à l'entreprise, est donc une préoccupation permanente des responsables financiers et des banquiers. Son rôle est cependant de plus en plus souvent contesté car, s'il est parfois un bon indicateur de l'équilibre financier, son caractère statique restreint incontestablement sa signification. La notion de **besoins en fonds de roulement** qui lui est associée semble mieux répondre aux besoins de l'analyse dynamique du fonctionnement de l'entreprise.

De même, en théorie financière fréquemment qualifiée de moderne, la notion de fonds de roulement se voit substituer celle du risque financier. Et c'est même à son inutilité totale qu'aboutissent les développements de la théorie du portefeuille et le modèle d'équilibre des actifs financiers (MEDAF). L'entreprise y est traitée comme un ensemble d'actifs risqués financés par un pool de ressources dont la caractéristique jugée la plus importante est le degré de permanence et non la durée. On propose ainsi une conception plus élaborée et plus fine du risque global qui, permettant de disposer d'une mesure objective du risque financier, conduit ses partisans à éliminer complètement tout recours au fonds de roulement, tant dans l'image financière de l'entreprise que dans l'analyse financière concrète.

La construction d'un « **tableau d'analyse des flux** » articulé autour de la trésorerie et non du fonds de roulement illustre cette démarche.

Tableau 2 - Le tableau des flux de trésorerie (en €) (Centrale des Bilans)

Année	2003	2004	2005	2006
Résultat net consolidé	- 45	600	1 100	2 000
Profit et perte des sociétés par mises en équivalence	140	- 70	- 70	80
Dotations aux amortissements et aux provisions	9 000	8 000	7 500	7 500
Plus- ou moins-value de cessions	- 400	- 2 000	- 1 200	- 50
Autres	- 60	- 10	- 25	- 26
Autofinancement d'exploitation	8 635	6 520	7 330	9 504
Variation du BFR	- 1 000	- 3 000	- 950	- 3 500
Flux liés aux opérations d'exploitation, A	9 635	9 520	8 280	13 004

$\rightarrow$

(suite)

Année	2003	2004	2005	2006
Cessions d'immobilisations corporelles et incorporelles	1 800	1 500	1 000	400
Acquisitions	- 7 000	- 6 000	- 5 500	- 4 000
Investissement net d'exploitation	- 5 500	- 4 500	- 4 700	- 3 800
Investissement financier	- 400	3 000	1 200	- 700
Autres opérations financières à long terme	- 700	- 950	- 270	400
Flux liés aux opérations d'inves-tissements, B	- 11 800	- 6 950	- 8 270	- 7 700
Remboursements nets d'emprunts	- 7 000	- 12 000	- 9 000	- 1 800
Augmentation de capital	150	11 500	500	2 300
Dividendes payés à la société mère	- 700	- 400	- 1 300	- 1 600
Dividendes payés aux minoritaires	- 300	- 500	- 250	- 150
Flux liés aux opérations de financement, C	- 7 850	- 1 400	- 10 050	- 1 250
Effet net des conversions, D	- 180	- 215	- 225	- 370
Flux global, E = A + B + C + D	- 10 195	955	- 10 265	3 684
Trésorerie début d'exercice	37 000	47 195	48 150	37 885
Trésorerie fin d'exercice	47 195	48 150	37 885	41 569
Variation de la trésorerie	- 10 195	955	- 10 265	3 684

(Source : M. Bellalah, Gestion financière - Diagnostic, évaluation, choix des projets et des investissements, 2ᵉ édition, p. 199).

Il convient de remarquer toutefois qu'en pratique, notamment dans les P.M.E. et chez les banquiers, le fonds de roulement conserve la totalité de son intérêt en tant qu'indicateur de solvabilité.

Une marge de sécurité trop importante limite la rentabilité. La détention d'une encaisse de sécurité est onéreuse. Certes, l'encaisse oisive qui ne participe pas directement au fonctionnement de l'entreprise et qui vient diminuer la vitesse de rotation du capital peut faire l'objet de placements à court terme. Mais le revenu qu'on peut en tirer reste faible face au coût de détention des capitaux utilisés. Seul l'emploi des fonds à des fins productives peut assurer un profit suffisant pour justifier l'usage des capitaux propres ou des capitaux empruntés. Sous cet aspect, la rentabilité s'oppose à la solvabilité. À court terme, la recherche de la rentabilité la plus élevée possible va à l'encontre de la solvabilité.

- La rentabilité et la solvabilité apparaissent comme deux impératifs qui conditionnent la survie de l'entreprise. Cependant, la recherche de l'un peut se faire au détriment de l'autre. Le responsable financier est donc sans cesse tenu d'opérer un arbitrage entre ces deux impératifs, qui doit se faire par référence à l'**impératif de flexibilité** qui, pour un degré donné de liquidité de l'actif, repose sur l'aptitude de l'entreprise à mobiliser ses ressources au moment où elles sont nécessaires.

Schéma 3 - Les cas des différentes crises de trésorerie dans l'entreprise

CAS I : CRISE DE CROISSANCE
Croissance trop rapide par rapport
à la rentabilité dégagée

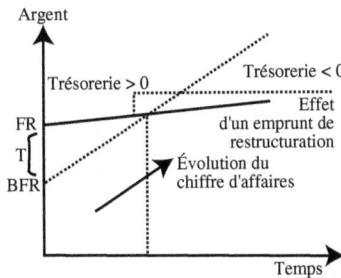

CAS II : CRISE DE GESTION
Le besoin en fonds de roulement
augmente plus vite que le chiffre d'affaires

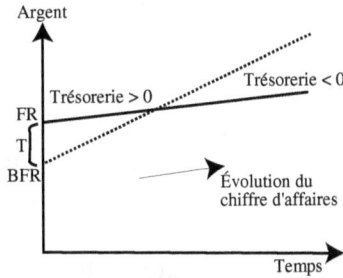

Argent

Trésorerie > 0   Trésorerie < 0
FR
T   Effet
         d'un emprunt de
BFR   restructuration
         Évolution du
         chiffre d'affaires

Temps

Argent

Trésorerie > 0   Trésorerie < 0
FR
T
BFR   Évolution du
           chiffre d'affaires

Temps

CAS III : BAISSE D'ACTIVITÉ
Le chiffre d'affaires diminue ainsi
que la rentabilité qui devient négative

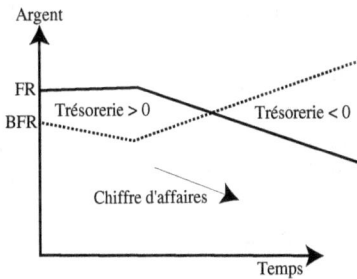

CAS IV : CRISE DE RENTABILITÉ
Des pertes viennent réduire les capitaux
propres et diminuent donc le fonds de
roulement

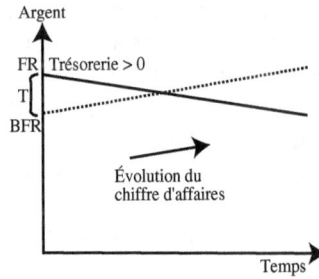

Argent

FR
BFR   Trésorerie > 0   Trésorerie < 0

Chiffre d'affaires

Temps

Argent

FR Trésorerie > 0
T
BFR

         Évolution du
         chiffre d'affaires

Temps

CAS V : MAUVAISE POLITIQUE FINANCIÈRE
Investissements réalisés sans recours à un financement à moyen ou long terme

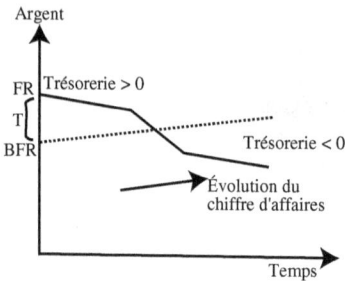

Source : Option Finance, 1989, n° 53.

4. La prise en compte du risque

L'entreprise affronte des risques multiples (risque de taux, de change, etc.). Nous allons centrer notre intérêt sur le risque d'exploitation (ou risque économique) et le risque financier. Nous nous attacherons ainsi à présenter la relation importante qui lie la rentabilité à exiger d'une entreprise et son risque.

4.1. Le risque d'exploitation ou risque économique

Une entreprise industrielle ou commerciale présente un risque parce que ses résultats d'exploitation ne peuvent pas être prévus avec certitude, mais sont aléatoires. Il est admis que la distribution de probabilité de la variable aléatoire « résultats d'exploitation » ne dépend que de la nature des actifs de l'entreprise si ces actifs sont donnés ; autrement dit, si on fait l'hypothèse que l'on a affaire à une entreprise dont la nature de l'exploitation ne change pas, on considère que ses résultats d'exploitation ont une distribution de probabilité identique dans le temps.

Le résultat net, donc distribuable aux actionnaires, est constitué par le résultat d'exploitation dont on soustrait les charges financières et l'impôt. Ce résultat net est aussi une variable aléatoire, dont la distribution de probabilité dépend, en plus, du montant des charges financières, elles-mêmes fonction du degré de l'endettement.

146

On appelle « risque d'exploitation » ou « risque opérationnel » le risque qui est associé à la distribution du résultat d'exploitation donc au résultat des opérations liées aux seules activités commerciales et industrielles de l'entreprise, indépendamment de son financement. Le risque d'exploitation est lié au caractère incertain du résultat d'exploitation. Les lois de probabilité retenues sont normales. La distribution de r (rentabilité des actifs d'exploitation ou rentabilité économique mesurée par le ratio Résultat économique / Capital économique) se caractérise par sa moyenne r et par son écart-type σr. Il sera intéressant de compléter le calcul de ces deux paramètres par celui de l'indice de dispersion :

$$i = \frac{\sigma}{r}$$

4.2. Le risque financier

Le risque financier est le risque associé à la nature aléatoire du résultat net qui englobe l'effet du risque d'exploitation et celui du financement. En reprenant la relation fondamentale liant le taux de rentabilité des capitaux propres (r_φ) au taux de rentabilité économique (r_e) et en supposant que le taux d'imposition est nul, on peut écrire :

$$r_\varphi = (r_e + (r_e - i)\,\lambda)$$

où r_φ et r_e sont les variables aléatoires, car on raisonne en avenir incertain. Le risque financier sera lié au caractère incertain du résultat net. Les lois de probabilité retenues étant supposées normales, la distribution de r_φ (rentabilité financière) se caractérise par sa moyenne r_φ et par son écart-type σ r_φ. Comme pour l'étude du risque d'exploitation, il sera intéressant de compléter le calcul de ces deux paramètres par celui de l'indice de dispersion. Il importe toutefois de bien distinguer le risque financier qui résulte de l'accroissement de la variabilité du taux de rentabilité financière, du taux de faillite (ou d'illiquidité). Ce dernier caractérise la situation d'une entreprise qui est dans l'impossibilité de faire face à ses paiements.

4.3. Rentabilité, risque et marché financier

Selon le modèle d'équilibre des actifs financiers (MEDAF), il faut exiger d'une action ou d'une firme la rentabilité financière (correspondant au coût des capitaux propres) suivante :

$$E(R_i) = k + ß(E(R_M) - k)$$

où :

E (R$_j$) est l'espérance de rentabilité à exiger du titre considéré ou de la firme ;

k le taux d'intérêt sans risque ;

E (R$_M$) est l'espérance de rentabilité du marché des actions mesurée par l'évolution d'un indice de marché ;

ßi est un indicateur de volatilité du cours de l'action, et donc du **risque** de celle-ci.

$$ßi = \frac{Cov\ (Ri,\ RM)}{Var\ RM}$$

Le coefficient ß indique comment la rentabilité de l'action covarie avec celle du marché dans son ensemble. On peut, à partir du coefficient ß, distinguer plusieurs types d'entreprises selon leur risque.

ß < 1 le risque de ces entreprises est inférieur à celui du marché dans son ensemble ;

ß = 1 le risque de ces entreprises correspond au risque moyen du marché ;

ß > 1 ces entreprises sont plus risquées que le marché ; les cours des actions amplifient l'évolution des cours moyens du marché.

Chapitre 3

LA POLITIQUE FINANCIÈRE

La politique financière concrétise le passage de la théorie à la pratique ou encore le passage des intentions aux décisions. Elle peut se définir comme le choix des conditions financières de l'adaptation de l'entreprise à son environnement. Elle va s'exprimer d'une triple manière :
- par la politique d'investissement,
- par la politique de financement,
- par la politique de dividendes.
La politique d'investissement et la politique de financement font référence toutefois à la notion de coût du capital.

1. La politique d'investissement

La politique d'investissement est étroitement intégrée à la politique générale et à la politique financière de l'entreprise.

C'est pour cela qu'après avoir situé la décision d'investissement dans le cadre de la politique générale de l'entreprise, on étudiera ses aspects financiers.

1.1. Investissements et politique générale de l'entreprise

La décision d'investissement est l'affectation de monnaie à un emploi à long terme, c'est-à-dire la création d'un actif physique ou financier qui participe à un cycle financier long. Cette décision est grave parce que généralement irréversible et parce qu'elle engage l'entreprise sur une longue période. C'est pour cela que la politique d'investissement doit être en conformité avec la politique générale de l'entreprise. « Bien que la désirabilité de chaque dépense particulière de capital doive être définie « par les bénéfices » qu'elle promet, elle doit aussi être jugée d'après sa compatibilité avec le programme d'ensemble ». La politique générale doit permettre d'apprécier l'opportunité des décisions d'investir car « très souvent dans un premier tour, c'est moins leur rentabilité financière immédiate qui compte que la réalisation de l'objectif fonctionnel qu'on leur a imputé ». (Labrousse)

Les investissements requis par la mise en œuvre de la politique générale peuvent être internes, externes ou semi-externes à l'entreprise :

- **internes** : lorsque l'entreprise achète elle-même ses biens matériels ou immatériels (Ex. : machines, terrains, recherche-développement ; formation, publicité, etc.).

- **externes** : lorsque l'acquisition des moyens de production se fait par le biais d'opérations d'absorptions ou de fusions d'une autre entreprise qui apporte ses installations, son capital humain, sa trésorerie, etc.

- **semi-externes** : dans le cas d'une joint-venture où chaque partenaire apporte des ressources complémentaires.

L'entreprise ne peut décider d'une politique de croissance, de réorganisation, de diversification ou de recentrage qu'après avoir effectué une étude approfondie de la concurrence et des marchés de chacun de ses produits. Elle peut le faire à partir des méthodes d'analyse stratégique de la politique financière, comme par exemple la matrice d'Arthur D. Little représentée ci-après.

Schéma 4 - La matrice d'Arthur D. LITTLE

Secteurs

	Secteur jeune et en forte croissance	Secteur mûr et en faible croissance
Entreprise dominante	I Forte rentabilité + Fort besoin d'investissement = Autofinancement	Forte rentabilité III + Faible besoin d'investissement = Fort excédent de liquidité
Entreprise dominée	II Faible rentabilité + Fort besoin d'investissement = Fort déficit en termes de liquidité	Faible rentabilité IV + Faible besoin d'investissement = Autofinancement

Cette esquisse d'analyse stratégique de la politique d'investissement montre que le choix des investissements dépasse le cadre strictement financier. Il n'en demeure pas moins que la rentabilité à long terme demeure l'objectif essentiel de toute politique d'investissement.

1.2. Aspects financiers de la politique d'investissement

La décision d'investissement est une décision financière dans la mesure où la réalisation de l'investissement implique son financement et donc une immobilisation de fonds dans l'espoir de l'obtention d'une bonne rentabilité.

L'investissement doit donc obéir à un **objectif de rentabilité**. Mais dans un environnement d'incertitude, il doit répondre aussi à un **objectif de flexibilité**.

1.2.1. L'objectif de rentabilité

Financièrement, l'investissement se caractérise par une sortie de fonds initiale (le capital investi) et des rentrées de fonds (cash-flows ou flux nets de liquidité) échelonnés sur toute sa durée de vie.

L'investissement est acceptable dans la mesure où les gains attendus sont supérieurs au capital investi. Evaluer un projet d'investissement consiste donc à comparer ces deux éléments : gains attendus (cash-flows générés par le projet) et capital investi.

Plusieurs critères d'évaluation des projets d'investissement existent : valeur actuelle nette, indice de profitabilité, taux de rendement interne.

- **La valeur actuelle nette** (VAN) est la différence entre les cash-flows actualisés à la date 0 et le capital investi :

$$VAN = \sum_{t=1}^{n} C_t (1 + r)^{-n} - I_0$$

où : n est la durée de vie du projet

Pour que le projet soit acceptable, il faut que la VAN soit positive. Entre plusieurs projets, on retient celui qui a la plus grande VAN.

Le taux d'actualisation utilisé est le taux de rentabilité minimum exigé par l'entreprise. Théoriquement, ce taux représente le coût du capital de l'entreprise (*cf.* Chapitre 3, 3. Le coût du capital).

- **L'indice de profitabilité** est le quotient de la somme des cash-flows actualisés par le montant du capital investi :

$$Pr = \frac{\sum\limits_{t=1}^{n} Ct\,(1+r)^{-n}}{I_O}$$

Le projet sera jugé rentable si son indice de profitabilité est supérieur à 1. Le projet le plus intéressant est celui qui a le plus fort indice de profitabilité.

- **Le taux de rentabilité interne** (T.R.I.) est le taux r qui rend équivalent à la date 0 le capital investi et la somme des cash-flows actualisés à ce taux.

$$I_O = \sum\limits_{t=1}^{n} Ct\,(1+r)^{-n}$$

Le T.R.I. correspond au taux d'actualisation qui annule la VAN.

Le projet d'investissement sera jugé acceptable si son T.R.I. est supérieur au taux de rentabilité minimum exigé par l'entreprise. Le T.R.I. représente donc le coût maximum du capital susceptible de financer l'investissement.

Entre plusieurs projets, on retient celui qui a le plus fort T.R.I.

Ces critères de choix obéissant à un objectif de rentabilité peuvent céder la place dans un environnement incertain au critère du délai de récupération du capital investi (ou pay-back period) qui est le temps au bout duquel le montant cumulé des cash-flows actualisés est égal au capital investi. Le choix entre plusieurs projets s'effectue alors sur la base du délai de récupération le plus court.

Ces différents critères ne tiennent pas compte toutefois de l'objectif de flexibilité.

1.2.2. L'objectif de flexibilité

Ignorer la flexibilité d'un projet revient à négliger les capacités de raisonnement et de décision des dirigeants de l'entreprise. Tout décideur compétent modifiera le déroulement de son projet à mesure que le temps passe et que de l'information nouvelle surgit. Cette flexibilité s'exprime fréquemment en termes **d'options** :

- l'option de différer l'exécution du projet ;

- l'option d'abandon du projet ;
- l'option d'arrêt (par exemple dans le cas de l'évaluation d'une usine).

L'incorporation de ces options dans l'évaluation des investissements a conduit à un nouveau critère : **la valeur actuelle nette augmentée (VANA)**. Celle-ci se définit comme étant égale à la somme de la VAN classique plus la valeur des options attachées au projet.

VANA = VAN (classique) + Valeur des options attachées au projet.

2. La politique de financement

Elle pose la double question de l'alternative de financement (interne ou externe) et du choix d'une structure financière.

2.1. L'alternative du financement

L'entreprise se trouve confrontée à une double alternative de financement : elle a tout d'abord à choisir entre le financement interne et le financement externe ; puis, à l'intérieur de ce second mode, entre dettes et capitaux propres. Enfin, lorsque le choix du financement externe se fait, l'entreprise peut s'adresser au circuit bancaire, aux établissements financiers spécialisés, à des partenaires industriels et commerciaux, ou encore faire appel aux marchés de capitaux.

Il convient de remarquer que les aspects fiscaux jouent un rôle non négligeable dans l'alternative de financement.

Le schéma ci-après résume les différents termes de ces alternatives de financement :

Schéma 5 - Les alternatives du financement dans l'entreprise

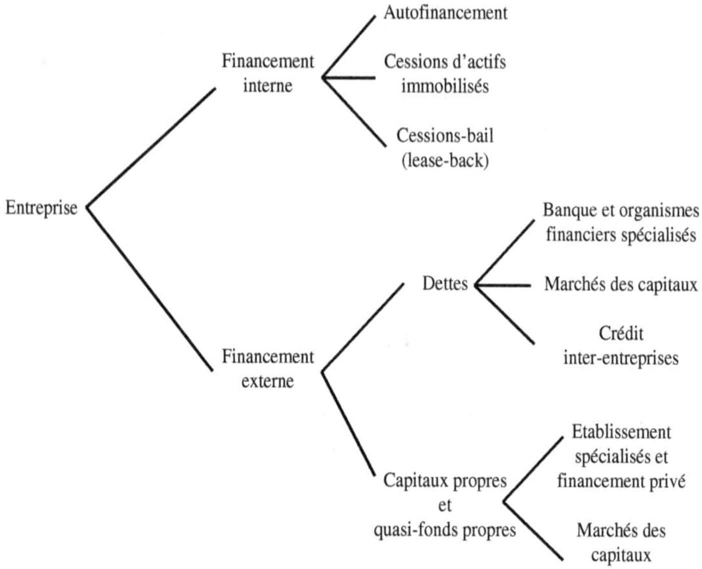

2.1.1. Le financement interne

Le financement interne de l'entreprise a trois origines possibles :

- **les cessions d'éléments de l'actif immobilisé** qui peuvent résulter :
  • du renouvellement normal des immobilisations qui s'accompagne, chaque fois que cela est possible, de la vente des biens renouvelés ;
  • de la vente de certains actifs hors-exploitation (terrains, sièges sociaux, etc.) ;
  • de la mise en œuvre d'une stratégie de recentrage : l'entreprise cède alors des participations, des filiales, etc.

- **la cession-bail** (lease-back). C'est une opération qui consiste, pour une entreprise, à céder des biens immobiliers ou des biens d'équipement à une société de crédit-bail qui lui en laisse la jouissance sur la base d'un contrat de crédit-bail prévoyant les conditions du rachat ;

- **l'autofinancement** qui est secrété par l'activité courante de l'entreprise et qui est égal à la somme des Dotations aux amortissements et du bénéfice non distribué. Il représente le financement interne par excellence. L'autofinancement, dans la mesure où il contribue à l'accroissement des capitaux propres de l'entreprise, accroît sa capacité d'emprunt mesurée par le ratio :

$$\frac{\text{Dettes à Long et Moyen Terme}}{\text{Capitaux permanents}}$$

et sa capacité de remboursement mesurée par le ratio :

$$\frac{\text{Autofinancement}}{\text{Dettes financières}}$$

Le financement interne est toutefois rarement suffisant à financer la croissance de la firme, qui est amenée à faire appel au financement externe.

2.1.2. Le financement externe

Deux solutions sont envisageables : recourir à l'endettement ou faire appel aux capitaux propres ou aux quasi-fonds propres.

- Les capitaux propres et les quasi-fonds propres

Les capitaux propres externes proviennent bien entendu tout d'abord d'un apport de fonds sous forme de capital au sens strict. Les apporteurs de capitaux propres reçoivent en échange de leur apport des actions. L'action est un titre de participation qui confère à son possesseur la qualité d'associé et lui donne droit à une part proportionnelle des bénéfices distribués par la société. Elle lui donne aussi un droit de contrôle sur la gestion de l'entreprise qui s'exerce par le droit de vote.

Une entreprise souhaitant faire appel public à l'épargne, notamment dans le cas d'une augmentation de capital par émission d'actions nouvelles, peut recourir au marché des actions. Elle a la possibilité d'être cotée sur trois marchés : **le marché officiel** (ou cote officielle), **le second marché** et le « **nouveau marché** » destiné à accueillir les jeunes sociétés innovantes.

Les capitaux propres externes proviennent aussi de certaines primes, ainsi que tout ou partie de certaines subventions dans la mesure où elles restent définitivement acquises à l'entreprise.

Depuis la fin des années 70, on assiste au développement constant des **quasi-fonds propres**. Trois lois fondamentales ont joué un rôle essentiel dans ce domaine : la première loi, celle du 13 juillet 1978, a assimilé les **prêts participatifs** à des capitaux propres. La deuxième, la loi du 3 janvier

1983, permet la création de **titres hybrides,** entre capitaux propres et dettes. Ainsi viennent se ranger aux côtés des obligations convertibles en actions introduites dans le droit français par la loi du 6 janvier 1969 **les certificats d'investissement, les titres participatifs, les obligations à bons de souscription d'actions.**

La troisième loi, du 14 décembre 1985, n'est pas moins importante. D'une part, elle introduit **les titres subordonnés à durée indéterminée** (T.S.D.I.) qui sont assimilables à des fonds propres lorsqu'ils ne sont pas amortissables, d'autre part, elle offre la possibilité aux entreprises de dessiner elles-mêmes la configuration des produits financiers qu'elles veulent émettre. Le prêt-à-porter financier a laissé place au sur-mesure et les entreprises ont rivalisé d'imagination dans leur recherche de titres permettant d'accroître leurs fonds propres : des bons de souscription d'actions ou de certificats d'investissements ont ainsi été attachés à des obligations convertibles ou remboursables en actions, ou encore à des certificats d'investissements.

- **L'endettement**

Le financement externe par endettement peut revêtir des formes très diverses. Par souci de simplification, nous en distinguerons quatre grandes catégories : l'endettement bancaire, les emprunts auprès du public (emprunts-obligations), le recours au crédit-bail et le crédit inter-entreprises.

* L'endettement bancaire

Les banques proposent à l'heure actuelle une large gamme de concours. Parmi ceux-ci, il convient de citer : le prêt, les lignes de crédit, les « Multiple Options Facilitees » (MOF) qui sont des lignes de crédit confirmées assorties d'options de financement, comme par exemple des avances bancaires en euros ou en devises, des émissions de billets de trésorerie, des tirages à très court terme.

Parmi les crédits de trésorerie, on distingue les concours destinés au financement des créances clients (escompte, crédit de mobilisation des créances commerciales), les billets financiers et les avances en compte (facilité de caisse, découvert).

Les crédits à long terme sont essentiellement le fait d'organismes spécialisés, notamment le Crédit National et le Crédit d'Equipement des Petites et Moyennes Entreprises.

© Éditions d'Organisation

* Les emprunts-obligations

Seules les sociétés de capitaux peuvent émettre des **obligations**, c'est-à-dire des titres de créance, au porteur ou nominatif, dématérialisés, donnant lieu au paiement d'intérêts et ne conférant aucun droit de regard sur la gestion de l'entreprise. Le marché obligataire a connu depuis le début des années 80 une croissance sans précédent, à la fois en volume et en qualité. Les innovations concernant les titres offerts ont été très nombreuses et imaginatives, dans les types de rémunération (taux fixe, taux variable, taux révisable), dans la durée et le mode d'amortissement (remboursement in fine, obligations prorogeables, à fenêtres). Ou encore par l'intermédiaire de clauses particulières (bons de souscription d'obligations, bons d'échange, démembrement des obligations, obligations subordonnées).

* Le crédit-bail

Il peut être mobilier ou immobilier. Il autorise un financement à 100 % des biens considérés. Il n'affecte pas la capacité d'emprunt de l'entreprise et constitue une sorte d'assurance contre le risque technologique.

* Le crédit inter-entreprises

Il est particulièrement important en France. Il diminue d'autant les besoins de financement bancaire. Pour une entreprise, le crédit inter-entreprises représente un apport net de ressources si le montant des crédits consentis à ses clients est inférieur à celui accordé par ses fournisseurs. Dans le cas inverse, le crédit inter-entreprises diminue les ressources de l'entreprise.

2.1.3. La hiérarchie du financement

La théorie financière moderne suggère que les entreprises privilégient une hiérarchie au choix de leurs moyens de financement. L'approche proposée par MYERS est la suivante :

- les entreprises choisissent avant tout l'autofinancement (financement interne). Elles adaptent donc le taux de distribution de dividendes aux opportunités d'investissement disponibles ;

- si le financement externe est nécessaire, elles préfèrent d'abord des dettes, ensuite les titres hybrides et en dernier lieu les actions.

2.2. Le choix d'une structure financière

L'entreprise dispose, pour son financement, d'une gamme élevée d'instruments dont les caractéristiques diffèrent. Le choix qu'elle effectue s'opère principalement entre dettes et capitaux propres. La question principale à résoudre étant celle de savoir jusqu'où l'entreprise peut et est incitée à s'endetter. Cette question a fait l'objet d'une controverse théorique depuis le début des années 50. Les tenants de l'existence **d'une structure financière optimale** se trouvaient confrontés à ceux qui défendaient l'indifférence de la valeur de la firme par rapport à son degré d'endettement.

La fameuse proposition de MODIGLIANI et MILLER, selon laquelle la valeur d'une entreprise est indépendante de sa structure financière, résulte d'une démonstration rigoureuse. Elle s'appuie sur un raisonnement par arbitrage et des hypothèses fortes : absence de frais de transactions, d'impôts sur les bénéfices et sur les dividendes et de risque sur la dette, ainsi qu'absence d'asymétrie d'information entre les personnes à l'intérieur et à l'extérieur des entreprises.

L'absence de fiscalité est un élément décisif du raisonnement, car c'est elle qui rend possible la substitution parfaite de la dette des actionnaires à celle de la société, ce qui permet à ceux-ci d'être indifférents à la structure du capital de l'entreprise. En revanche, en présence d'impôts qui autorisent la déductibilité des intérêts et amputent les dividendes reçus par les actionnaires, l'entreprise aurait toujours intérêt à s'endetter. Dans ce cas, la valeur de la firme est une fonction croissante de son niveau d'endettement. Cette position a toutefois été nuancée par la prise en compte des coûts de faillite. Au-delà du ratio optimal d'endettement, les coûts de faillite dépassent l'économie d'impôt, il vaut mieux cesser de recourir à l'endettement.

La théorie financière moderne a également abordé le problème du choix d'une structure financière. Les modèles se référant à la théorie du signal indiquent que les dirigeants de la firme signalent sa qualité au travers de la structure financière adoptée : la valeur de l'entreprise dépend du niveau d'endettement retenu. Les auteurs de la théorie de l'agence modélisent une firme dans laquelle les dirigeants détiennent une fraction non négligeable du capital. Ils mettent en évidence une structure financière optimale de la firme, résultant de deux incitations divergentes. D'une part, en présence d'impôt sur les bénéfices, les firmes ont intérêt à émettre des dettes, car les charges financières qu'elles génèrent sont déductibles du résultat imposable : la valeur de la firme croît ainsi avec le degré d'endettement.

Mais en contrepartie, l'émission de dettes entraîne la naissance de coûts d'agence. Les firmes vont alors s'endetter jusqu'au point où l'accroissement de leur valeur due aux investissements ainsi financés sera égal aux coûts d'agence marginaux générés par un surcroît d'endettement.

Ces modèles ont donné lieu à de nombreuses extensions et perfectionnements qui laissent largement ouverte la discussion autour de la structure financière optimale des firmes.

3. Le coût du capital

Le calcul du coût du capital d'une société peut être effectué pour plusieurs raisons. Il permet l'étude du coût des diverses sources de fonds et la détermination d'une stratégie de financement. Il est utile pour le choix d'une structure du capital. Mais son rôle essentiel est surtout lié au choix des investissements.

Le coût du capital intervient dans les calculs de rentabilité fondés sur l'actualisation. S'il ne s'insère pas de la même manière dans chacune des trois méthodes, il y traduit néanmoins une exigence commune.

Le taux choisi traduit le rendement minimum exigé et joue le rôle de taux de rejet puisqu'il permet d'écarter les investissements dont la rentabilité n'est pas suffisante : accepter ces investissements insuffisamment rentables aurait pour effet de diminuer le bénéfice par action et nuirait à l'objectif financier. En théorie, le coût du capital est égal au taux interne de rentabilité qui maintiendrait inchangé le cours de l'action.

Avant d'étudier le coût global du capital, il convient de déterminer le coût de ses différentes composantes.

3.1. Coût des différentes sources de fonds

Les sources de financement peuvent se classer en deux catégories selon qu'elles ont un coût explicite ou un coût implicite.

3.1.1. Coûts explicites

On dit qu'une source de financement a un coût explicite lorsqu'il lui correspond des flux monétaires positifs et négatifs effectifs.

De manière générale, le coût explicite d'une source de financement peut être défini comme le taux actuariel qui égalise les fonds perçus aux fonds versés à des fins de remboursement ou de rémunération. Ainsi, si S est une somme mise à la disposition de l'entreprise et si Rt représente les versements annuels nets de l'entreprise (charges de remboursement plus frais financiers nets (économie d'impôts déduites des rémunérations), le coût de S est défini par le taux k tel que :

$$S = \sum_{t=0}^{n} \frac{Rt}{(1+k)^t}$$

C'est donc le taux de rentabilité interne pour l'agent qui finance.

- **Coût de la dette bancaire**

Soit une dette de montant D et de taux d'intérêt τ. Soit t le taux d'imposition. Le capital est remboursé intégralement au bout de N années. Le coût K_D est tel que :

$$D = \sum_{t=1}^{N} \frac{i.\,D\,(1-\tau)}{(1+K_D)^t} + \frac{D}{(1+K_D)\,N}$$

On montre facilement que $K_D = i\,(1-\tau)$.

- **Coût d'une émission d'obligation avec prime amortissable linéairement**

Soit π la prime d'émission amortissable sur N années, E le montant de l'emprunt. Le coût de cette source k_E est tel que :

$$(E-\pi) = \sum_{t=1}^{N} \frac{i.E\,(1-\tau) - \frac{\pi}{N}}{(1+h_E)^N} + \frac{E}{(1+h_E)^N}$$

Il découle que le coût réel de la dette (ou taux actuariel de revient) est différent du taux contractuel (ou facial ou nominal), pour diverses raisons :

- les frais initiaux qui comprennent les commissions bancaires de direction, de placement, de garantie, les frais de publicité financière, d'impression de titres et de note d'émission, etc. L'ensemble atteignant environ 3,5 % à 4 % du montant de l'emprunt.

  L'impact de ces frais sur le taux réel est important car ils sont supportés à l'origine et ne bénéficient pas de l'actualisation ;

- les primes d'émission et primes de remboursement ;
- la date de jouissance qui est la date à partir de laquelle courent les inté-rêts. Elle peut être antérieure ou postérieure à la date de mise à dispo-sition des fonds. Une date antérieure augmente le coût actuariel alors qu'une date postérieure le réduit ;
- les frais annuels qui incluent notamment la commission de gestion payée à la banque chef de file d'une émission pour la gestion des titres, tenue des registres des assemblées d'obligataires ; la commission de paiement de coupons, de remboursement de titres ; le différé d'amor-tissement ou différé de remboursement.

- **Coût de l'action émise**

La définition de ce coût est celle qui a alimenté toute la controverse théo-rique sur le coût du capital. En appliquant cependant la définition précé-dente au calcul de ce coût, on peut dire que si un investisseur accepte d'acquérir des actions d'une société, c'est parce qu'il en attend une rému-nération annuelle sous forme de dividende ou une rémunération lors de la cession des titres, c'est-à-dire une plus-value, ou les deux.

Ainsi, si un investisseur acceptait de mettre S euros dans une société parce qu'il escompterait recevoir un dividende annuel de D euros et revendre l'action avec une plus-value de DS euros dans n années, le coût de l'action pour l'entreprise serait défini par le taux Kp tel que :

$$S = \frac{D}{(1+Kp)} + \frac{D}{(1+K_p)^2} + ... \frac{D_i}{(1+K_p)^i} + ... \frac{D + \Delta S}{(1+K_p)^n}$$

soit :

$$S = \sum_{i=1}^{n} \frac{Di}{(1+K_p)^i} + \frac{\Delta S}{(1+K_p)^n}$$

Cette définition est claire, mais, si toute une controverse s'est développée, c'est parce que les anticipations des actionnaires ne peuvent être claire-ment précisées ni en valeur, ni dans le temps, ni en nature.

Si les actionnaires acceptaient de mettre une somme S à la disposition d'une société en espérant en retirer des dividendes D_t chaque année i jus-qu'à une période infinie, le coût de S serait défini par l'expression :

$$S = \sum_{i=0}^{\infty} \frac{D_i}{(1+K_p)^i}$$

et égal à (sommation de la progression géométrique) :

$$K_p = \frac{D_0}{S} \quad \text{(formule de Gordon)}$$

Si on supposait que ces actionnaires attendent un dividende annuel qui, partant de D_0, croîtrait annuellement à un taux composé g pour mettre une somme S à la disposition de la société, le coût de S serait défini par l'expression :

$$S = \sum_{i=0}^{\infty} \frac{D_0 (1+g)^i}{(1+K_p)^t}$$

et égal à :

$$K_p = \frac{D}{S} + g \quad \text{(formule de Gordon - Shapiro)}$$

- **Coût du crédit-bail**

Le crédit-bail peut être assimilé à un emprunt hypothécaire. Le locataire doit payer une somme fixe chaque année, comme pour un emprunt ; mais il s'agit, juridiquement et fiscalement, d'un loyer intégralement déductible, sans que l'entreprise puisse amortir fiscalement l'immobilisation concernée, puisque celle-ci reste la propriété de la société de crédit-bail.

$$C_0 = \sum_{t=1}^{n} \frac{L_t (1-\tau) + A_t.\tau}{(1+K_c)^t} + \frac{R_n}{(1+K_c)^n}$$

où :

C_0 = valeur de l'investissement financé
τ = taux d'impôt sur les sociétés
L_t = montant du loyer de l'année t
A_t = montant de l'amortissement au cours de l'année t
R_n = valeur de rachat en fin de contrat
K_c = coût du crédit-bail

3.1.2. Coûts implicites ou coûts d'opportunité

Le coût d'opportunité pour un actionnaire est la rentabilité qu'il pourrait obtenir en investissant dans une autre entreprise de risque équivalent, c'est-à-dire k_p. C'est le coût de l'emploi alternatif.

Le coût de l'autofinancement (au sens du coût du capital correspondant à cette source, et non pas au sens du coût de la source) est donc égal à k_p (si l'on fait abstraction des impôts et frais de transaction sur achats d'actions). En effet, si l'entreprise finance des investissements dont la rentabilité est inférieure à k_p, le prix de l'action baisse. Par conséquent k_p est le coût de l'autofinancement.

En fait, le coût d'opportunité des actionnaires pour les flux correspondant à l'autofinancement est inférieur à k_p. Car si ces flux étaient versés sous forme de dividendes puis réinvestis dans une autre entreprise, la rentabilité nette pour l'actionnaire serait :

$$k_p \, (1 - T) \, (1 - B)$$

où T est le taux d'imposition des actionnaires, compte tenu de l'avoir fiscal. B est le taux des frais de transaction.

3.2. Coût moyen pondéré

3.2.1. Principe

Le coût du capital est obtenu en pondérant les coûts des différentes sources de financement par leur ratio dans la structure des capitaux permanents, soit :

$$K = K_1 . \frac{\text{Dettes long terme}}{\text{Capitaux propres}} + K_2 . \frac{\text{Capitaux permanents}}{\text{Capitaux permanents}}$$

Ainsi, dans une société possédant 40 % d'endettement à 10 % net et 60 % de capitaux propres à rémunérer à 20 %, le coût du capital de l'ensemble de la société serait égal à : $0,4 \times 10 \% + 0,6 \times 20 \% = 16 \%$.

Les coûts des différentes sources ne sont pas constants. Ils dépendent de la structure du capital, de la conjoncture sur les marchés financiers et des montants élémentaires de financement.

Pour les financements petits, le coût pondéré total est un coût marginal. Si l'on peut calculer le coût pondéré total marginal en fonction du montant total du financement (en supposant par exemple les proportions des différentes sources constantes), on pourra déterminer le montant des investissements comme celui correspondant à l'intersection des courbes taux de rentabilité marginale, coût pondéré total marginal.

Schéma 6 - La détermination du montant des investissements en fonction des courbes de taux de rentabilité marginale et du coût pondéré total marginal

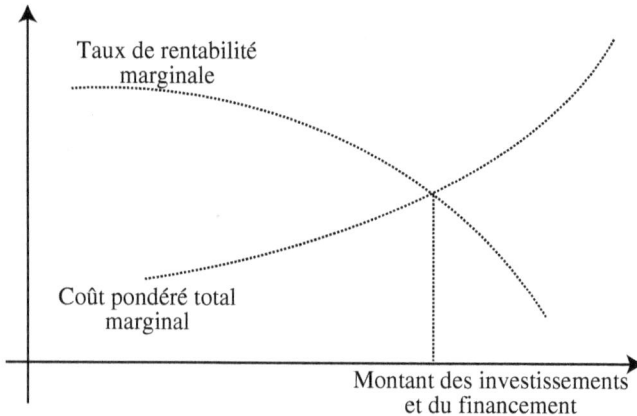

3.2.2. Difficultés

Deux sources de difficultés

1) Faut-il utiliser la structure comptable ou la structure boursière du capital ? Théoriquement, on raisonne en termes d'anticipations ou de bénéfices futurs rémunérant l'achat d'une action. Si on veut rester cohérent, il faudrait utiliser comme coefficient de pondération les valeurs de marché. Soit par exemple une société ayant émis 100 000 actions d'une valeur comptable de 4 € (2 € de nominal + 2 € de réserves), d'une valeur boursière de 8 € et ayant un coût du capital A de 10 % et qui aurait par ailleurs émis un emprunt obligataire de 40 000 obligations de 8 € coûtant 5 % et cotées 6 € ; elle aurait un coût du capital évalué à la valeur boursière de :

$$\frac{800\,000}{800\,000 + 240\,000} \times 10\,\% + \frac{240\,000}{800\,000 + 240\,000} \times 5\,\% = 8{,}84\,\%$$

Et un coût du capital évalué à la valeur comptable :

$$\frac{400\,000}{400\,000 + 320\,000} \times 10\,\% + \frac{320\,000}{400\,000 + 320\,000} \times 5\,\% = 7,77\,\%$$

Les limites des deux méthodes sont évidentes.

La valeur de marché est sujette à des variations boursières aléatoires et ne se justifierait pas pour l'emprunt obligataire puisque celui-ci doit être remboursé au nominal ou à un prix fixé qui représente la vraie charge de la société. De plus, la valeur de marché des fonds propres n'existe pas réellement pour les nombreuses sociétés non cotées et pour les dettes non obligataires.

La valeur comptable au contraire, même si elle est relativement fixe, ne représente souvent aucunement les fonds propres mis à la disposition de la société et les sous-estime presque toujours.

Il est difficile de suggérer une solution, cependant une capitalisation fondée sur la valeur de marché pour les fonds propres et la valeur comptable de l'endettement peut souvent être valable.

2) Faut-il utiliser la structure du capital existante ou la structure du capital future ? Le problème se pose particulièrement lorsqu'une société veut modifier la structure de son capital. Le coût des fonds est en général fondé sur la structure du capital existante. Les banquiers prêtent de l'argent en fonction de celle-ci. Si la société change de structure, le banquier peut changer de taux et l'actionnaire modifier ses espérances de revenu en fonction d'une structure financière de risque différent. La structure financière future déterminant les coûts futurs et les nouvelles anticipations des actionnaires, c'est elle qui doit déterminer les rentabilités des investissements. Il faut noter que le problème est d'autant plus difficile que les structures du capital varient par palier et oscillent parce que le financement se fait par blocs d'émissions d'actions et d'emprunts.

L'ensemble de cette analyse du coût du capital prouve qu'il n'est pas simple de rendre le concept opérationnel malgré son importance cruciale pour le choix des investissements. La réflexion pratique sur les sociétés concrètes doit cependant toujours être tentée parce qu'elle permet de poser les problèmes fondamentaux du financement et du choix des investissements d'une société.

4. La politique de dividende

La politique de dividende que les entreprises devraient suivre est au cœur d'un vieux débat théorique : celui de savoir si les dividendes versés ont un impact ou non sur le cours des actions et la valeur de la firme.

Historiquement, deux grands courants de pensée se sont affrontés dans ce domaine, celui de la neutralité de la politique de dividendes, c'est-à-dire l'absence d'influence sur le cours boursier ; celui de la non-neutralité qui soutient que la valeur des actions est déterminée ou, en tous cas, influencée par les dividendes. La question de la distribution des dividendes est toujours actuelle et la théorie financière moderne lui accorde à travers la théorie du signal et la théorie de l'agence une place importante quant au rôle qu'ils peuvent jouer dans la conduite des affaires.

En pratique, les entreprises ont en général une politique de dividende qui s'établit à partir de plusieurs considérations.

4.1. Aspects théoriques

4.1.1. La thèse de la neutralité

Elle est dominée par les travaux de MODIGLIANI et MILLER pour qui le dividende n'aurait aucun impact sur la valeur des actions, et la politique de dividende ne serait qu'une décision résiduelle. Elle n'a aucune importance dans la réalisation des performances financières de l'entreprise. Ce qui influence la valeur de l'action, ce n'est pas le bénéfice réalisé mais la rentabilité attendue de l'investissement.

Les thèses qui vont à l'encontre de la théorie de la neutralité prennent surtout en considération l'effet de l'incertitude sur le comportement des épargnants. Un revenu certain et immédiat ne signifie pas la même chose pour l'actionnaire qu'une plus-value à terme. Le rendement attendu des investissements est entaché d'incertitude. Des arguments de nature psychologique ont été également pris en compte, notamment à travers la théorie de la clientèle qui repose sur la constatation que les investisseurs n'ont pas tous la même attitude face au placement, certains recherchant un revenu régulier, d'autres préférant un placement spéculatif.

4.1.2. Le dividende comme signal de communication financière

Le dividende joue un rôle de signal quant aux perspectives sur les bénéfices et les cash-flows que les dirigeants des sociétés concernées sont les mieux à même d'apprécier.

Les changements dans la politique de distribution de dividendes sont au cœur de la politique d'information financière et constituent l'un des moyens qu'ont les dirigeants de transmettre de l'information aux opérateurs sur le marché financier, qui sont moins informés, sans trop dévoiler leurs projets à leurs concurrents. Les investisseurs feront monter les cours des sociétés qui augmentent leurs dividendes, et baisser ceux des sociétés qui les réduisent.

4.1.3. Le dividende comme moyen de surveillance et de contrôle des équipes dirigeantes

Verser des dividendes, et de manière conséquente, permet de résoudre les problèmes d'affectation du « cash-flow libre », c'est-à-dire du **cash-flow disponible** après que toutes les opportunités d'investissement rentables ont été saisies, et que les métiers non rentables ont été cédés à d'autres. Cet argument milite en faveur d'une distribution élevée dans les secteurs de faible croissance où les sociétés ont des ressources très abondantes.

De façon générale, le versement de dividendes oblige les sociétés à faire davantage appel aux marchés des capitaux. Ces opérations, nécessairement peu fréquentes, sont l'occasion d'une information beaucoup plus approfondie sur l'utilisation que la société fait des capitaux qu'elle gère. **Le dividende joue ainsi un rôle d'incitation, de surveillance et de contrôle des dirigeants.**

4.2. La distribution en pratique

En pratique, il n'y a pas d'égalité d'accès à l'information. C'est parce que l'information n'est pas également répartie entre tous les acteurs du marché et que la distribution de dividendes est une forme coûteuse de transfert de ressources des sociétés aux actionnaires, qu'elle peut être utilisée comme signal. Les paroles des dirigeants sont d'autant plus crédibles qu'elles s'accompagnent d'actions concrètes en espèces. La politique de dividendes est un moyen privilégié de joindre l'acte à la parole. Elle est un moyen de fidélisation de l'actionnariat face aux OPA.

En définitive, pour fixer leur dividende, les sociétés doivent tenir compte des cinq paramètres suivants :

- le niveau passé du dividende ;
- les perspectives de croissance à court et moyen terme des bénéfices par action ;
- le niveau de marge courante par rapport à la marge normale ;
- le « cash-flow libre » ;
- la structure de l'actionnariat.

Le taux de distribution étant inversement proportionnel au degré de concentration de l'actionnariat. Plus le degré est élevé, plus la distribution est faible et inversement.

En pratique, le paiement du dividende s'opère parfois **en actions**. Cette procédure permet aux sociétés d'atteindre deux objectifs contradictoires : procéder à une distribution généreuse pour signaler leurs bonnes perspectives au marché, tout en conservant l'essentiel des liquidités dans l'entreprise pour financer les besoins financiers qu'elles engendrent.

Chapitre 4

LA PLANIFICATION FINANCIÈRE

La planification financière est l'expression chiffrée des orientations et décisions générales contenues dans le plan stratégique de l'entreprise. Elle a pour objectif fondamental de préfigurer la situation financière de l'entreprise, en termes de rentabilité, de liquidité, d'équilibre structurel… période par période sur un horizon déterminé. Elle comporte deux dispositifs de prévision : l'un à long et moyen termes (le plan de financement) ; l'autre à court terme (les budgets annuels).

La planification financière s'articule sous la forme de deux ensembles de prévision interdépendants :
- le plan de financement ;
- les budgets annuels se composant : des budgets d'exploitation, des budgets relatifs à l'exécution du plan (investissements et financement), du budget de trésorerie.

1. Architecture générale de la planification financière

La planification financière peut être illustrée comme dans le schéma de la page suivante.

Schéma 7 - L'architecture générale de la planification financière

Le **plan de financement** porte sur une période de trois à cinq ans environ. Il sert d'enveloppe aux budgets annuels.

Les budgets d'équipement et des opérations financières sont directement issus du plan dont ils sont la tranche d'exécution annuelle.

Les budgets d'exploitation constituent le plan à court terme de l'entreprise. Les budgets d'exploitation servent de support au contrôle de la gestion par la méthode budgétaire. Ils sont établis en termes de charges et de produits et non en termes de recettes et de dépenses. La fonction de contrôle de la gestion peut être indépendante de la fonction financière. Elle n'en est pas moins complémentaire et très étroitement liée à l'ensemble du dispositif financier.

Le budget de trésorerie est directement issu des budgets annuels et rassemble tous les flux financiers de recettes et de dépenses, quelle qu'en soit l'origine. Budget de synthèse et test de cohérence de l'ensemble des prévisions, le budget de trésorerie est le cadre de base de la gestion financière à court terme qui repose sur un ensemble de prévisions successives et détaillées.

2. Le plan de financement

Établi en termes **d'emplois** et de **ressources**, il a pour objet la détermination des conditions de réalisation de l'équilibre financier global et du rôle du développement sur cet équilibre. Son élaboration se confond souvent avec la définition de la politique générale et de la politique financière de l'entreprise. Il contient les décisions d'investissement, de financement, de distribution de dividendes.

Depuis le 1er mars 1984, le plan de financement est obligatoire pour les entreprises qui satisfont à l'une ou l'autre des deux conditions suivantes : effectifs supérieurs à 100 salariés ou chiffre d'affaires supérieur à 40 millions de francs.

Il doit être établi chaque année et joint aux documents comptables. Il est exigé par les banques pour l'octroi d'un crédit à long terme d'un montant élevé.

Il n'existe pas de modèle officiel du plan de financement. La présentation suivante est proposée à titre indicatif :

Tableau 3 - Le plan de financement

Années	1	2	3

EMPLOIS
 	
• Investissements nouveaux
 	
• Augmentation des Besoins en fonds de roulement
 	
• Investissements de maintien et de renouvellement
 	
• Remboursements des dettes financières
  - nouvelles
  - anciennes
 	
• Distributions de dividendes
 	
• Autres besoins			

TOTAL			

RESSOURCES
 	
• Internes :
  - Capacité d'autofinancement
  - Cessions d'actifs immobilisés
 	
• Externes :
  - Augmentation du capital social
  - Subventions
  - Emprunts et crédits			

TOTAL			

ÉCARTS
 	
  - Annuels
  - Cumulés			

L'élaboration du plan de financement nécessite au minimum deux étapes :

- l'établissement d'un plan sans les financements externes ; il permet, à partir des soldes obtenus en fin de période, de déterminer les financements externes nécessaires à la couverture des besoins ;
- l'établissement d'un plan de financement prenant en compte les financements externes.

Le plan qui en résulte doit être équilibré, c'est-à-dire présenter rapidement une trésorerie globale positive.

En reprenant, au début du plan, la trésorerie globale initiale, on peut retrouver le montant de la trésorerie globale à la fin de chaque période considérée :

$$\text{Trésorerie de fin de période} = \text{Trésorerie de début de période} + \text{Écart de la période}$$

3. Le budget de trésorerie

Ce budget joue un rôle essentiel dans le dispositif de prévision financière. Aboutissement de toutes les prévisions, il est la synthèse de toutes les actions de l'entreprise à long et à court termes. **Toutes les décisions prises par l'entreprise ont des effets qui convergent vers la trésorerie.** Le niveau de trésorerie résulte donc non seulement de la politique financière de l'entreprise, mais également de la politique générale.

L'objet du budget de trésorerie est de prévoir les conditions d'ajustement des flux monétaires par l'intermédiaire des postes de disponibilités. Il permet de prévoir le niveau de l'encaisse ou les besoins de trésorerie, c'est-à-dire le besoin de financement externe qui va entraîner le recours à différentes formes de crédits à court terme.

La difficulté dans l'établissement d'un budget de trésorerie est de collecter les prévisions et les informations nécessaires en provenance de l'ensemble des services et départements de l'entreprise. Il est nécessaire que le trésorier soit étroitement associé à la gestion budgétaire de l'entreprise afin de disposer des informations nécessaires.

La construction du budget de trésorerie répond à un schéma simple. Il se présente sous la forme d'un tableau regroupant toutes les recettes et dépenses prévues :

- quelle que soit leur origine : exploitation, équipement, opérations financières (exploitation ou hors-exploitation) ;
- quelle que soit la période à laquelle se rapportent les opérations dont elles sont issues : exercice en cours, exercices antérieurs ou exercices à venir.

Son objet est de déterminer l'encaisse disponible ou le montant des besoins de trésorerie en fin de mois si l'échéance est mensuelle ou à la date de chaque échéance (par décade ou par quinzaine).

Schéma 8 - L'élaboration du budget de trésorerie

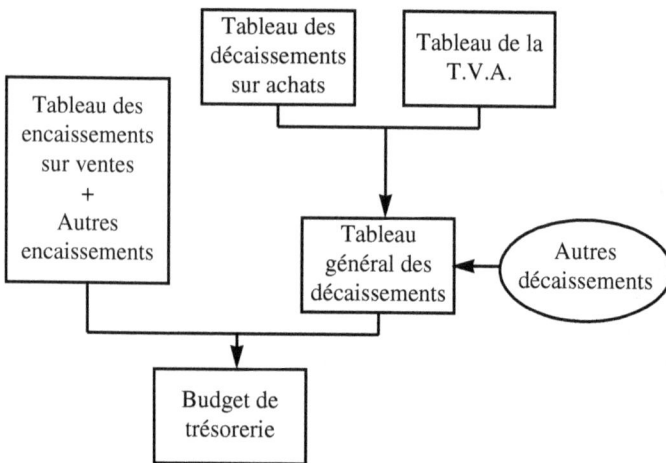

L'entreprise peut souhaiter affiner les informations données par le budget de trésorerie en faisant intervenir l'escompte des effets escomptables et les placements des excédents prévus. Les résultats obtenus ne sont qu'approximatifs et ne fournissent que des ordres de grandeur permettant de préparer les décisions qui devront être prises le moment venu. Le document prévisionnel qui résulte de ces opérations est appelé **le plan de trésorerie**.

**Schéma 9 - La place du budget de trésorerie
dans le système de gestion prévisionnelle à court terme**

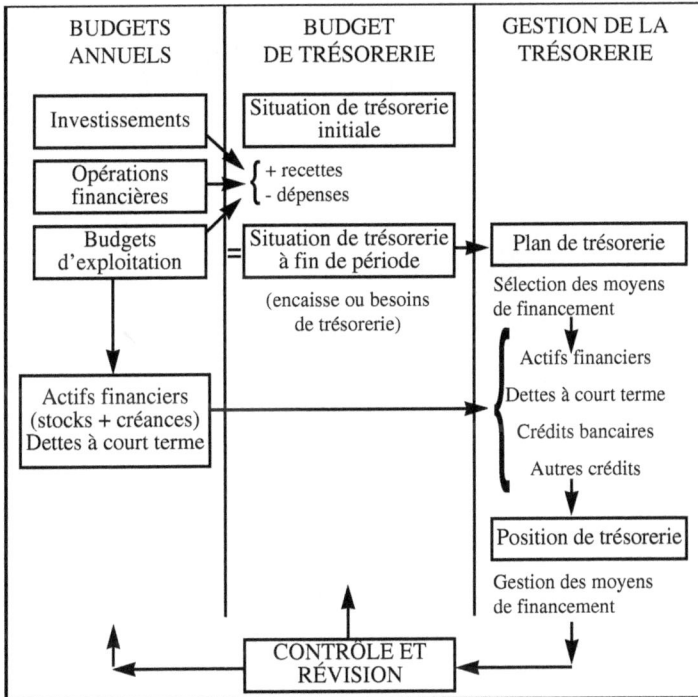

BUDGETS ANNUELS	BUDGET DE TRÉSORERIE	GESTION DE LA TRÉSORERIE
Investissements	Situation de trésorerie initiale	
Opérations financières	{ + recettes − dépenses	
Budgets d'exploitation	= Situation de trésorerie à fin de période (encaisse ou besoins de trésorerie)	Plan de trésorerie — Sélection des moyens de financement
		{ Actifs financiers / Dettes à court terme / Crédits bancaires / Autres crédits
Actifs financiers (stocks + créances) Dettes à court terme		Position de trésorerie — Gestion des moyens de financement
	CONTRÔLE ET RÉVISION	

- En définitive, « il s'agit pour le trésorier de déterminer les excédents ou les besoins de trésorerie quant à leur montant, leur durée et leur date d'apparition pour décider soit de les placer au mieux, soit, s'il s'agit de besoins, de mettre en place de manière optimale, c'est-à-dire juste quand il faut et quand ils sont nécessaires, les financements à court terme. Ce qu'il est important de souligner ici, c'est que le trésorier n'a à prendre aucune décision en matière de politique financière mais qu'il doit, dans le cadre qui lui est fixé par le plan de financement, rechercher l'utilisation optimale des fonds, étant donné que, pour lui, les variables de décision sont l'utilisation ou non des crédits à court terme ou le placement court des liquidités » (M. Levasseur).

BREALEY R.A. - MYERS C., *Principles of corporate finance*, 4ᵉ édition, Mc Graw-Hill, 1991.

COURET A., DEVEZE J. et HIRIGOYEN G., *Droit du Financement*, Lamy, 7ᵉ édition, 1997.

COURET A. et HIRIGOYEN G., *Initiation à la Gestion*, Mont-chrestien, 2ᵉ édition, 1992.

GINGLINGER E., *Le financement des entreprises par les marchés des capitaux*, PUF, 1991.

LEVASSEUR M. et QUINTART A., *Finance*, 2ᵉ édition, Economica, 1992.

PARTIE 4

LA GESTION
DES RESSOURCES HUMAINES

Par Nadine TOURNOIS

On considère qu'une entreprise dispose de deux facteurs de production :

- le facteur capital, qui recouvre l'ensemble des machines, dont le mode de fonctionnement est plus ou moins facile à appréhender, mais qui est certain,
- le facteur travail, qui correspond à la force de travail présente dans l'entreprise, autrement dit aux individus salariés. Dans ce cas le « fonctionnement » n'est pas facile à appréhender. Il s'agit en fait ici de comprendre le comportement des individus au travail et d'obtenir leur satisfaction. En effet, on sait qu'une entreprise ayant des salariés satisfaits est une entreprise qui détient un avantage énorme par rapport à ses concurrents, d'autant plus qu'il s'agit d'un avantage particulièrement difficile à imiter.

C'est ce à quoi s'applique la gestion des ressources humaines, en motivant, satisfaisant les salariés et en leur permettant de progresser dans leur vie professionnelle.

Avant d'étudier les outils de gestion des ressources humaines, nous allons analyser le comportement des individus au travail et tenter de mettre en évidence les éléments explicatifs (déterminants) de ce comportement.

© Éditions d'Organisation

179

Chapitre 1

LE COMPORTEMENT HUMAIN DANS LES ORGANISATIONS

L'appréhension du comportement humain dans les organisations repose sur une multitude d'approches. De plus, l'objet même de ces sciences du comportement est souvent mal défini tant et si bien que le non-initié pour mener à bien cette analyse se sent souvent comme perdu dans le labyrinthe de ces différentes approches. Les Sciences du comportement portent sur l'analyse des éléments déterminant ce dernier. Ils sont au nombre de trois :
- les déterminants individuels,
- les déterminants sociaux,
- les déterminants culturels.

Dans un but de clarification, un modèle de synthèse est tout d'abord présenté. Puis, chaque élément du modèle (l'individu, le groupe, l'environnement interne et l'environnement externe) est analysé.

Le comportement d'un individu peut être analysé comme **l'ensemble des conduites**, c'est-à-dire l'ensemble des réponses aussi bien psychologiques (satisfactions) qu'actives aux tensions auxquelles il est soumis.

L'individu ressent de différentes façons ces tensions, selon l'environnement dans lequel il est plongé, selon son système de motivations personnelles, et enfin selon ses aptitudes.

L'individu est constamment à la recherche de son équilibre, dans sa réalisation. Autrement dit, l'individu a simultanément un souci d'équilibre et un souci d'évolution, qui vont permettre ou non d'améliorer la rentabilité de l'entreprise.

1. Modèle général des déterminants du comportement

Si l'on veut appréhender le comportement des individus au travail, il faut dans un premier temps préciser selon quelle structure vont s'organiser ces déterminants. Il s'agit d'une structure à quatre niveaux, que l'on représente schématiquement de la façon suivante.

Schéma 1 - Le modèle général des déterminants du comportement

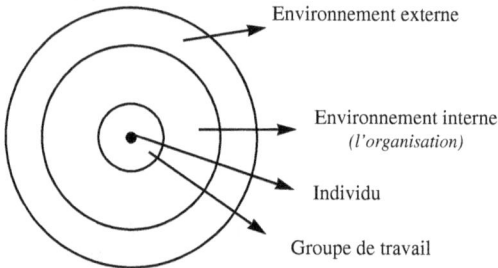

Tout individu travaillant dans une organisation est membre d'un groupe de travail appartenant à l'organisation qui est elle-même dépendante de son environnement.

Ces quatre niveaux (individu, groupe, environnement interne, environnement externe) correspondent à un ensemble de composantes que l'on trouve dans le tableau suivant :

Tableau 1 - La décomposition des quatre niveaux de déterminants du comportement

Les 4 niveaux	Composantes		
Environnement externe	Culture Conjoncture écon.	Lois Marché du travail	Technologie Famille
Environnement interne (organisation)	Structure Délégation Caractère bureaucratique...	Technologie Climat	Type de leadership Culture
Groupe de travail	Normes Leadership Cohésion - conflit	Buts Coopération - compétition	Interactions
Individu	Personnalité Aspirations	Statut Perceptions...	Rôle

Précisons à présent le contenu de chacune de ces composantes.

Au centre de cette « cible » se trouve l'individu, salarié de l'entreprise. Son comportement est déterminé en priorité par des facteurs de personnalité.

2. L'individu

La personnalité d'un individu se caractérise notamment par ses valeurs, ses attitudes, ses perceptions, ses besoins, ses aspirations, ses motivations, ses défenses, etc.

Mais si les caractéristiques de l'homme peuvent permettre de définir sa personnalité, cette dernière peut l'être tout aussi bien par le monde dans lequel il fonctionne.

En effet, dans certaines sociétés, l'homme n'existe que par son incorporation dans le groupe social (comme au Japon). Chez les Occidentaux, l'intégration dans la collectivité est beaucoup moins marquée.

Cette notion d'intégration repose sur des concepts différents :

- celui de communauté, qui correspond à un regroupement d'individus, où les liens entre les hommes sont très forts. C'est une véritable « fusion » ;

- celui de société, qui correspond à une organisation occidentale, où ce sont des liens juridiques qui relient les individus.

De plus, certains auteurs (Kardiner) distinguent selon les cultures des personnalités de base.

Il existe quatre éléments principaux de la personnalité de base :

- des techniques de pensée, c'est-à-dire une certaine appréhension de la réalité et une certaine façon de pouvoir agir sur cette réalité (connaissance magique, horoscope et connaissances scientifiques) ;
- des systèmes de sécurité, c'est-à-dire des défenses que la société met à notre disposition pour résister à l'anxiété (issue d'inquiétudes personnelles ou venant du monde extérieur) ;
- le sur-moi, qui est très socialisé. Il repose sur le désir d'obtenir l'estime et l'amitié d'autrui ;
- les attitudes religieuses.

À côté de ces personnalités de base, il existe des cas de déviance. Les déviants sociaux sont ceux qui sont considérés comme dépassant les limites de la culture.

La personnalité de base est complétée par deux notions :
- le statut,
- le rôle.

Schéma 2 - Les composants de la personnalité de base

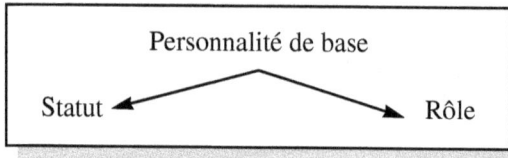

Ces deux notions relient la psychologie de chacun à sa place dans la société : l'homme attend quelque chose de la société et inversement.

Le statut, c'est ce que nous attendons légitimement des autres et **le rôle**, c'est ce que les autres attendent légitimement de nous.

On remarque donc la complémentarité entre le statut et le rôle, mais il peut y avoir conflit. Par exemple, l'homme a un statut, mais ne joue pas son rôle. De plus, certains statuts sont difficilement conciliables. Le statut et le rôle sont déterminés par les différentes exigences du type de société, voire d'organisation, dans laquelle l'homme vit.

Par exemple, plus on descend dans la hiérarchie, moins le rôle de l'homme est important. Le rôle est infime, son travail lui est imposé. Il essaie donc de jouer son rôle en dehors du travail ou à propos du travail ; il a par exemple un rôle syndical.

Le statut et le rôle représentent donc les modèles culturels du comportement. Ce sont des modèles du comportement auxquels les gens se réfèrent dans la société. Certains rôles sont d'ailleurs communs aux individus d'un même pays (citoyens).

Dans ces rôles généraux, on peut trouver « l'honnête homme », le « gentleman », le « jeune cadre dynamique », spécifiques à une certaine époque et à une certaine société. Il y a des rôles d'âge, de sexe qui évoluent avec le temps.

Les rôles professionnels évoluent eux aussi du fait de l'évolution technique, du prestige qui leur est associé (ex. : l'instituteur, l'hôtesse de l'air, etc.).

Le rôle et le statut sont donc représentatifs des exigences de la société et du travail, et plus particulièrement de la répartition du pouvoir dans les sociétés considérées.

- le statut est déterminé. On sait donc ce qu'on doit faire : c'est une sécurisation négative ;

- le rôle est actif. On sait ce que l'on fait, on comprend ce que l'on fait. Le rôle permet donc de s'exprimer : c'est une sécurisation positive, plus risquée.

Le problème qui se pose maintenant à l'individu est d'assumer son rôle et son statut. C'est par apprentissage social que cela se fait.

3. Le groupe

Chaque individu appartient à un (ou plusieurs) groupe(s). Il peut s'agir de groupes de travail (un département, un cercle de qualité) ou hors travail (famille, amis). La pluralité des groupes correspond en fait à la réalité sociale qui est différenciée. Mais, si on peut admettre que le groupe correspond à un aspect morphologique de la société, il n'en est pas moins un élément dynamique. Le groupe n'est pas une collection ou une classe logique ni un simple agrégat d'individus.

Le groupe est une **unité collective réelle,** mais partielle, plus ou moins directement observable, fondée sur des attitudes collectives, continues et actives et ayant une œuvre commune à accomplir.

Ceci signifie que l'on a affaire à des liens véritables et non pas occasionnels qui unissent un certain nombre d'individus. La stabilité est bien sûr relative, parce que le groupe est structuré, mais cette structure, comme toute autre, est soumise à des pressions extérieures et intérieures.

Le groupe se maintient donc, tant que son homéostasie le lui permet.

Dans un groupe, il y a des processus d'interaction entre ses membres. Ces interactions reposent avant tout sur la communication existant entre les membres.

Cette communication peut avoir différentes formes. Elle peut être :
- de type « commandement »,
- de type « diffusion d'information ».

Quoi qu'il en soit, le groupe revêt un aspect éducatif. Le groupe apporte des modèles de comportement aux individus. Cette conformité des comportements peut être plus ou moins forte. Elle peut revêtir un aspect cognitif (société contractuelle) ou un aspect affectif (type communautaire).

En règle générale, ces deux aspects sont présents dans la société. Ceci signifie que le(s) groupe(s) de travail au(x)quel(s) appartient le salarié va (vont) influencer de façon considérable son travail, par exemple, par les normes (tant qualitatives que quantitatives) qu'il(s) instaure(nt).

De plus, le groupe peut être **formel** ou **informel.** Autrement dit, il peut être formé de façon quasi institutionnalisée (ex. : une classe d'école, un régiment, un département dans une organisation), ou au contraire se former à partir de relations affectives.

Enfin, des aspects informels peuvent se développer au sein d'un groupe formel, et ainsi court-circuiter la structure théorique, imaginée par la direction, en vue de maîtriser par exemple les flux d'informations. C'est ainsi qu'apparaissent les leadership informels, souvent différents des leaderships formels. Il faut donc « composer », si l'on veut gérer de façon efficace le groupe.

Enfin, dans un groupe, un climat va s'instaurer. Ce peut être un climat de coopération ou de compétition, de cohésion ou de conflit qui eux non plus ne sont pas neutres. Par exemple, de nombreuses expériences démontrent la supériorité du climat de coopération sur celui de compétition.

On peut donc affirmer que le(ou les) groupe auquel appartient le salarié a une influence fondamentale sur le comportement de chacun de ses membres et constitue pour partie la base de la « structure pirate » de toute organisation. Il peut être source de résistance au changement (parce qu'une nouvelle façon de travailler peut remettre en cause l'existence du groupe), de rumeurs (si l'information officielle n'est ni claire, ni disponible), de situations conflictuelles, ensemble d'éléments que le manager ne peut ignorer.

Enfin, l'existence de ces groupes informels (dont l'étude constitue « la sociométrie ») est pratiquement inévitable, car ils correspondent à des besoins des individus. Ce sont essentiellement :

- **le besoin d'affiliation**. L'être humain a besoin d'être accepté par les autres ;

- **le besoin d'identification**. L'être humain en général ne se contente pas d'avoir des amis, il veut pouvoir s'identifier à quelque chose. Or il est plus facile de s'identifier à un petit groupe qu'à une grosse organisation ;

- **le besoin de sécurité**. En effet, dans toute organisation, de nombreuses situations sont menaçantes pour l'individu, qui se sent rassuré de faire partie d'un groupe vivant ou ayant vécu des problèmes équivalents ;

- **le besoin d'estime**. Un individu peut avoir une certaine importance dans un groupe, alors qu'il ne l'a pas dans son entreprise. Il en va de même pour le besoin de pouvoir ;

- **le besoin de pouvoir**. Ce pouvoir informel correspond en grande partie à l'influence que l'individu a sur les membres du groupe ;

- **le besoin de coopération**, pour mieux atteindre les objectifs fixés par la Direction.

En fait, le groupe constitue sans doute la cellule de base sur laquelle le manager devrait raisonner, plutôt que sur l'individu.

Ces groupes ont un comportement qui dépend de l'organisation dans laquelle ils existent.

4. L'environnement interne

L'environnement interne des organisations correspond à l'ensemble des facteurs organisationnels. Il s'agit aussi bien :
- de la composante plus ou moins bureaucratique de l'organisation,
- de la structure mise en place,
- du système de délégation,
- des technologies utilisées,
- du climat de travail,
- du type de leadership, etc.

Autrement dit, il s'agit de tous les éléments qui permettent de caractériser une organisation, et qui conditionnent et même induisent des comportements d'implication plus ou moins grande de la part des salariés, dans leur travail.

Ce sont ces éléments qui constituent, pour l'essentiel, le résultat des grandes lignes d'action de la gestion des ressources humaines. C'est-à-dire que le choix fait sur chacun de ces points, entre les différentes options qui s'offrent, crée « l'environnement organisationnel ».

5. L'environnement externe

L'environnement externe conditionne largement le comportement des individus.

On peut en reprendre les principales composantes, pour tenter d'en préciser l'impact :
- la culture est porteuse d'un ensemble de valeurs, communément admises (valeurs temps, espaces, stéréotypes, etc.). La culture a une influence fondamentale sur la perception des individus qui est d'autant plus importante que cette influence est transparente pour celui qui en est le « jouet ». Chacun est tellement conditionné par sa culture qu'il a tendance à estimer cette composante comme nulle, ou même inexistante ;
- l'environnement légal fournit un corpus de textes législatifs, accordant certains droits et certaines prérogatives aux salariés et au patronat (loi

sur l'égalité professionnelle entre hommes et femmes, loi sur la formation professionnelle, loi sur la flexibilité du travail, etc.) ;

- la conjoncture économique (*cf.* p. 197) ;
- le marché du travail, qui par son état va favoriser le patronat ou les
  salariés, et qui est directement dépendant de la conjoncture économique (taux de chômage, etc.) ;
- la technologie, ou plutôt les révolutions technologiques qui rendent
  obsolètes certaines compétences, en exigent de nouvelles, obligent à
  suivre des formations spécifiques ;
- la famille à laquelle appartient chaque individu qui constitue la base de
  son équilibre ainsi que son cadre de référence. C'est par ce groupe que
  se forment en partie ses normes (de travail, etc.), que s'expliquent ses
  besoins (de sécurité) ;
- la conjoncture économique qui, avec une tendance générale à l'expansion, ou au contraire à la récession, influe considérablement sur l'évolution des salaires, sur la dynamique générale de promotion.

Toutes ces composantes externes influent également sur le management.
C'est son adaptation à ces éléments qui en fait un management performant
et qui explique en partie la réussite d'une entreprise.

Si l'on se resitue au niveau des individus salariés, l'ensemble de ces déterminants (facteurs de personnalité, de groupe, environnement interne et
externe) explique comportement au travail, ainsi que degré de satisfaction
au travail.

La satisfaction au travail peut se définir comme le plaisir et le sentiment
d'accomplissement ressentis par les individus conscients d'avoir parfaitement réalisé leur travail. C'est une notion applicable à tous, quelle que soit
la nature de leur activité professionnelle.

Les individus qui éprouvent une grande satisfaction dans leur travail ont
également en général un «bon moral». Le moral est une attitude mentale
positive ou négative que les employés ont vis-à-vis de leur travail et de
l'organisation dans laquelle ils travaillent. Il reflète jusqu'à quel point les
individus pensent que leur travail satisfait leurs besoins.

Quand les individus sont enthousiastes et satisfaits de leur travail, l'organisation en profite de bien des façons. D'une part, parce qu'ils s'impliquent davantage dans leur travail et leur entreprise. D'autre part, parce
qu'ils ne sont pas prêts à s'engager dans des procédures négatives de
récriminations.

En fait, une organisation qui a des employés satisfaits est une organisation qui est plus efficiente et qui fonctionne avec un minimum de conflits. Il est, par conséquent, fondamental de prendre en compte ces éléments pour gérer le plus efficacement possible le personnel de l'entreprise.

Plusieurs écoles se sont succédées dans le but de trouver les meilleures solutions possibles pour motiver, satisfaire et entraîner les salariés, de façon à être le plus performant possible.

Chapitre 2

LES DIFFÉRENTES ÉCOLES

Depuis un siècle, trois perspectives distinctes ont été utilisées pour étudier la structure organisationnelle. Chacune d'entre elles correspond en fait à un certain nombre d'approches présentant des traits caractéristiques communs fondamentaux.

Ce sont en fait trois écoles de pensée.

La distinction stricte entre ces trois écoles est complexe, car elles sont partiellement conflictuelles, elles se recoupent partiellement, et sont partiellement complémentaires.

Leur connaissance semble incontournable car elles sous-tendent tous les travaux faits sur les organisations et permettent de comprendre pourquoi tel analyste pense par exemple que les organisations ont de gros problèmes lorsqu'elles veulent changer leur structure, tandis que tel autre assure que le changement est facile et continu.

Ces trois perspectives peuvent être considérées comme les vues rationnelles puis naturelles et enfin en système ouvert de l'organisation. Elles sont présentées ici dans leur ordre chronologique d'apparition. Pour chacune d'elles, sont analysés les concepts de base, les principes d'organisation, quelques applications sont présentées et enfin leurs conséquences et limites sont évoquées.

1. L'École Classique

L'École Classique, née au début du XXe siècle, a vu se développer une conception rationaliste et mécaniste de l'organisation.

Cette école, amplement critiquable et critiquée, a néanmoins eu le mérite de poser le problème : l'entreprise combine des tâches et des individus, compte tenu de son but et de ses objectifs [1]. Il s'agit de trouver un critère qui permette de combiner tous les agents dans une structure d'ordre. Il doit y avoir un moyen d'obtenir la meilleure structure dans l'entreprise, c'est véritablement un point de vue idéologique.

1.1. Le postulat de base

Cette théorie repose sur un **postulat de base**, la **rationalité** que l'on retrouve conjuguée selon trois axes et qui nous amène à :

- la **rationalité du monde**. L'univers scientifique est constitué d'objets, qui sont des entités closes, observées par des expérimenteurs membres, selon des méthodes scientifiques, qui peuvent ainsi dégager des lois éternelles gouvernant ces objets.

- « l'**homo-economicus** » est la conception de l'homme correspondant à ce monde rationnel. L'homme est rationnel, il est uniquement motivé par le gain. Par conséquent, si les conséquences matérielles sont en rapport direct avec les efforts fournis, le travailleur y répond en réalisant la performance maximale dont il est capable.

- l'**entreprise est rationnelle**. Il est donc possible de réaliser la conjonction des intérêts à l'intérieur de l'entreprise – patronat et salariés – dans la mesure où les partenaires s'opposent autour de problèmes qui sont en grande partie observables et mesurables (temps, conditions de travail, etc.). Donc le conflit social disparaît si la détermination de ces grandeurs devient scientifique, au lieu d'être l'enjeu du conflit. D'où le souci de rationaliser le travail selon les méthodes scientifiques, de façon à trouver la meilleure solution possible – « *the one best way* ». La solution juste demande une formation scientifique, c'est la raison pour laquelle on confie aux gens compétents le rôle de direction.

1.2. Les principes d'organisation

1.2.1. La division du travail

La structure est fondée sur la division du travail (dont la première analyse se trouve chez A. Smith). Pour Taylor, la division du travail consiste

---

1) Un but combine plusieurs objectifs. Le but est qualitatif, tandis que les objectifs sont quantitatifs.

essentiellement à séparer la direction (conception) de l'exécution. Ce ne sont pas les mêmes individus qui conçoivent, planifient, préparent et exécutent le travail. Il s'agit donc d'une division hiérarchique de type vertical.

Sa raison d'être réside dans l'amélioration du rendement technique de l'organisation, la croissance d'une entreprise n'étant possible qu'avec la spécialisation et la séparation des fonctions.

Plus un travail peut être fragmenté en tâches parcellaires simples, plus l'ouvrier est spécialisé et donc habile à réaliser sa part de travail.

La structure dépend de la direction dans laquelle se fait la spécialisation des activités au cours du développement de l'organisation.

La théorie classique traite de deux structures de base : la chaîne de commandement directe qui dérive des fonctions organiques et la structure fonctionnelle (TAYLOR).

L'organisation administrative est généralement traitée comme une fonction de conseil qui facilite la tâche de la fonction de production.

Le corollaire de la spécialisation des fonctions est l'unité d'action qui suppose l'unité de commandement et une hiérarchie déterminée.

Du point de vue classique, **la coordination** est facilitée si un individu ne dépend que d'un seul patron dans un système hiérarchique où l'autorité, dérivée de la position occupée, est définie sans ambiguïté possible. Les classiques considéraient que, pour réaliser un maximum d'efficacité dans la coordination, il fallait qu'un supérieur ait la responsabilité d'un nombre limité de subordonnés. Une telle conception s'est traduite par une tendance à la supervision étroite et à la délégation minimale de l'autorité. Le souci de contrôle amène à installer une structure organisationnelle verticale où les activités d'état-major sont réduites à un simple rôle de conseil.

Le commandement retenu est de type autoritaire. Toute ligne d'action est déterminée par le chef qui indique ce qu'il faut faire, comment le faire et avec qui le faire.

Le salarié est entouré par un ensemble de contrôles (récompenses-punitions) qui ne lui laissent qu'une liberté théorique. On considère le travailleur comme un instrument inerte qui doit effectuer les tâches qui lui sont affectées. Les salariés dans leur globalité sont considérés comme une donnée fixe, régie par des paramètres facilement quantifiables (âge, sexe, formation, etc.).

L'organigramme est apte à présenter les différentes relations qui existent entre les individus. Les ambiguïtés sont, *a priori*, écartées : l'organisation classique ne connaît pas le conflit qui est assimilé à un désordre.

Ceci correspond au second principe suivant :

1.2.2. L'exigence d'ordre et d'harmonie

Cette exigence est fondée sur la raison, l'observation scrupuleuse des lois de l'organisation. Ces lois ont donc défini le meilleur travail pour le meilleur salaire. Par conséquent, pour Taylor, les syndicats n'ont aucune raison d'apparaître.

1.2.3. L'individualisme

Selon le troisième principe, seul l'individu existe, et les seuls déterminants à prendre en compte sont ceux de l'individu, aussi bien au niveau psychologique qu'intellectuel ou psychologique (attachement hédonistique au gain).

Ce principe explique la logique générale d'individualisation des tâches, de méfiance vis-à-vis du travail en groupe et des primes collectives.

Ces principes de base ont été appliqués à différents domaines, par différents auteurs.

1.3. Quelques applications

On peut en faire un rappel plus ou moins large, sous forme d'un tableau où apparaissent les auteurs concernés, leur domaine d'application et les conclusions auxquelles ils sont arrivés.

Tableau 2 - *Quelques grands auteurs de l'École Classique*

AUTEURS	DOMAINES	CONCLUSIONS
Frederick TAYLOR (1856-1915) *« Père de l'organisation scientifique du travail »*	Travail de production	La division du travail doit permettre : – d'accroître la productivité – de motiver les travailleurs (par des gains >).
Frank GILBRETH (1868-1924) *« Père de l'ergonomie »*	—	La mise au point d'une typologie des gestes qui permet d'augmenter la productivité. *« Les therbligs »*.
Henry L. GANTT (1861-1919) *« Le protégé de Taylor »*	—	La fourniture d'un outil du suivi de la production. Introduit la variable « Temps ». Il faut vérifier que la production est ou sera faite à temps. *« Diagramme de Gantt »*.
Henry FAYOL (1845-1925) *« Père de la théorie moderne du management »*	Travail administratif	Les profils requis ne sont pas les mêmes suivant les niveaux de management : – niveau bas : profil technique, – niveau supérieur : capacité de management, – réflexion sur la nature du management, – 14 principes de base d'organisation administrative : • division du travail, • niveaux autorité et responsabilité doivent être équivalents, • discipline, • unité de commandement, • unité de management, • subordination des intérêts personnels au but de l'organisation, • rémunération du personnel est l'outil de motivation, • équilibre à réaliser entre centralisation et décentralisation, • hiérarchie claire, • ordre (une place pour chaque chose...), • stabilité du personnel, • initiative pour les managers, • esprit de corps.
Mary PARKER FOLLET (1868-1933) *« Philosophie du management »*	—	– La loi de la situation : c'est la situation qui doit dicter l'autorité (c'est-à-dire la compétence et non la ligne hiérarchique). – La résolution des conflits : on peut trouver dans tout conflit une solution satisfaisante pour tous. – Le rôle social du management.

$\rightarrow$

(suite)

AUTEURS	DOMAINES	CONCLUSIONS
James MOONEY (1884-1957)	Analyse de la fonction «organisation» dans tous les domaines d'activité : armée, église, industrie	La coordination est l'élément fondamental qui permet l'unité de l'organisation et garantit la poursuite d'un objectif commun.
Lyndall F. URWICK (1894-1983)	Étude comparative des grands auteurs en organisation	Le management est scientifique. Mise en évidence de l'accord de base de tous les grands auteurs.
Max WEBER (1864-1920) « Père de la bureaucratie »		La Bureaucratie : corpus de règles neutres devant permettre l'organisation rationnelle optimale de la fonction administrative : – > distinction propriété privée et propriété de l'organisation, – > l'homme n'est pas propriétaire de sa fonction, – > la compétence détermine le statut, – > les règles doivent être impersonnelles et générales, – > la hiérarchie est établie en fonction des compétences. Rationalité formelle : c'est-à-dire ici rationalité de valeur (adéquation entre le comportement de l'homme et le système de valeurs auquel il obéit).

1.4. Conséquences et limites

L'ensemble de ces recherches a abouti à un certain nombre de conséquences parfois fâcheuses.

En effet, le commandement autoritaire et le contrôle étroit créent un certain climat dans l'entreprise. On observe une extrême personnalisation de relations entre les chefs et les subordonnés au détriment des exigences objectives de la tâche. Les individus ont tendance à s'identifier au chef qui entretient soigneusement ce genre de comportement. La coopération régresse au profit de l'agressivité, ce qui nuit au climat donc au fonctionnement de l'ensemble.

Cette école a eu le mérite de poser le problème soulevé par la première révolution industrielle qui fut possible grâce à deux personnalités :

- James WATT qui, en 1781, inventa la machine à vapeur,

  et

- Adam SMITH qui popularisa, en 1776, le concept de division du travail.

Cette école a répondu au problème de l'époque : organiser la nouvelle production standardisée et accroître la productivité pour permettre un accroissement de l'output. Néanmoins, l'histoire montre que l'École Classique a été confrontée au dilemme efficacité-satisfaction qu'elle n'a pu résoudre compte tenu de ses postulats. Il faut alors admettre que les dysfonctionnements de l'organisation ne sont pas des résidus et, en conséquence, réexaminer la logique de la structure théorique.

2. L'école des relations humaines

Cette école constitue une réaction envers l'approche formelle classique. Elle n'a pas à proprement parler de théorie. C'est plutôt un regroupement de tous ceux qui ont voulu pallier les insuffisances de la théorie classique, et qui ont ainsi remis en cause le modèle de l'« homo-economicus » et les hypothèses de la rationalité et de l'individualisme.

On considère souvent que ces deux écoles se succèdent. En fait, en même temps que les théoriciens de l'École Classique travaillent sur certaines bases, d'autres chercheurs s'intéressent au comportement humain dans le travail. Leurs recherches sont donc fondées sur de nouveaux concepts.

2.1. Les concepts

2.1.1. L'« homo-socius »

Le travailleur n'est pas seulement motivé par la recherche du gain et la crainte des sanctions. Pourtant, d'autres motivations existent telles que le besoin de connaissance et de compréhension du travail, le besoin d'accomplissement de soi-même, ainsi que des besoins affectifs de participation au groupe. La productivité du travailleur est en corrélation avec son affiliation au groupe de travail et au climat qui y règne. De plus, il n'existe pas de relation simple et directe entre les conditions physiques du travail et le taux de la production. L'organisation froide et « rationnelle » préconisée par les classiques n'est pas la plus satisfaisante.

2.1.2. La nouvelle rationalité

L'école des « relations humaines » ne croit pas que la direction soit capable de créer une organisation qui satisfasse les travailleurs en répartissant simplement le travail et l'autorité de la manière la plus efficace, en fonction de la nature intrinsèque des tâches. Mais elle pense, comme l'École Classique, qu'il est possible de lier satisfaction du travailleur et productivité. L'organisation la plus satisfaisante pour l'ouvrier doit être la plus efficace. Une fois comprises la nature réelle des besoins des travailleurs et l'organisation de leurs groupes informels, rien n'empêche la direction de rendre la vie plus heureuse dans l'entreprise.

2.2. Principes d'organisation

Il n'existe pas réellement de « nouveaux principes » d'organisation, mais plutôt la prise en compte d'éléments de réflexion fondés sur les résultats de la recherche dans les sciences du comportement.

2.2.1. La structure informelle

Cette structure, reposant sur des **relations sociales**, sur la vie des groupes, n'est pas mise en évidence dans l'organigramme officiel.

Pourtant, la logique des rapports formels n'est pas la seule forme de logique qui règne dans les organisations humaines. Il existe des systèmes d'influence, de pouvoir, de décision qui suivent leur logique propre qui ne correspond pas à celle prescrite dans la structure formelle.

On abandonne ainsi, au niveau de l'organisation pratique, l'idée d'une organisation en services super-spécialisés à une organisation par groupe.

2.2.2. Le groupe

Pour cette école, l'unité de base n'est plus l'individu, mais le groupe restreint, de base. C'est ce groupe qui est l'unité la plus proche d'observations.

Comme nous l'avons dit, on a remarqué que dans la recherche de l'efficacité, il n'y a pas que la recherche du gain, mais également la recherche de dignité, prestige, compréhension, etc.

Autrement dit, il est nécessaire d'abandonner l'atomicité individuelle. On remarque que c'est au moment où ce courant connaît un vrai succès (1930...) que le même concept est abandonné en économie, où on passe de l'atomicité des marchés à l'analyse de structuration des marchés.

C'est avec cette école que l'on va se rendre compte que l'information est insuffisante, que des communications informelles existent, et qu'il est important de pouvoir transmettre ses idées, sentiments à une autre personne (autre groupe), ce qui constitue un processus d'influence sur autrui en vue du contrôle et de la régulation de ses activités.

Le Groupe aide donc l'homme à se réaliser.

Enfin, lorsqu'un individu appartient à un groupe, il se comporte suivant les normes du groupe. Donc, si l'on veut vaincre un problème, comme la résistance au changement, il faut s'attaquer au groupe et non à l'individu.

2.3. Quelques applications

De nombreux auteurs peuvent ici aussi être considérés comme appartenant à cette école.

Certains ont effectué leur recherche et sont arrivés à certaines conclusions, de façon opposée mais simultanée à l'École Classique, d'autres leur ont, au contraire, succédé.

Tableau 3 - Quelques grands auteurs de l'École des Relations Humaines

AUTEURS	DOMAINES	CONCLUSIONS
Hugo MUNSTERBERG (1863-1916) « Le père de la psychologie industrielle ».	Expérience de laboratoire	Construction du « pont » entre l'organisation scientifique et l'efficacité industrielle, par la prise en compte des problèmes psychologiques et mentaux. Mise au point de tests psychologiques visant à faciliter le recrutement (un poste : un profil psychologique, quel que soit son niveau hiérarchique dans l'organisation).
Lilian M. GILBRETH (1878-1972) « La First lady du management »	– id. –	Mise en évidence de l'importance de la psychologie sur le comportement individuel au travail. Mise en évidence de trois styles de management : – traditionnel : manager dur qui croit dans l'unité de commandement et l'autorité centralisée, – scientifique : sélection minutieuse du personnel, utilisation des motivations, prise en compte du bien-être des travailleurs, – transitoire : à mi-chemin entre traditionnel et scientifique.
Elton MAYO (1880-1949) «Le père de l'École des relations humaines»	Expérience à la *Western Electric Company* à Hawthorne dans l'Illinois **Quatre phases :** *1. - Expérience sur la lumière.* But : mesurer l'effet de l'éclairage sur la productivité. Durée : 2 ans 1/2. *2. - Isolation du groupe d'expérimentation dans une salle.* But : étudier leur comportement au travail face à des m o d i f i c a t i o n s d'environnement (physique + pauses + temps de travail plus courts + absence de la hiérarchie). Durée : 3 ans. *3. - Programmes d'interviews.*	**Résultats :** aucun **Conclusion :** on ne peut isoler un facteur physique de production et connaître son impact, trop d'éléments entrent en jeu. **Résultats :** la productivité augmente même si les changements positifs opérés (pauses, etc.) disparaissent. **Conclusion :** les changements des conditions sociales de travail et des méthodes de supervision modifient les attitudes et sont à l'origine d'augmentations de productivité. **Conclusion :** la performance dépend de la position, du statut dans l'organisation, qui sont déterminés par les membres du groupe. Il faut donc travailler sur le groupe et non l'individu.

$\rightarrow$

La gestion des ressources humaines

(suite)

AUTEURS	DOMAINES	CONCLUSIONS
Elton MAYO *(suite)*	But : Comprendre les résultats obtenus en phase 2. Les expliquer de façon approfondie. Durée : 2 ans. Méthode : discussion libre où chaque employé choisit les thèmes qu'il souhaite aborder.	
	4. - Observation d'un groupe de montage. But : Observer le fonctionnement, le comportement d'un groupe de travail.	**Conclusion :** des normes existent dans le groupe de travail et des règles, telles que : – *« Vous ne devez pas trop travailler »*. – *« Vous devez fournir un travail minimum »*. – *« Vous ne devez pas cafarder auprès d'un supérieur »*... Les normes sont respectées, par peur d'être exclu du groupe.
Chester I. BARNARD (1886-1961) *«Père du béhaviorisme»*	Expérience professionnelle et synthèse caustique des écrits.	1. - Mise en évidence des fonctions du cadre : – établir et maintenir un système de communication dans l'entreprise, – recruter le meilleur personnel et le récompenser, – formuler les buts et objectifs de l'entreprise. 2. - Théorie sur l'autorité : donner des ordres ne suffit pas. Les ordres doivent être compris, ressentis comme cohérents par rapport aux buts de l'organisation et ses buts personnels. Enfin, chacun doit se sentir capable de les réaliser. Mise en évidence de la «zone d'indifférence» de non-adhésion, mais aussi de non-refus.

Ces quatre grands chercheurs ont créé une école, mais de nombreux autres les suivent aujourd'hui. Des milliers de psychosociologues, anthropologues, psychologues dans l'industrie sont aujourd'hui intéressés par les Sciences du comportement qui s'étendent de l'individu au groupe et enfin aux grosses organisations (comportement individuel, comportement de groupe, développement organisationnel). C'est la raison pour laquelle on pourrait longuement poursuivre cette liste et y trouver des noms tels que MASLOW, LEWIN, ARGYRIS, HERZBERG et bien d'autres.

Nous n'avons cité ici que le « noyau dur » de cette école.

2.4. Conséquences et limites

La mise en avant du groupe entraîne un certain nombre de conséquences. Par exemple, en termes de commandement et de contrôle, pour les tenants de l'École des Relations Humaines, il faut choisir le **style démocratique de commandement** [1]. Le chef démocratique laisse à tous les membres du groupe la possibilité de discuter les programmes en cours d'élaboration ; il encourage même le groupe à prendre des décisions. La discussion est tournée vers l'avenir de l'entreprise et le groupe est associé aux plans que l'on élabore. Le chef doit s'efforcer de jouer le rôle de « leader formel » et, en conséquence, doit se préoccuper plus de son rôle que de son statut.

S'opposant au parti pris classique d'une supervision étroite, l'École des Relations Humaines préconise une supervision plus lâche. Il faut préférer au contrôle l'**auto-contrôle** qui, dans les faits, est plus économique pour l'organisation et plus stimulant pour le travailleur. Les subordonnés doivent voir leur responsabilité reconnue et même accrue, ce qui développe les qualités de chacun. L'objectif de ce système est de satisfaire les motivations essentielles de l'individu tout en assurant une bonne efficacité à l'entreprise.

Le commandement démocratique ne doit pas faire oublier les contraintes que connaît l'entreprise ; par conséquent, il s'agit d'instaurer et de maintenir un équilibre souple entre les aspirations individuelles et les obligations qui s'imposent à l'entreprise. Une solution à ce problème est fournie par les méthodes dites du « commandement par objectif ». Mais il ne faut pas oublier que, pour introduire la liberté en son sein, l'entreprise doit être relativement libre à l'égard de son environnement (conjoncture et taille).

De même, les relations humaines réelles existant dans les organisations ne sont pas celles que décrit l'organigramme, mais des relations entre des groupes imbriqués et interdépendants. Il ne faut donc pas ignorer les

---

1) Il existe en fait 3 types de commandement qui sont :
– le commandement autocratique,
– le commandement démocratique,
– le laisser-faire.
Le commandement autocratique consiste à ne laisser aux membres du groupe aucune initiative, à être extrêmement directif, précisant à chacun ce qu'il doit faire, comment et quand il doit le faire. Certaines expériences ont démontré que ce mode de fonctionnement préconisé par les Classiques tendait à être celui permettant le plus fort rendement chez les exécutants. À l'opposé, le style «laisser-faire» consiste à laisser toute liberté aux membres du groupe pour organiser et exécuter leur travail. Ce système qui n'autorise que de médiocres résultats semble cependant être préférable à chaque fois que l'on s'adresse à des équipes de recherche. Le style démocratique se situe donc entre ces deux extrêmes.

besoins sociaux des individus. D'autant que le travailleur est plus sensible aux forces sociales du groupe de ses égaux qu'aux stimulants et aux contrôles de ses supérieurs.

Cette reconnaissance des **besoins socioprofessionnels** repose sur un contrat psychologique entre l'homme et l'organisation, qui suppose d'utiliser les sciences du comportement. Le risque, bien sûr, est d'aboutir à une manipulation plutôt qu'à l'installation d'un nouveau type de rapport. La fausse liberté qui en serait issue si l'on voulait canaliser tous les rapports informels irait à l'encontre de l'objet même de cette école.

Enfin, cette école d'un apport indiscutable est néanmoins incomplète, en ce sens qu'elle s'est centrée sur le fonctionnement de l'individu et des groupes, et a « oublié » un certain nombre de facteurs fondamentaux pour la gestion de l'entreprise.

C'est ce que tente de faire la troisième école : l'École Moderne.

3. L'École Moderne

L'École Moderne a construit ses fondations sur les grands courants de pensée dont nous venons de parler, dont l'origine était la première révolution industrielle.

Celle-ci a engendré, comme nous l'avons dit, le courant Classique qui, après s'être penché sur le problème de l'efficience des opérations de production, s'est tourné vers l'étude des problèmes administratifs et vers l'étude des relations humaines pour former plus tard l'École des Relations Humaines.

Ce sont effectivement là les trois bases de l'École Moderne que l'on peut schématiser ainsi :

Schéma 3 - Les bases de l'École Moderne

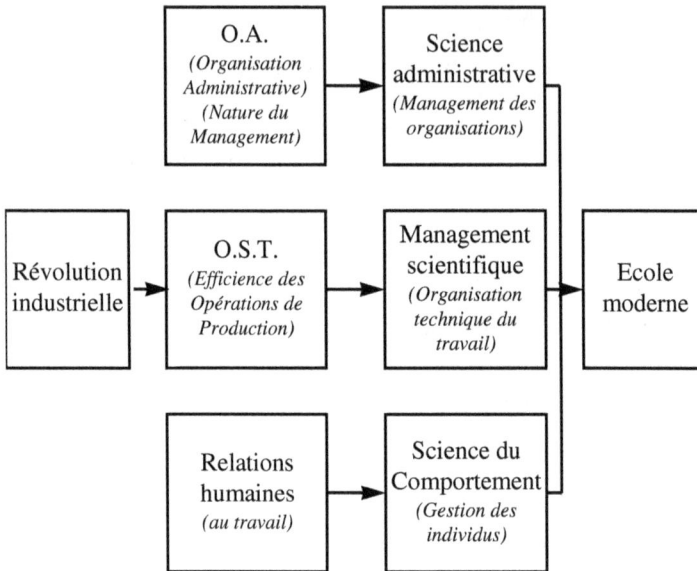

Cette nouvelle approche a permis de prendre en compte des facteurs complémentaires tels que la technologie, des aspects informationnels et décisionnels de l'organisation et enfin d'envisager l'organisation comme un système.

En fait, contrairement aux écoles vues précédemment, l'École Moderne ne constitue pas une doctrine homogène. Chaque chercheur met l'accent sur ce qui le concerne plus directement. Cependant la tendance commune apparaît dans l'effort fait pour considérer les systèmes humains dans leur totalité.

3.1. Les concepts

3.1.1. L'organisation

Le terme organisation revêt une identité neuve. C'est « *une coordination rationnelle des activités, d'un certain nombre de personnes en vue de poursuivre*

La gestion des ressources humaines

des buts et des objectifs explicites en commun, pour une division du travail et par une hiérarchie de l'autorité et des responsabilités » (SCHEIN).

Le but ou la finalité poursuivis (augmentation de la part de marché...) doivent être explicités et pour être opérationnels, décomposés en objectifs (de production, gestion du personnel, etc.).

Ils correspondent à la stratégie de l'entreprise, par opposition à l'objectif qui correspond à la tactique (court terme). De plus, l'organisation est intégrée dans son environnement. Cette intégration est complexe, c'est-à-dire que l'environnement fait pression sur l'organisation qui, à son tour, réagit.

L'organisation fonctionne comme un système social. Elle évolue dans un environnement, c'est-à-dire que son fonctionnement est économique mais également culturel (systèmes de connaissances, de techniques, d'attitudes, etc.).

Par conséquent chaque entreprise est le domaine d'une « sous-culture » (un système d'idées propres au groupe, des centres d'intérêts particuliers, etc.).

Enfin, une des caractéristiques les plus fondamentales de l'organisation est son aptitude à transformer de la diversité en unité sans annuler la diversité.

L'exigence de l'ordre répétitif entraîne l'impossibilité de diversité interne et se traduit par des systèmes pauvrement organisés. À l'autre extrême, une grande diversité risque de faire éclater l'organisation et se transforme en dispersion. Il convient d'ajouter à cela qu'il n'y a pas d'optimum abstrait entre l'ordre répétitif et la variété et cela car l'environnement interne comme externe évoluent sans cesse.

3.1.2. La différenciation des fonctions et des rôles

Les fonctions des agents de l'organisation sont différenciées, mais néanmoins interdépendantes (tant en termes formels qu'informels). La différenciation verticale, hiérarchique existe quelle que soit l'organisation considérée. Autrement dit, il y a toujours une différenciation des rôles de pouvoir et de responsabilité. D'ailleurs ces rôles peuvent être vécus et perçus différemment par les individus.

En règle générale, la communication, qui s'établit entre des gens ayant des rôles différents, est conflictuelle (SIMON, MARCH, CYERT) notamment entre les groupes et les sous-groupes de l'entreprise.

Compte tenu de toutes ces différenciations, la **fonction d'intégration** est fondamentale. Son objectif est de garder le contrôle des conflits et de sauvegarder la cohésion, la cohérence du système organisationnel.

De toute façon, les membres de l'organisation participent inégalement à la vie de l'entreprise, ceci en raison de différences de motivations, de capacité et de différences dans les normes de motivation, de capacité et de comportement. Il faut admettre que les comportements des individus diffèrent et il est vain de leur demander de s'intégrer entièrement à l'organisation.

3.1.3. L'homme complexe

L'homme n'est pas seulement une main ou un cœur, mais aussi une tête. Il peut donc réagir contre la standardisation taylorienne et contre la manipulation psychologique.

L'homme est complexe en soi, par la **multiplicité de ses besoins et ses potentialités** ; de plus, il est toujours différent de son voisin par les schémas de sa personnalité. De plus, l'homme est variable (la hiérarchie de ses mobiles évolue dans le temps). Il est capable d'acquérir de nouvelles motivations (par ses expériences dans l'organisation). Son comportement change en fonction du milieu dans lequel il évolue. Enfin la nature de la tâche, ses capacités, son entourage, ses projets déterminent ses motivations.

Par conséquent, il n'y a pas de stratégie de commandement universellement bonne pour tous à toute époque.

3.1.4. La nouvelle rationalité

Pour être réaliste, il faut avoir conscience que ni la direction ni l'agent d'exécution ne recherchent la solution optimale. Chacun s'arrête, plus ou moins consciemment, à la première **solution satisfaisante** trouvée. De plus, la satisfaction de chacun dépend de son système de valeurs et de sa perception de la réalité (SIMON, MARCH).

Cette « rationalité limitée » s'explique également par le fait que l'homme est incapable d'optimiser l'utilisation des ressources économiques dont il dispose, faute d'une information parfaite.

3.1.5. La théorie des systèmes

Cette théorie s'est développée depuis la seconde moitié des années 50. Elle répond à un besoin ressenti par des ingénieurs, biologistes, sociologues, etc.

Elle vise à expliquer le comportement de l'ensemble «système», en fonction de l'activité des composants et en fonction de leur relation avec l'environnement. Le but est donc de créer une science d'« **Universaux organisationnels** », c'est-à-dire une science universelle dont le point de départ serait constitué par les éléments et les processus communs à tous les systèmes.

En fait, dès que des interrelations entre des éléments ont un caractère régulier et stable, elles deviennent organisationnelles. L'agencement de ces relations entre les composantes produit donc un tout unitaire, un système (ici l'organisation) qui accomplit une fonction dans l'environnement.

Schéma 4 - L'organisation comme un système

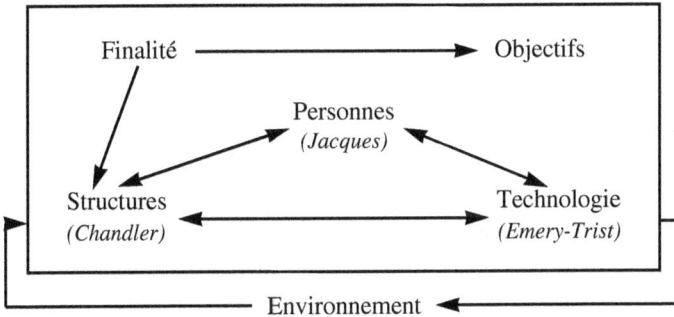

Mais tout système est un sous-système d'un système plus vaste. Il se pose par conséquent le problème des limites.

Le système prend la place de l'objet simple et substantiel, isolé, dans un espace neutre. Il est rebelle à la réduction de ses éléments.

L'enchaînement de systèmes élimine l'idée d'objet clos et autosuffisant.

3.2. Les principes d'organisation

3.2.1. De l'anti-organisation à l'organisation en réseau

Il n'y a d'organisation sans anti-organisation. L'anti-organisation est à la fois nécessaire et antagoniste à l'organisation. Il faut admettre à la fois l'utilité du désordre ainsi que le danger qu'il représente.

Pour l'entreprise, il s'agit donc de rester adaptée à son environnement, en choisissant une structure qui ne soit pas considérée comme immuable. La structure devient ainsi un ordre ouvert sur le milieu.

Le changement d'une structure en une autre doit être effectué en tant que système d'interaction stable, c'est-à-dire maîtrisé. Le choix d'une structure devient alors un élément important de la politique générale de l'entreprise. Il faut admettre qu'il n'existe pas d'organisation idéale ; la nature de la tâche ainsi que la nature des hommes conditionnent l'organisation qu'il faut mettre en place.

De plus, le développement exponentiel des NTIC et de leurs applications multiples amène à de nouveaux types de structure, avec de nouvelles logiques de fonctionnement basés essentiellement sur :

- la place nouvelle faîte à la communication. Cette dernière est directement liée aux nouvelles capacités de recherche, collecte, et échange d'informations, et à des coûts de transaction plus faibles (au moins théoriquement).

- Le développement de groupes d'entreprises, réunies sous la forme de réseaux, dans le but de créer de la valeur, grâce à différents types de contrats d'alliances et/ou de partenariats.

- L'oubli progressif des « frontières » de l'entreprise. Les salariés ne sont plus nécessairement physiquement présents dans l'organisation, les liens sont parfois plus contractuels que hiérarchiques (ce qui génère un nouveau type de management ou e-management).

  Quant à l'entreprise, elle se retrouve partie prenante dans un ou plusieurs réseau(x), le plus souvent international(aux). Certaines de ces entreprises deviennent le manager de leur réseau (elles en sont alors le centre). Elles doivent alors identifier les actions à engager pour permettre à chacun de se développer au mieux (économies d'échelle, flexibilité, etc.), ou encore pour développer un projet commun.

- L'éclatement des grosses structures en BSU (Business Strategic Unit) bâtis comme des centres de profits, vus comme des PME reliées entre elles mais bénéficiant d'un certain degré d'autonomie.

Enfin, notons que les plus récents courants de recherche que sont l'écologie des populations (qui s'attache à l'étude des routines de travail), et l'évolutionnisme (qui s'attache aux organisations elles-mêmes), considèrent que les organisations, comme les hommes, naissent, vivent et disparaissent. Une véritable sélection « naturelle » s'opère, au-travers d'un ensemble de contraintes environnementales (encore que pour certains auteurs comme J. PFEFFER, les organisations peuvent avoir des stratégies visant à modifier leur environnement).

Les organisations qui survivront sont celles qui parviendront à capitaliser leur savoir-faire essentiellement en termes de processus. Ces savoirs-faire font partie des ressources rares, difficilement imitables à court terme, et à ce titre sont stratégiques pour l'entreprise. Elles doivent être considérées au même niveau que les clients ou les capitaux, car elles doivent permettre à l'entreprise qui les détient de se construire un avantage concurrentiel durable.

Ces nouvelles approches mettent en perspective le contenu éminemment stratégique de l'organisation.

3.2.2. La négociation

La relation de base entre les membres de l'organisation est la relation de négociation. Ceci est particulièrement vrai dans la relation chef-subordonné, qui est un rapport de réciprocité visant à établir un contrat viable entre eux.

Les organisations sont considérées comme composées d'ensembles de comportements humains qui sont en interaction les uns avec les autres. L'entreprise est une **coalition politique** complexe avec des conflits et des terrains d'entente. Les décisions sont souvent le résultat de marchandages et le chef a une dimension politique (chef-arbitre).

Ayant sous ses ordres des hommes dont les capacités et les motivations sont si variables, il doit être capable de percevoir et d'apprécier les différences. Et puis, au lieu de les considérer comme de pénibles réalités qu'il serait désirable d'effacer, il doit apprendre à attacher de la valeur à ces différences. En conséquence, il doit avoir la souplesse d'adaptation nécessaire pour faire varier son comportement de façon à traiter différemment les subordonnés qui ont des besoins et des mobiles différents. Le chef sait être tantôt très dirigiste avec tel employé et à tel moment, tantôt très peu avec tel autre à un autre moment. La souplesse du chef répond à la souplesse de l'organisation.

3.2.3. Les conflits

Le conflit correspond à la réalité de l'organisation. Les relations entre les salariés sont déterminées par la confrontation de deux dynamiques : celle de l'organisation et celle du milieu, et constitue la mémoire sociale de l'organisation. Ce facteur est très important parce qu'il explique pour bonne part les limites à tout changement.

De plus, les conflits sont inévitables et même utiles, s'ils permettent à l'entreprise d'adapter sa structure. Si on admet que le pouvoir repose très souvent sur la maîtrise de l'information, c'est en termes de circulation qu'il faut aborder les relations entre individus. C'est l'incertitude ou le manque d'information sur l'avenir qui provoque le stress et entraîne les fausses informations ou rumeurs, mais ces dernières sont toujours présentes dans une organisation car il n'y a pas de fonctionnement sans dysfonctionnement.

3.3. Quelques applications de synthèse

Nous retiendrons ici deux grands auteurs : H. MINTZBERG et M. PORTER.

Auteurs	Domaines	Conclusions
Henry Mintzberg (1939-19..)	Observation sur place d'entreprises et de leurs dirigeants.	1. - Le manager moderne ressemble énormément au patron du XIXe siècle. Il remplit essentiellement trois catégories de rôles : – de contact (interne et externe), – d'information (rechercher et diffuser), – de décision (entreprendre, gérer les troubles, répartir les ressources et négocier). 2. - Les choix de structure sont faits en fonction de la situation de l'organisation. Il existe une logique entre les facteurs de contingence et les paramètres de conception. Il existe cinq types de structure correspondant à un mécanisme de coordination spécifique : – structure simple <--> supervision directe, – bureaucratie mécaniste <--> standardisation travail, – bureaucratie professionnelle <--> standardisation des qualifications, – structure divisionnalisée <--> standardisation des produits, – adhocratie <--> ajustement mutuel. 3. - Le cadre supérieur qui réussit privilégie l'hémisphère droit de son cerveau – l'intuition – au détriment de l'hémisphère gauche – l'analyse.

$\rightarrow$

La gestion des ressources humaines

(suite)

Auteurs	Domaines	Conclusions
Michael E. PORTER (1947-19..)	Analyse de la compétitivité de différents pays, puis entreprises.	1. - Analyse de la situation concurrentielle à partir de cinq « forces » qui régissent la compétition : – rivalité entre les entreprises concurrentes, – menace de nouveaux entrants, – menace de produits substituts, – pouvoir de négociation des fournisseurs, – pouvoir de négociation des clients. 2. - La chaîne de valeur : méthode permettant d'évaluer la position concurrentielle d'une entreprise. Repose sur l'analyse de l'ensemble des activités et de leurs interactions. Permet de découvrir l'origine et l'influence des coûts et de découvrir les sources potentielles de différenciation.

Deux auteurs seulement sont présentés ici, car, selon nous, il s'agit des deux « Grands Innovateurs » de ces dernières années, qui ont su, synthèse faite des recherches antérieures, fournir de nouvelles directions de recherche.

Chapitre 3

LA GESTION
DES RESSOURCES HUMAINES

La Gestion des Ressources Humaines a pris, au fur et à mesure que les entreprises grandissaient, un poids nouveau. De plus, différentes tendances environnementales lourdes telles que la globalisation des marchés, l'évolution technologique, les politiques d'investissement des entreprises et le ralentissement de la croissance obligent la gestion des ressources humaines à évoluer considérablement.

Trois étapes semblent fondamentales dans la gestion des ressources humaines.

Il s'agit :
- de gérer les nouveaux salariés (les procédures d'embauche),
- « d'entretenir » le personnel existant (le suivi des salariés dans l'entreprise),
- de gérer les départs, dont les licenciements,
- de prévoir les besoins futurs en compétences de l'entreprise (gestion prévisionnelle des ressources humaines).

C'est selon cet ordre chronologique que sont évoqués ici les outils de gestion des ressources humaines.

La Gestion des Ressources Humaines est une technique relativement nouvelle qui désigne ce qu'on appelait autrefois la « Gestion du personnel ». L'évolution de la dénomination est significative en ce sens qu'elle a troqué une connotation négative contre une connotation positive.

Le personnel est plutôt synonyme de coût, alors que l'on parle à présent de ressources... un élément dont il va falloir s'occuper de façon à le rendre le plus « profitable » possible. Autrement dit, il s'agit :

- de savoir trouver et s'approprier cette « ressource »,

- de savoir la motiver, la stimuler,

- de savoir la développer.

Ces trois missions de base de la Gestion des Ressources Humaines doivent néanmoins s'effectuer en respectant l'environnement. Ce dernier apparaît essentiellement comme une contrainte, en termes :

- d'environnement législatif,

- d'environnement économique,

- d'environnement technologique,

- d'environnement socioculturel.

* **L'environnement législatif** se caractérise par une multiplication des textes visant à protéger les salariés, tant au niveau des activités syndicales que des formations, que des licenciements. Dans le présent exposé, ce point n'est pas développé, mais simplement mentionné. Seul l'aspect ressources humaines est retenu.

* **L'environnement économique** qui correspond aujourd'hui aux évolutions vers la globalisation des marchés menace nombre d'entreprises, d'autant que nous sommes dans une économie stagnante, où le facteur déterminant de différenciation s'exprime en termes de qualité, et par conséquent où la ressource humaine a une action prépondérante.

* **L'environnement technologique**, quant à lui extrêmement évolutif, a bouleversé les exigences en formation, en organisation du travail. De nouvelles compétences sont exigées, des métiers disparaissent. Il faut essayer d'anticiper de plus en plus le type de besoins de compétences à venir...

* **L'environnement socioculturel**, enfin, montre une évolution considérable des styles de vie des Français, de leurs attentes, et des valeurs partagées par différents groupes sociaux. De nouvelles « mentalités » apparaissent (comme l'égocentrisme) tandis que d'autres disparaissent (comme le modèle de progrès optimiste).

Par conséquent, si l'on veut que les ressources humaines constituent un atout et non une charge pour l'entreprise, il convient de les gérer de façon dynamique, évolutive, en mettant en place des structures légères, en tentant de réaliser des innovations sociales.

1. Le recrutement

Pour procéder à un recrutement performant, il faut soit procéder de façon classique en analysant et qualifiant le poste à pourvoir, soit dépasser cette première approche pour se centrer sur la gestion des compétences, et l'identification du (des) métier(s) de l'organisation.

1.1. Les outils préparatoires au recrutement

1.1.1. Analyse et qualification de poste

L'analyse d'un poste consiste à le décrire, c'est-à-dire à établir la **liste des tâches** s'y rattachant, ainsi qu'à identifier les **qualités requises** pour l'occuper.

Pour des postes simples, répétitifs, on peut demander au titulaire actuel d'établir la check-list de toutes les tâches en spécifiant l'importance de chacune d'entre elles.

Si on analyse des postes plus complexes, il est préférable de combiner check-list et interview des titulaires de poste, voire adjoindre des observations faites en situation.

À partir de ces analyses, il est alors possible d'élaborer la description du poste qui détermine les **objectifs, responsabilités** et **tâches-clés** du poste. Elle doit également préciser les conditions dans lesquelles le poste doit être assumé, par rapport aux autres postes et les capacités qu'il requiert.

L'énumération des capacités (formation, expérience, etc.) constitue la spécification de poste.

L'analyse de poste, la description de poste et la spécification constituent la base même d'une Gestion des Ressources Humaines efficace.

Elle constitue l'outil-clé pour affecter le personnel, décider des formations à faire suivre et des grilles de base pour concevoir les grilles de salaire.

La combinaison de ces outils constitue la base de toute **planification en Gestion des Ressources Humaines**.

Celle-ci est devenue une exigence pour l'entreprise. En effet, le marché, la technologie, l'environnement en règle générale évoluent beaucoup plus rapidement que par le passé. Parallèlement à ces évolutions profondes et rapides, les modes de gestion ont eux aussi évolué du constat vers la prévision. C'est ainsi que l'on parle de planification commerciale, de budget prévisionnel, de plan de financement, etc. C'est dans le même ordre d'idée que la gestion des ressources humaines doit devenir prospective.

Il s'agit de prévoir :
- le nombre de personnes dont l'entreprise aura besoin dans x années,
- le(s) profil(s) nécessaire(s) à l'évolution et à la vie future de l'entreprise.

Pour ce faire, il faut donc avant tout que l'entreprise anticipe sa propre évolution technologique, économique et organisationnelle.

Les principes de base de construction de ce « plan de R.H. » sont :

- Étape 1 - Comparaison entre les ressources disponibles et les besoins.

- Étape 2 - Constat et analyse des écarts entre ressources et besoins.

- Étape 3 - Recherche de solutions permettant de réduire ou même d'annuler ces écarts.

On peut résumer cette procédure par le schéma suivant.

Schéma 5 - Les grandes étapes de la gestion prévisionnelle des ressources humaines

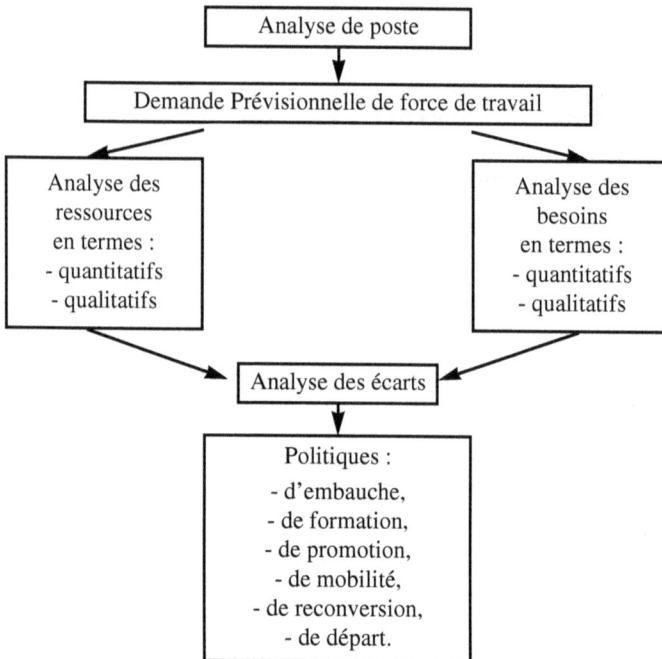

La gestion des ressources humaines

La plus complexe de ces trois étapes est incontestablement la première : la prévision des besoins et des ressources. Cette prévision doit se faire à différentes échéances (moins d'un an, de 1 à 5 ans, à plus de cinq ans).

La prévision des ressources repose sur un ensemble de méthodes complémentaires relativement claires.

On peut le faire par exemple à partir de l'élaboration de la pyramide des âges, des anciennetés, des qualifications, de l'analyse du turnover, des départs prévisibles, des mutations, des promotions, etc.

Il n'en va pas de même en ce qui concerne **la prévision des besoins**. Les méthodes utilisées sont ici beaucoup moins claires. Il faut avant tout préciser les objectifs en termes de productivité, ainsi que la façon d'atteindre ce niveau [1]. On peut aussi, bien sûr, interroger les responsables hiérarchiques pour connaître leurs estimations en besoins futurs.

Enfin, on analyse les tendances d'évolution d'un ensemble d'indicateurs économiques tels que le volume des ventes rapporté à l'effectif. La base de cette phase de l'analyse, bien que reposant sur des données passées, reste assez significative si les indicateurs sont bien choisis.

La comparaison entre les besoins et ressources permet de mettre en évidence les écarts et entraîne ainsi un ensemble de prises de décision en termes de promotion, formation, licenciement, autrement dit de recrutement interne ou externe.

Néanmoins, comme dans toute prévision, le véritable objet de la prévision est surtout de minimiser le risque de « grosses surprises » et non de prévoir avec exactitude les besoins à venir.

La prévision de la demande implique la prise en compte :
- de son « business plan »,
- du taux normal de rotation du personnel (turnover),
- du nombre de départs à la retraite à venir,
- de la complexité du travail,
- des employés susceptibles de « progression »,
- de l'état futur du marché du travail par rapport aux métiers concernés.

Tous ces éléments constituent à eux seuls la **dimension stratégique de la gestion prévisionnelle des ressources humaines**.

---

[1] *Cf.* G. EGG : « Audit des emplois et gestion prévisionnelle des ressources humaines », Paris, Éditions d'Organisation, 1987.

1.1.2. Gestion des compétences et identification du (des) métier(s) de l'organisation

La gestion des compétences est un outil qui vient compléter l'analyse et la qualification de poste.

Elle constitue une réponse aux évolutions récentes subies par les entreprises et leur environnement, qui les obligent à s'adapter constamment à de nouvelles exigences. En effet, ces changements perpétuels que connaissent les entreprises les amènent à se rendre plus réactives, à se soucier de la pérennité de leur savoir-faire et à développer la polyvalence de leur personnel.

Dès lors apparaît le concept de « métier », qui regroupe généralement « un ensemble de postes de travail reposant sur des compétences identiques ou proches, permettant de passer de l'un à l'autre de manière réciproque dans un délai de 4 à 8 mois » [1].

Cette évolution amène à dépasser la « logique-poste » pour adopter une « logique-compétence », où il s'agit plus de mobiliser des compétences que de décrire des postes. Non pas que la description de poste n'existe plus, mais elle est déclinée en « profils de postes », pour lesquels sont inventoriées les compétences requises. Ceci suppose qu'ait été réalisé en amont un référentiel de compétences, souvent établi par des groupes de travail composés de cadres de différents services et d'un consultant externe.

Ainsi la compétence supplante petit à petit la qualification basée sur des diplômes et des titres. On passe du savoir au savoir-faire et au savoir-être.

Cette nouvelle approche correspond aux nouveaux besoins des entreprises, liés entre autres à une organisation par projet, dans laquelle les hommes peuvent être affectés à de « nouveaux » emplois régulièrement, permettant ainsi à l'organisation d'accéder à un niveau supérieur de flexibilité.

Ces outils de compétences et de métiers présentent également certains avantages (et risques) de type sociologique. En effet, un métier correspond à une représentation sociale précise. Il faut donc prendre soin de ne pas la dévaloriser, de façon à ce qu'elle puisse être acceptée par le salarié. Toute compétence doit donc être valorisée dans l'organisation, sachant que la rapidité du changement organisationnel et technologique est telle que la tâche est difficile. Elle entraîne souvent la mise en évidence de compétences à caractère obsolète, sans pour autant fournir une image claire des besoins émergents de nouvelles compétences.

---

[1] Observatoire de la fonction publique territoriale, DR 1992.

1.2. Le recrutement externe

Une nouvelle entreprise n'a pas de choix : il lui faut passer par le recrutement externe pour se pourvoir en personnel. Une « ancienne » entreprise, au contraire, peut se tourner vers l'extérieur s'il n'y a pas de « bons » candidats en interne, ou encore si on souhaite apporter « un sang neuf » à l'entreprise.

La procédure de recrutement externe peut se décomposer en deux phases :

- **La campagne de recrutement**

Il s'agit là de provoquer un grand nombre de candidatures, ce qui entraîne la publication d'une définition de poste axée sur les qualifications de base requises.

Les entreprises disposent d'une large palette d'actions pour provoquer un nombre maximal de candidatures, par exemple visites d'universités, de grandes écoles, de lycées, etc., publicité dans des revues diverses, bouche à oreille, parrainage, etc.

- **La sélection**

Une fois toutes les candidatures amassées, il s'agit de retenir la meilleure. Une mauvaise candidature retenue est une source de frais pour l'entreprise et d'échec pour l'individu en question.

Les éléments de base les plus courants de sélection sont les suivants :

- l'examen des lettres de motivation et curriculum vitae,
- l'entretien avec la Direction des Ressources Humaines,
- les références,
- les tests d'aptitude,
- l'entretien avec la direction du service concerné,
- les tests complémentaires, tels que graphologiques, etc.

qui s'organisent de la façon suivante :

Schéma 6 - La procédure de recrutement externe

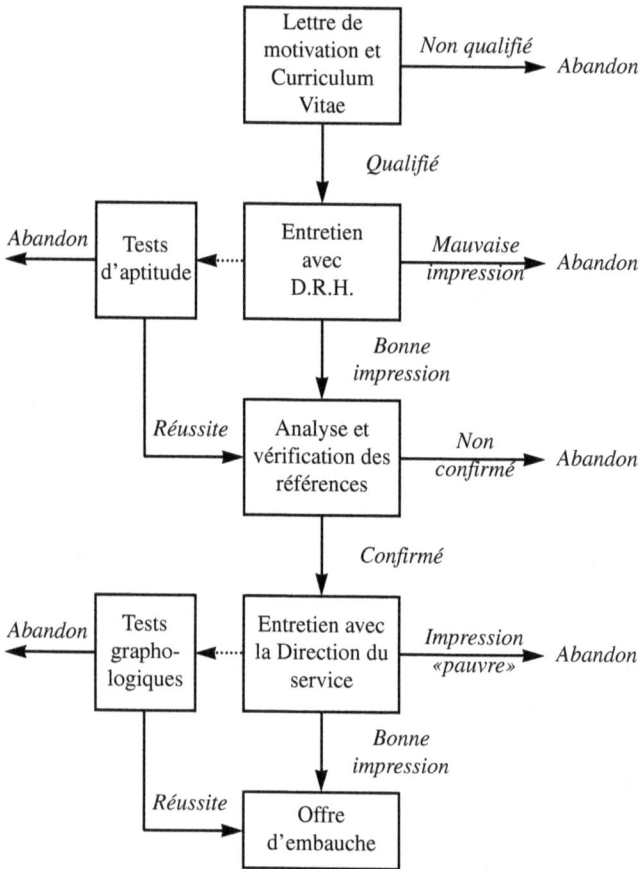

```
          ┌──────────────┐
          │   Lettre de  │   Non qualifié
          │ motivation et│ ─────────────▶ Abandon
          │  Curriculum  │
          │     Vitae    │
          └──────┬───────┘
                 │ Qualifié
                 ▼
┌──────────┐  ┌──────────────┐
 Abandon   │  Tests   │◀┈┈┈│  Entretien   │  Mauvaise
◀──────────│ d'aptitude│    │    avec      │ ────────────▶ Abandon
           └────┬─────┘    │    D.R.H.    │  impression
                │          └──────┬───────┘
                │                 │ Bonne
                │                 │ impression
                │                 ▼
          Réussite  ┌──────────────┐
                └──▶│  Analyse et  │   Non
                    │ vérification des│ confirmé ──▶ Abandon
                    │  références  │
                    └──────┬───────┘
                           │ Confirmé
                           ▼
 ┌──────────┐  ┌──────────────┐
 Abandon    │  Tests   │◀┈┈┈│Entretien avec│  Impression
◀───────────│ grapho-  │    │la Direction du│  «pauvre» ──▶ Abandon
            │ logiques │    │   service    │
            └────┬─────┘    └──────┬───────┘
                 │                 │ Bonne
                 │                 │ impression
            Réussite  ┌──────────────┐
                 └───▶│    Offre     │
                      │  d'embauche  │
                      └──────────────┘
```

Durant les deux entretiens, des questions sont posées au postulant en ce qui concerne son **expérience et ses qualifications**. Normalement, seules des questions d'ordre professionnel doivent être abordées. Par exemple, certaines questions portant sur la vie privée (tels que projet de mariage, de construire une famille) doivent être évitées car elles ont un caractère discriminatoire, qui les rend illégales. De plus, lors de ces entretiens, des informations sur la compagnie sont fournies au postulant. Quant à l'offre d'embauche, pour la plupart des postes, ses termes sont dictés par la politique salariale de l'entreprise. Tandis que pour des postes élevés, les termes sont plus flexibles et les négociations peuvent s'étendre sur des semaines, voire des mois.

1.3. Le recrutement interne

Le recrutement interne repose sur une stratégie de promotion. Quel que soit le soin que l'on peut apporter au mode de recrutement externe, on ne connaîtra jamais aussi bien les postulants que son propre personnel. Il n'est donc pas étonnant que de nombreuses entreprises préfèrent cette solution.

Il existe en fait deux types de gestion des promotions :

- un **système fermé** dans lequel les managers décident quels sont les agents qui peuvent faire l'objet d'une promotion.

  Les décisions de promotion sont alors prises de façon informelle et subjective et reposent largement sur l'avis d'une personne. Néanmoins ce système est assez fréquent, tout particulièrement dans les petites entreprises, car il permet de réduire le coût de l'opération.

- un **système ouvert** où les postes vacants et leurs exigences en termes de compétences sont officiellement diffusés. Les agents de l'entreprise se prêtent alors à la procédure de recrutement dans son intégralité. Un tel système est en principe un facteur de motivation et de moral important, mais bien sûr est une source de coûts (notamment en temps).

Enfin, ajoutons à cela le système de promotion à l'ancienneté qui, s'il garantit d'une certaine expérience, ne garantit pas pour autant que l'on accorde la promotion au plus compétent.

Une fois le recrutement effectué, il faut gérer le personnel qui « vit dans l'entreprise ».

2. La vie dans l'entreprise

Lors de l'arrivée du nouvel embauché, certaines grandes entreprises organisent des séances d'accueil. Lors de ces séances, un livret d'accueil est remis au nouveau venu, et des informations générales sur l'entreprise, sa

T

culture lui sont données. Le but de ces séances est de permettre une meilleure et plus rapide adaptation à l'entreprise.

Ceci fait, le nouvel arrivant commence effectivement à travailler.

2.1. La formation

Quelle que soit leur ancienneté dans l'entreprise, les employés peuvent bénéficier de programmes de formation qui permettent de développer leurs compétences en vue d'une promotion future, ou de combler une déficience (qui peut simplement être due à une évolution technologique).

À l'inverse, les cadres (moyens ou supérieurs) peuvent suivre des séminaires de management spécialement conçus pour les préparer à la prise de responsabilité d'un niveau supérieur.

Les raisons donc de la formation diffèrent et par conséquent les méthodes utilisées également. Les méthodes les plus courantes sont :

- **la formation sur poste de travail**

  Celle-ci peut être informelle lorsque, par exemple, un employé apprend à utiliser un nouveau matériel et que c'est un collègue qui le forme (formule privilégiée chez Avis). Dans d'autre cas, au contraire, le système peut être plus formel, lorsqu'une secrétaire apprend à utiliser un nouveau traitement de texte pendant son temps de travail (formule privilégiée chez Texas-Instruments ou Westinghouse).

  L'*avantage* réside dans le fait que la formation se fait en situation réelle et sur une large période de temps.

  L'*inconvénient* majeur est que l'employé ne peut se concentrer totalement sur son travail de formation.

- **la formation hors site**

  Les employés sont alors formés dans des genres de « classes » ayant les mêmes caractéristiques que le poste de travail (méthode privilégiée par Baker Hugues Cie).

  L'*avantage* est que le formateur peut se concentrer sur son travail, sans interruption.

  L'*inconvénient* réside dans l'aspect artificiel et le manque de réalisme de la situation qui limitent les effets de cette méthode.

222

- **les programmes de Développement Managérial**

Ces programmes sont spécialement conçus pour des cadres ou futurs cadres. Il ne s'agit plus ici de suivre des formations d'ordre technique, mais, au contraire, d'ordre conceptuel et analytique. La plupart des grandes sociétés ont ce type de programmes qui sont parfois administrés dans la société même par d'autres cadres ou experts. D'autres prennent place dans des centres de formation spécialisés (écoles, universités, etc.).

Le but de toutes ces formations est d'**améliorer la performance** des collaborateurs et, ainsi, la performance de l'entreprise de façon globale.

Elle permet aussi d'améliorer « l'employabilité » du salarié, c'est-à-dire sa capacité à être adapté aux nouvelles technologies. La Cour de Cassation (Fév. 1992) a d'ailleurs estimé qu'il s'agit là d'une responsabilité partagée entre l'entreprise et son salarié « Tout employeur a le devoir d'assurer l'adaptation de ses salariés à l'évolution de l'emploi ». Ceci signifie que le licenciement pour raison d'inadaptation aux nouvelles technologies est pénalisé par la Jurisprudence, même si ce cas n'est pas explicitement prévu dans le Code du Travail. Le salarié dès lors demande à suivre certaines formations. Elles deviennent objet de négociation dans la mesure où l'entreprise ne peut pas toujours répondre favorablement à la demande.

On voit ici un exemple de l'importance que revêt l'approche par les compétences abordée plus haut.

La performance peut être évaluée par un programme visant à l'apprécier au temps « t » et au temps « t+1 ». Ce programme est utile pour les décisions de formation, promotions, rémunérations et licenciements.

Le processus d'évaluation commence à partir du moment où un cadre fixe des objectifs à atteindre à un employé. Si les standards d'évaluation (normes) sont clairement définis, l'évaluation est facile à faire. Elle devra se terminer par un entretien avec l'intéressé pour discuter des conclusions.

Une évaluation formelle permet à chacun de se situer et est donc un facteur d'équilibre. Mais elle est difficile à mettre en place pour de nouveaux métiers.

Cette évaluation est particulièrement importante pour justifier la rémunération offerte à un agent, et pour éventuellement le licencier.

2.2. La rémunération

La notion de rémunération recouvre beaucoup plus que le simple salaire. Elle représente la **contrepartie** donnée au salarié en échange de son travail.

Il s'agit :

- du salaire,
- des avantages en nature (voiture de fonction, etc.),
- des participations aux bénéfices,
- des nouvelles formules de retraite, de prévoyance, etc.

qui correspondent à des politiques différentes (court terme ou long terme, d'intérêt pour l'entreprise ou l'individu).

De plus, lorsqu'on ne considère que le salaire, il est bon de préciser que de multiples formules existent :

- le salaire au temps passé,
- le salaire au rendement,
- le salaire à la tâche...,
- le salaire en fonction des compétences (ce qui ne veut pas forcément dire résultats...)

et que chacune correspond à une politique. Par exemple, les salaires au temps passé sont théoriquement plus équitables et pourtant ils ne prennent pas en compte la quantité (ni la qualité) du travail fourni.

De plus, le choix d'un **mode de rémunération** amène à prendre des décisions complémentaires. Par exemple lorsqu'il existe un intéressement aux bénéfices de l'entreprise, la direction doit prêter une bien plus grande attention à leur communication auprès du personnel. Souvent les employés ne comprennent pas ou n'apprécient pas totalement les résultats de la société. Il est donc nécessaire de rédiger des petits livres expliquant les résultats et d'organiser des réunions au cours desquelles les employés peuvent poser toutes les questions qu'ils souhaitent.

Enfin, les modes de rémunération étant choisis, reste à élaborer la **grille des salaires**, c'est-à-dire une grille d'évaluation des postes les uns par rapport aux autres. Il convient de respecter un certain nombre de contraintes internes (telle que la culture de l'entreprise) et de contraintes externes (légales, comme le SMIC, etc.). Elle permet de diffuser une certaine image à l'extérieur. Le salaire est un élément de satisfaction certain du personnel qui se charge de diffuser une certaine photographie de son entreprise.

2.3. La satisfaction des salariés

La satisfaction des salariés est bien sûr un des buts poursuivis par la Direction des Ressources Humaines. Un salarié satisfait est en principe plus performant et plus rentable pour l'entreprise.

De nombreuses formules ont été imaginées telles que la mise en place :

- d'un *système de récompenses-punitions* (General Electric), qui ne peut fonctionner efficacement que si le personnel est convaincu qu'en ayant une meilleure performance, il sera effectivement récompensé ;

- de la *direction par objectifs* qui présente notamment l'avantage d'améliorer les relations humaines. Par exemple, quand les employés discutent avec leurs responsables des objectifs futurs à atteindre, ils apprennent beaucoup sur l'entreprise et comprennent comment ils peuvent améliorer la performance de l'entreprise en poursuivant leurs propres buts ;

- du *management participatif* qui donne aux employés la parole sur la façon dont ils font leur travail et sur la façon dont la société est dirigée. Les employés se sentent ainsi beaucoup plus concernés par la gestion de la société (ex. Honda). C'est dans ce type de management que se situent les cercles de qualité, technique d'amélioration de la qualité par regroupement des employés en petites équipes qui définissent, analysent et résolvent les problèmes de qualité et autres problèmes en relation avec les processus de production dans leur domaine de compétences (Texas-Instruments). Notons que seuls les employés intéressés participent à de telles opérations ;

- de l'*enrichissement des tâches*, qui est une méthode d'accroissement de la satisfaction des employés par développement de facteurs de motivations tels que la responsabilité. Cette méthode repose sur la théorie des deux facteurs d'Herzberg (qui montre que certains facteurs sont motivants, comme la reconnaissance d'un travail bien fait ou la responsabilité, et d'autres sont de simples facteurs d'hygiène, comme les conditions de travail, c'est-à-dire non motivants mais nécessaires).

Elle est fondée par exemple sur des programmes de rotation du personnel, ce qui lui permet d'acquérir de nouvelles compétences et de mieux comprendre le fonctionnement de l'entreprise (ex. : AT&T). Elle peut aussi consister en une redéfinition de poste... ;

- de l'*établissement de nouveaux modes d'organisation du travail* comme les horaires flexibles, qui permettent de répondre aux exigences des nouveaux courants socioculturels...

225

Nous n'avons évoqué ici, en quelques mots, que les principales méthodes de développement des motivations du personnel, mais bien d'autres existent, comme le système de communication mis en place, le style de leadership, etc.

Comme nous l'avons dit précédemment, la théorie des deux facteurs a mis en évidence des facteurs d'hygiène, qui consistent notamment à la sécurité du travail à laquelle la Direction des Ressources Humaines doit s'appliquer également.

2.4. La sécurité

Au départ, il s'agissait uniquement de la sécurité physique des travailleurs. Désormais, on raisonne en termes de techniques d'amélioration de l'ensemble des conditions de vie au travail :

- meilleure protection contre les risques d'accidents du travail,
- stimulation des salariés par actions d'information (panneau d'affichage, journaux d'entreprise, etc.),
- réduction de toutes les nuisances (bruits, pollution, etc.),
- mise en place de groupes semi-autonomes visant à réorganiser aussi bien les conditions physiques que psychosociologiques de travail...

Tous ces éléments de la gestion de la vie dans l'entreprise visent à avoir et à garder le meilleur personnel possible dans l'entreprise, tandis que le moins performant sera amené à la quitter.

3. Le licenciement

Le licenciement constitue certainement la tâche à laquelle répugne le plus le manager. La tâche peut être rendue plus facile si l'on a pris soin de porter par écrit le mode de licenciement existant.

La plupart des sociétés ont un système précis de licenciement, prévu pas à pas en termes d'avertissement, de punitions, blâmes, etc. amenant au licenciement.

Le premier avertissement peut être fait de façon orale et informelle (mauvaise performance, etc.). Toutes les étapes ultérieures font l'objet d'écrits.

En cas de changement de poste dans l'entreprise, il est recommandé de le notifier par écrit et de spécifier également les nouvelles compétences requises.

Les procédures de licenciement étant devenues très fréquentes, les textes législatifs se sont multipliés dans ce domaine pour mieux protéger les salariés contre des abus injustifiés.

Enfin, les entreprises ont mis en place des procédures d'« Outplacement », permettant de replacer leur personnel dans d'autres sociétés et éventuellement d'organiser des formations nécessaires à leur réinsertion.

Chapitre 4

CONCLUSION

La Direction des Ressources Humaines, comme nous l'avons vu, gère la vie humaine de l'entreprise, la ressource aléatoire, la plus fondamentale.
C'est donc un **élément stratégique** à part entière pour l'entreprise.
Elle est la clé de voûte de la mise en application réelle et efficace de la stratégie de l'entreprise, et doit, à cet égard, être appréciée comme partie prenante à celle-ci et participer activement à son élaboration.

© Éditions d'Organisation

Bibliographie

BESSEYRE des HORTS C.H., *Gérer les Ressources Humaines dans l'entreprise*, Éditions d'Organisation, Paris, 1990.

CROZIER M., *L'entreprise à l'écoute*, Inter-Éditions, Paris, 1989.

DESREUMAUX A., *Théorie des organisations*, Éditions management Société, Caen, 1998.

HODGETTS R.M. et KURATKO D.K., *Management*, Orlando Harcourt Brace Jovanovich Publishers, 1988.

d'IRIBARNE P., *La logique de l'honneur*, Le Seuil, Paris, 1989.

JARDILLIER P. et LUPE M.C., *De la qualification du travail à l'évaluation des fonctions*, Entreprise Moderne d'Édition, Paris, 1986.

LEVIONNOIS M., *Marketing interne et management des hommes*, Éditions d'Organisation, Paris, 1987.

MARTORY B., *L'audit social*, Éditions Vuibert, Paris, 2002.

MARTORY B. et CROZET J., *Gestion des Ressources Humaines, Nathan*, Paris, 3ᵉ édition, 1988.

PERETTI J.-M., *Ressources humaines*, Vuibert, Paris, 4ᵉ édition, 1994.

TERENCE (Groupe), *Encyclopédie des Ressources Humaines*, Collection « Personnel/ANDCP », Éditions d'Organisation, Paris, 1993.

TRESANINI M., *Évaluer les compétences*, Éditions EMS, Coll. Pratiques d'entreprises, Collombelles, 2004.

VINCENT C., *La formation, relais de la stratégie de l'entreprise*, Éditions d'Organisation, Paris, 1990.

WEISS D., *La fonction Ressources Humaines*, Éditions d'Organisation, Paris, 1992.

WERTHER W.B., DAVIS K. et LEE-GOSSELIN H., *La gestion des Ressources Humaines*, Mac Graw-Hill, Paris, 1986.

Revue ANDCP (Association Nationale des Chefs du Personnel).

PARTIE 5

LA STRATÉGIE

Par Jacques THÉPOT

L'analyse stratégique est un domaine essentiel de la gestion, qui commande l'évolution à long terme de l'entreprise.

Le concept même de **stratégie** est loin d'être défini unanimement et son succès tient peut-être à cela : chacun y met ce qu'il veut et tout le monde est content. Or il s'agit de caractériser et d'analyser des processus de décision qui orientent la vie de l'entreprise qui, en tant que telle, est un lieu de l'**action collective**, d'échanges d'information, de confrontations de propositions et de partages de projets. Le vocabulaire employé qui permet ces échanges doit donc être le moins ambigu possible ; comment, en effet, convaincre ou enjoindre sur des questions qui touchent à la vie même de l'entreprise sans être compris du plus grand nombre ?

T

Chapitre 1

LA NOTION
DE STRATÉGIE

La notion de stratégie repose sur une certaine conception de l'entreprise et de son environnement, repérée au travers de deux relations fondamentales : la relation avec le groupe des actionnaires et la relation avec le client. Ces deux relations définissent deux niveaux de stratégies : la **stratégie d'entreprise** proprement dite (« corporate strategy ») centrée sur la relation avec les actionnaires et la **stratégie de domaine** visant à conforter la relation avec le client. Ces stratégies s'appuient sur les éléments fondamentaux de l'entreprise que constituent sa philosophie et sa mission.

Nous commencerons par définir les termes qui seront utilisés par la suite. Le management stratégique concerne le **pilotage** de l'entreprise immergée dans une **économie de marché**, dont les mécanismes de régulation sanctionnent et valorisent les performances.

Le management stratégique concerne le pilotage de l'entreprise. De quelle entreprise s'agit-il ?

1. L'entreprise, l'organisation et l'environnement

Trois caractéristiques de l'entreprise méritent d'être rappelées :

1.1. L'actionnaire et le consommateur

L'entreprise se situe sous l'influence forte de deux pôles décisionnels extérieurs à elle :

- les **clients ou consommateurs**, toujours libres d'acheter ou de ne pas acheter et de s'adresser à la concurrence,
- le groupe des **actionnaires** dont les dirigeants de l'entreprise sont les mandataires, à travers les structures de représentation prévues au plan réglementaire.

1.2. L'organisation et la hiérarchie

L'entreprise est une **organisation**, c'est-à-dire non réductible à un entrepreneur individuel, simple intermédiaire entre les marchés amont et aval ; l'entreprise n'existe que parce qu'elle fonctionne en permanence comme instance de coordination des activités et d'affectation des ressources plus efficace que le marché, comme l'a montré l'économiste anglais R. COASE dès 1937. L'entreprise s'organise en général sous une forme hiérarchique dont on peut distinguer, pour simplifier, trois niveaux décisionnels :

- la *direction générale*, émanation du groupe des actionnaires et du conseil d'administration,
- les *domaines d'activités* correspondant à des ensembles cohérents de couples produit-marché,
- les *fonctions support* qui assurent la coordination de l'ensemble (production, logistique, etc.).

1.3. L'environnement

Si l'entreprise existe donc, c'est que, localement, elle constitue une forme de coordination plus efficace que celle du marché. Cette supériorité en termes d'efficacité est aujourd'hui fragilisée par **l'environnement** de l'entreprise, interdépendant, turbulent et complexe parce que :

- les délais de réponse des agents économiques ont été réduits grâce aux technologies de l'information,
- la concurrence est de plus en plus rude parce que s'exerçant au niveau mondial,

- les consommateurs ont accru leurs exigences,

- les actionnaires, sollicités par les marchés financiers, sont en mesure d'arbitrer entre risque et rentabilité de manière instantanée. Ils exigent en outre une transparence dans les résultats des firmes et des structures de gouvernance qui ne trahissent pas leurs intérêts.

Dans un tel contexte, le management de l'entreprise devient **stratégique**, en ce sens où, à tous les niveaux, il ne s'agit plus de s'adapter à la marge aux évolutions tranquilles de clientèles captives dans un environnement stable et pour le compte d'actionnaires passifs. Quand donc une action peut-elle être qualifiée de stratégique ?

L'action est stratégique lorsque :

1/ elle résulte de **décisions** élaborées dans la perspective d'atteindre des objectifs clairement définis,

2/ elle procède d'un mode de pensée, **la pensée stratégique**, qui s'apparente à celui du chef militaire qui doit agir sur plusieurs terrains, anticiper l'avenir et conjecturer les mouvements de l'adversaire. Le mot « stratégie » vient en effet du grec *strategos*, qui signifie « général ».

2. Philosophie, mission, objectifs

L'action stratégique au service de l'entreprise s'appuie sur des principes philosophiques dont découle la mission de celle-ci et cette mission se transcrit en un certain nombre d'objectifs.

2.1. La philosophie

L'entreprise est une organisation dont l'existence est associée à une philosophie, explicite ou implicite, qui imprègne la culture d'entreprise, alimente le consensus et gouverne les processus de décision.

La philosophie de l'organisation fonde les valeurs, les croyances et les orientations générales sur lesquelles s'appuient ses activités.

L'importance de formuler une telle philosophie a été exprimée depuis longtemps par les plus grands dirigeants des meilleures entreprises ; elle est un élément essentiel, comme l'exprimait T.J. WATSON, ancien PDG de IBM dès 1963 :

> *Je crois fermement que toute organisation, pour survivre et réussir, doit avoir un ensemble cohérent de principes sur lesquels s'appuient toutes les actions. Je crois ensuite que le facteur de succès le plus important est l'adhésion confiante à ces principes. Enfin, je crois que, si une entreprise veut relever les défis que lui impose un monde qui change, elle doit être préparée, au cours du temps, à changer tout en elle-même sauf ces principes.*

T.J. WATSON formulait ainsi ces principes :

1 Respecte l'individu. C'est un principe simple, mais, chez IBM, une grande partie du temps lui est consacrée.

2 Nous voulons donner le meilleur service client du monde.

3 Nous croyons qu'une organisation devrait accomplir toutes les tâches qui lui sont assignées en pensant qu'elles peuvent être encore mieux réalisées.

Vingt-cinq ans plus tard, F. CARY, alors PDG d'IBM, évoquait les propos de son prédécesseur en disant :

> *Nous avons changé plusieurs fois notre technologie, notre organisation, notre marketing et nos techniques de production et nous prévoyons de changer encore. Mais à travers tous ces changements, nos croyances demeurent inchangées. Elles sont les étoiles par lesquelles nous repérons notre route.*

Certes, d'une entreprise à l'autre, ces principes de base peuvent s'exprimer de façon différente selon le secteur, la taille ou l'histoire de l'entreprise et la culture nationale. Mais l'on retrouve toujours trois éléments indissociables :

1 Une croyance en l'individu, ses capacités d'innovation et d'adaptation pourvu que l'organisation sache en favoriser l'épanouissement.

2 La volonté de satisfaire le client quoi qu'il arrive.

3 La conviction que l'on peut toujours mieux faire.

En définitive, la recherche de l'excellence, brillamment défendue par T. PETER & R. WATERMAN dans leur (trop) célèbre ouvrage *In search of excellence*, passe par l'explicitation incessante de tels principes qui ne sont rien d'autres que ceux sur lesquels sont fondées à la fois l'économie de marché et la démocratie.

2.2. La mission

La mission revêt un caractère plus opérationnel que la philosophie qui, à elle seule, pourrait laisser croire qu'il ne s'agit que de philanthropie. La mission précise les contours des activités de l'entreprise ; elle rappelle que la mission de l'entreprise n'a pas un caractère universel et la prémunit contre une tentation de trop élargir son champ d'intervention. Une bonne identification de la mission rend plus libre pour admettre la mission dévolue aux autres entreprises, aux autres acteurs de l'économie et de la société. Définir la mission de l'entreprise revient à lui faire exprimer non pas seulement ce qu'elle *peut* faire, mais ce qu'elle *ne peut* pas faire...

En 1987, le groupe AT&T formulait sa mission de la manière suivante :

1. *Renforcer et améliorer la profitabilité et la position concurrentielle des activités de base de la société. Ces activités de base comprennent :*
   • *le service des communications intérieures longue distance ;*
   • *la conception, la production et la vente d'équipements pour les réseaux de télécommunication destinés aux opérateurs ;*
   • *la conception, la production et la vente d'équipements pour les télécommunications, notamment de systèmes informatiques.*
2. *Bâtir la force et la réputation de AT&T afin d'apporter à nos clients une nouvelle génération de solutions à la transmission de données par réseaux.*
3. *Etablir une position forte dans le marché international de la communication. Pour réaliser cela, nous poursuivrons la mise en place d'accords avec des partenaires étrangers bien implantés dans le secteur des technologies de l'information.*

La mission se définit comme la raison d'être de l'entreprise, son métier de base, c'est-à-dire le type d'activités et les marchés au-delà desquels elle renonce à intervenir.

2.3. Les objectifs

L'analyse stratégique participe d'une conception normative de l'action humaine : le succès ne vient qu'au travers de la fixation d'objectifs, partagés au sein de l'organisation et qui induisent une clarification des futurs possibles et la canalisation de toutes les énergies pour les atteindre, c'est-à-dire une atténuation des tensions internes. Se fixer des objectifs, ce n'est pas seulement mobiliser les membres de l'organisation ; c'est aussi et surtout se donner des critères pour évaluer l'action, suivant le degré de réalisation desdits objectifs. L'examen des écarts entre ce qui était visé et ce qui a été accompli est le meilleur guide pour la fixation d'objectifs ultérieurs. Et ceci compense toujours le risque de l'échec.

Un objectif est associé :

- à un horizon temporel ;
- à un niveau décisionnel détenteur des informations pertinentes à la poursuite de l'objectif.

- *Au niveau de la direction générale*, c'est le point de vue des **actionnaires** qui prime. Ceux-ci ont un objectif clair : maximiser leur richesse. Et par conséquent les objectifs de l'entreprise doivent être cohérents avec ceux des actionnaires. Cette cohérence est de moins en moins assurée par la symbiose naturelle entre les équipes dirigeantes et les détenteurs du capital, telle qu'on a pu l'observer dans certaines sociétés à caractère familial. Avec le développement des marchés boursiers, en effet, cet objectif n'est plus porté par le seul groupe des actionnaires majoritaires, il concerne également les actionnaires potentiels, ceux qui observent la valeur de l'action (lorsque la société est cotée) et peuvent s'en porter acquéreur ou s'en défaire à leur guise ; cette valeur, on le sait, est censée mesurer, à chaque instant, **la somme actualisée des dividendes escomptés**. Autrement dit, ce qui compte, ce sont les anticipations de profit et les mécanismes de marché sont là pour indiquer dans quel sens elles s'orientent.

  Dans ce contexte, le groupe des principaux actionnaires (ceux qui sont représentés au conseil d'administration de la société et par conséquent plus proches de l'entreprise et mieux informés) a un rôle primordial dans l'élaboration de ces anticipations : les objectifs affichés par celui-ci sont autant de signaux que le marché intégrera dans la valeur boursière. Ils sont des **objectifs de long terme**, ceux qui portent sur les grandes orientations de l'entreprise et qui impliquent des modifications dans la structure du capital (fusions, acquisitions, etc.) et sur l'éventail des domaines d'activités.

- *Au niveau des domaines d'activités*, c'est le point de vue du **consommateur** (client, distributeur) qui s'impose de sorte que les objectifs sont orientés vers le développement des parts de marché, la conception des produits, la gestion de leur cycle de vie ; l'horizon est le moyen terme. Bien évidemment, ces objectifs découlent de ceux qui ont été arrêtés par la direction générale mais ils sont définis en fonction des informations spécifiques au domaine d'activités.

- *Au niveau des fonctions support*, c'est le point de vue du **manager** qui domine ; les fonctions support constituent le lieu où le manager exerce son pouvoir de commandement. Les fonctions support sont en effet au service des domaines d'activités et de la direction générale. Tout s'y règle par l'injonction et la responsabilité. L'objectif est de rechercher l'efficacité de la structure, c'est-à-dire une utilisation optimale des ressources.

3. Les trois dimensions de la pensée stratégique

Fixer des objectifs ne suffit pas. Et toute action engagée dans la perspective de l'objectif, quel qu'en soit le niveau d'application (direction générale, domaine d'activités, fonctions support), ne mérite pas forcément le qualificatif de *stratégique*. Pour cela, il faut que l'action procède de ce que l'on appelle la **pensée stratégique**. Que cela signifie-t-il ?

Inspirée de l'action militaire, la pensée stratégique vise à formuler des décisions :
- combinatoires,
- anticipatrices,
- prenant en compte l'interaction avec d'autres décideurs.

1/ La pensée stratégique manipule des **combinaisons de décisions**, mettant en jeu plusieurs variables concernant diverses fonctions de l'entreprise, divers niveaux de décision. Autrement dit, la pensée stratégique s'inscrit dans un espace multidimensionnel. Le marketing mix est un exemple de ce type de décisions.

2/ La pensée stratégique est **anticipation**, projection dans l'avenir ; il s'agit de voir au-delà du lendemain, de se projeter dans l'avenir en envisageant tous les futurs possibles malgré les incertitudes. Elle se concrétise par l'élaboration de **calendriers de décisions**, de procédures d'ajustement et de révisions de ces calendriers.

3/ La pensée stratégique appréhende les interactions ; elle prend en compte les interdépendances existant entre les acteurs de l'entreprise (clients, fournisseurs, concurrents, organismes de contrôle, etc.). Intégrant la décision d'autrui, le décideur stratégique le reconnaît comme décideur à part entière ; il est en mesure de saisir les raisons de l'action des autres et d'en tenir compte dans l'élaboration de sa propre décision. On parle alors d'**interaction stratégique**, selon l'expression utilisée en micro-économie.

4. Les trois types de stratégies

Le management stratégique est donc la démarche mise en œuvre, au sein de l'entreprise, pour que, à chaque niveau décisionnel pertinent du point de vue de l'organisation, les actions envisagées soient :
- fondées sur une explicitation de l'horizon choisi et de l'objectif fixé,
- inspirées par les principes de la pensée stratégique.

Ainsi, au niveau :
- de la direction générale, on parlera, au sens strict, de **stratégie d'entreprise** (« *corporate strategy* »),
- des domaines d'activités, de **stratégie de domaine** (« *business strategy* »),
- des fonctions de support, de **stratégies fonctionnelles** (« *functional strategy* »).

Les principales caractéristiques de ces stratégies sont données dans le tableau 1.

La stratégie

Tableau 1 : Les trois types de stratégies

					Pensée stratégique		
Niveau décisionnel	Type de stratégie	Objectif	Horizon	Acteur dominant	Combi-naison	Antici-pation	Inter-action
Direction générale	Stratégie d'entre-prise	Profit	Long	Action-naire	+	++	+
Domaines d'activités	Stratégie de domaine	Position concur-rentielle	Moyen	Client	+	+	++
Fonctions support	Stratégie fonction-nelle	Efficacité	Court	Manager	=	=	-

Le *management stratégique* est le processus par lequel sont élaborées les décisions :
- prises à un niveau décisionnel donné, défini par le triplet {objectif, horizon, acteur dominant},
- fondées sur les principes de la *pensée stratégique*.

Nous n'étudierons ici que la stratégie de domaine et la stratégie d'entreprise. La stratégie fonctionnelle relève des pratiques budgétaires et du contrôle de gestion. En revanche, nous analyserons les conditions dans lesquelles la stratégie peut être mise en œuvre dans l'entreprise, en particulier du point de vue de la structure organisationnelle.

© Éditions d'Organisation

Chapitre 2

LA STRATÉGIE
DE DOMAINE

La stratégie de domaine est centrée sur la relation entre l'entreprise et ses clients. Elle est fondée sur le principe selon lequel c'est le client qui décide en dernier ressort et, par conséquent, est l'arbitre du jeu concurrentiel. L'entreprise développe alors une segmentation de ses couples produit-marché en *domaines d'actions stratégiques* (DAS) au sein desquels elle doit rechercher un avantage concurrentiel.

Dans un grand nombre de situations, en particulier pour les PME, l'activité de l'entreprise se limite à un seul domaine. Dans ce cas, stratégie de domaine et stratégie d'entreprise coïncident.

La stratégie de domaine s'applique donc dans un secteur industriel particulier, confrontée aux stratégies de domaines des concurrents. Les caractéristiques du secteur constituent un élément essentiel.

1 . La primauté du client

La satisfaction du client est la clé de toute stratégie de domaine. L'identification de ses besoins, l'anticipation de ceux-ci, principe fondamental de la démarche marketing, est un préalable à toute définition de stratégie, ses possibilités d'implantation dans l'organisation et, par voie de conséquence, son succès. C'est ce que suggère l'exemple suivant :

Le cas SAS

Lorsque, en 1980, Jan Carlzon devint président de SAS, aujourd'hui Scandinavian Airlines, la compagnie aérienne perdait de l'argent. Au cours des années précédentes, la direction avait traité ce problème en réduisant les coûts. Carlzon considéra que c'était la mauvaise solution : la compagnie devait trouver de nouvelles façons d'être compétitive et rétablir ses marges. SAS s'adressait alors à tous les types de voyageurs sans aucun ciblage de clientèle et sans avantage comparatif ; en réalité elle était perçue comme la compagnie européenne la moins ponctuelle. La concurrence était devenue si vive que Carlzon devait répondre inéluctablement aux questions suivantes :

- Quels sont nos clients ?

- Quels sont leurs besoins ?

- Que devons-nous faire pour gagner leur préférence ?

Carlzon décida que SAS devait se concentrer sur le service aux hommes d'affaires voyageant fréquemment et accorder la priorité à la satisfaction de leurs besoins. Mais il reconnaissait que d'autres compagnies cherchaient à toucher ce même segment de marché ; elles proposaient des sièges plus larges, des boissons fraîches et autres aménités. SAS devait donc trouver comment faire mieux si elle souhaitait gagner la préférence des clients. Le point de départ a été d'identifier ce que les hommes d'affaires voulaient et attendaient des services d'une compagnie aérienne. Son objectif était de chercher à être meilleur de 1 % sur 100 détails plutôt que 100 % sur 1 détail.

L'analyse du marché montrait que la priorité numéro 1 des voyageurs d'affaires était d'arriver sans retard ; ils voulaient également ne pas perdre de temps au moment de l'enregistrement et du retrait des bagages. Carlzon constitua une douzaine de groupes de travail pour proposer des améliorations en matière de qualité de service. 80 propositions sur 150 furent retenues, dont la mise en œuvre fut estimée à 40 millions de dollars.

L'un des projets essentiels était d'orienter totalement l'activité de la compagnie vers la satisfaction du client. Carlzon avait calculé que, au cours d'un vol, un passager était en contact avec, en moyenne, cinq employés de SAS. Chacune de ces interventions constituait un instant de vérité pour la compagnie. Compte tenu des 5 millions de passagers qui annuellement volaient sur SAS, cela faisait 25 millions d'instants de vérité... pendant lesquels la compagnie pouvait plaire ou déplaire au client.

Pour créer l'attitude convenable à l'intérieur de la compagnie, Carlzon organisa des séminaires de deux jours pour les 10 000 personnels de terrain et des séminaires de trois semaines pour les 25 000 cadres. Carlzon considérait les personnels de terrain en contact direct avec le client comme les personnes les plus importantes de la compagnie. Le rôle des managers était d'aider ces derniers à travailler correctement. Et le rôle du président était d'aider les cadres dans leur soutien aux personnels de terrain.

Le résultat ne se fit guère attendre : en quatre mois, SAS parvint à être la compagnie la plus ponctuelle en Europe. Les procédures d'enregistrement furent accélérées ; on mit en place un système permettant le transfert direct des bagages des passagers séjournant dans des hôtels de la compagnie SAS. Les opérations de déchargement des bagages des avions furent optimisées. La compagnie décida en outre de vendre systématiquement des billets en classe affaires sauf si le client demandait explicitement un billet en classe économique. La réputation de SAS parmi les voyageurs d'affaires s'améliora sensiblement de sorte que le trafic européen, plein tarif, augmenta de 8 % et le trafic intercontinental de 16 %. Ceci constitue une performance exceptionnelle puisque ceci fut réalisé sans baisse de prix et dans une période où la croissance du secteur du transport aérien était nulle.

L'influence de Carlzon sur le développement de SAS montre comment la satisfaction du consommateur engendre le profit dans une grande entreprise lorsque, en son sein, sont développées une mission et une vision commune qui orientent l'action vers le service rendu à la clientèle ciblée.

L'analyse de la demande est un préalable. Mais cela ne suffit pas, parce que l'entreprise est soumise à l'interdépendance des acteurs du secteur et que les clients eux-mêmes ne constituent pas une population homogène. L'élaboration de la stratégie suppose que l'entreprise, dans un secteur donné, ait réalisé une *segmentation* en plusieurs **domaines d'activités stratégiques** (ou DAS, en anglais *Strategic Business Unit*) s'exerçant sur des couples homogènes produit-marché. Il y aura autant de stratégies de domaine que de DAS identifiés.

2. La segmentation stratégique et l'analyse du secteur

La définition du produit et du marché se situe dans un espace à trois dimensions :

- le type de clientèle concerné en termes géographiques et/ou socio-économiques,

- le besoin satisfait (besoin unique ou besoin diversifié),
- la technologie utilisée (simple ou complexe).

Dans un tel espace, on peut situer les diverses activités que l'entreprise assure dans un secteur industriel donné. Le regroupement par voisinage des activités définit les DAS, comme le suggère le schéma 1.

Schéma 1 - L'entreprise et ses DAS

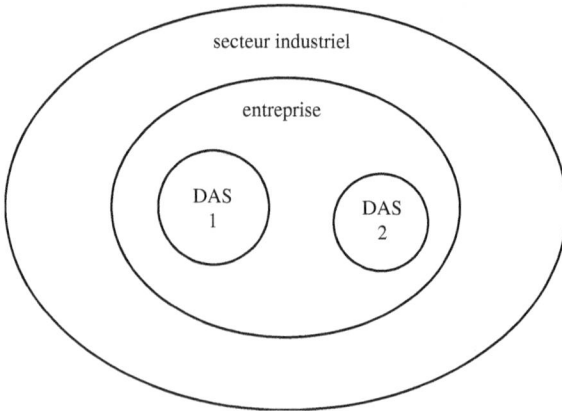

Un secteur (que l'on désigne de plus en plus par le mot industrie) est un groupe d'entreprises qui proposent des produits ou des classes de produits (biens ou services) qui sont des substituts étroits. On parle ainsi du secteur automobile, du secteur pharmaceutique, etc. On dira que deux produits sont des substituts étroits si l'augmentation de prix de l'un induit une augmentation de la demande de l'autre. Selon M. PORTER, les conditions concurrentielles qui prévalent dans le secteur sont influencées par cinq « forces » :

- le degré de concurrence parmi les entreprises existantes,
- la menace de concurrents potentiels,
- le pouvoir de négociation des clients et des distributeurs,
- le pouvoir de négociation des fournisseurs
- la menace de produits substituables.

La stratégie

Ces forces sont usuellement représentées selon le schéma 2 :

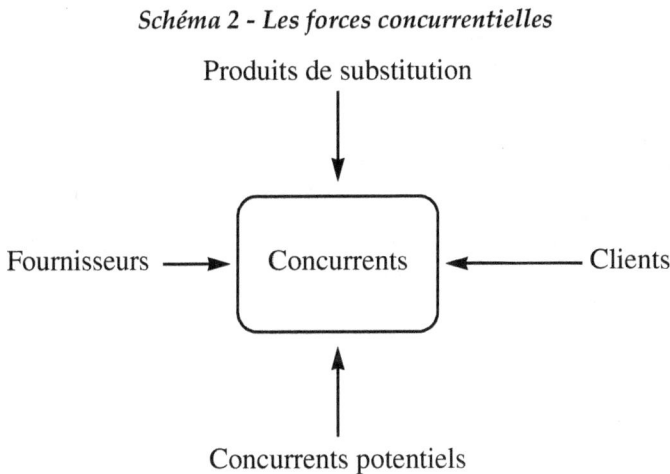

Schéma 2 - *Les forces concurrentielles*

Produits de substitution

Fournisseurs ⟶ Concurrents ⟵ Clients

Concurrents potentiels

Les principaux déterminants de ces cinq éléments sont présentés dans le tableau 2.

Tableau 2 - *Les cinq forces agissant dans le secteur*

• **Degré de concurrence parmi les entreprises existantes** La concurrence sera vive lorsque : - le nombre des concurrents est grand et qu'ils sont de taille comparable, - la croissance du secteur est faible, - les possibilités de différenciation sont réduites, - les coûts de passage (« switching costs ») sont élevés, - les coûts fixes sont élevés, - les barrières à la sortie sont fortes, - les concurrents sont différents en termes d'enjeux, de culture et d'origine.
• **La menace de concurrents potentiels** La menace dépend de l'existence de barrières à l'entrée dans le secteur ; M. PORTER en identifie six : - les économies d'échelle, en production, distribution ou recherche et développement, - la différenciation des produits, - l'accès aux canaux de distribution, - les avantages en termes de coûts des entreprises installées, - les réglementations publiques, brevets et autres licences d'exclusivité.

⟶

(suite)

• **Le pouvoir de négociation des fournisseurs**
Le pouvoir des fournisseurs est fort lorsque :
- le secteur auquel appartient le groupe des fournisseurs est plus concentré que celui auquel ils vendent,
- leurs produits sont faiblement différenciés et/ou induisent une dépendance technologique forte pour les entreprises clientes,
- il existe des menaces crédibles d'intégration aval,
- le secteur n'est pas un client important du groupe des fournisseurs.

• **Le pouvoir de négociation des clients**
Le pouvoir des clients est fort lorsque :
- ils sont concentrés et achètent en grande quantité,
- les produits que les clients achètent sont standards ou non différenciés,
- les clients ont de faibles revenus,
- dans les cas où les produits achetés constituent des composants de produits, ils correspondent à une part significative du coût,
- dans les cas où les produits achetés constituent des composants de produits, ils interviennent peu dans la qualité finale des produits des clients,
- il existe des menaces d'intégration amont.

• **La menace de produits de substitution**
Les produits de substitution qui méritent une vigilance particulière sont ceux qui :
- ont vu leur rapport prix-performance fortement croître,
- sont fabriqués par des entreprises qui réalisent des profits élevés.

Les barrières à l'entrée constituent un élément essentiel qui va déterminer la stratégie. En particulier, celles-ci définissent le groupe des concurrents parmi lesquels l'entreprise va « jouer » et par conséquent le type d'action qui seront menées. Deux exemples extrêmes nous serviront d'illustration.

> • *Le marché anglais de la nourriture en boîte pour animaux est dominé par Pedigree Petfoods, filiale du groupe Mars. La nourriture pour chiens correspond à trois types de qualité (+,=,-). Pedigree dispose d'une part de marché de 55 %, suivi de Spillers (14 %) et Quaker (7 %). Ce dernier est le leader du biscuit pour chien. On observe la même situation pour la nourriture pour chats : Pedigree a 52 %, Spillers, 18 %, Quaker, 6 % (données 1990). La plupart des grands groupes alimentaires (Rank Hovis Mc Douglas, General Foods, Heinz) se sont tous retirés de ce secteur sans être parvenus à le pénétrer avec des produits nouveaux. En effet, cette activité n'est rentable qu'en exploitant des économies d'échelle, tant la concurrence en prix est forte, ceci en dépit d'une structure oligopolistique marquée et d'une forte identification des marques.*

Mars et Spillers ont l'un et l'autre réalisé d'importants investissements dans de nouvelles technologies et amélioré ainsi leur productivité. L'entrée sur ce marché exige de surcroît d'importants investissements publicitaires pour contrer les budgets promotionnels des leaders.

*• Plusieurs barrières à l'entrée ont fonctionné pour préserver l'exclusivité de l'industrie du champagne. Hormis de notables exceptions en Amérique et en Russie, l'appellation est réservée au vin mousseux produit en **Champagne** selon des règles d'élaboration très strictes. Le secteur est soigneusement contrôlé en faveur des 19 000 producteurs, regroupés en général dans des coopératives et qui assurent 1/3 de la production. Le reste est réalisé par des négociants qui achètent directement le raisin à des prix fixés contractuellement tous les six ans. Au début des années 80, les ventes ont augmenté de 70 %. Les prix du raisin ont crû en conséquence et les exploitants, plus particulièrement, ont commencé à produire plus. Ce phénomène a attiré des concurrents qui ont cherché des moyens de contourner les barrières à l'entrée. La vraie menace est venue de vins mousseux de qualité produits dans des pays comme l'Espagne. Le contrat de prix entre les producteurs et les négociants expira en 1990, juste au moment où la demande commençait à chuter. Dans la perspective de renforcer l'image de supériorité et d'exclusivité du champagne et, pour répondre à la concurrence des autres vins mousseux, on décida d'augmenter le prix du champagne. « La qualité et l'image sont plus importantes que la quantité ». Il en résulta cependant une baisse des ventes qui mit à mal bien des petits exploitants... sans atteindre toutefois l'entreprise dominante du secteur, LVMH (Louis Vuitton, Moët Hennessy) dont les marques (Moët & Chandon, Dom Pérignon, Mercier et Pommery) occupent 24 % du marché, alors que LVMH ne possède en propre que 1 500 hectares sur les 35 000 que compte le vignoble.*

Ces exemples montrent que la constitution de barrières à l'entrée n'est pas extérieure à l'action des entreprises, qu'elles peuvent être érigées ou contournées moyennant des investissements soit technologiques, soit en termes de réseau de distribution ou d'image de marque. Une action sur les prix peut aussi constituer une barrière à l'entrée ou des baisses de prix ; mais cela s'opère, en tout état de cause, au détriment de la profitabilité ; autrement dit une barrière à l'entrée se paie.

L'analyse de ces cinq forces permet à l'entreprise d'identifier les points forts et les points faibles de sa position ainsi que ceux des positions concurrentes.

3. La quête de l'avantage concurrentiel

Comment l'entreprise peut-elle tirer parti de sa situation pour maintenir et développer son avantage concurrentiel ? M. PORTER montre que l'entreprise doit se positionner sur deux dimensions :
- le degré de différenciation,
- l'ampleur de la focalisation.

Ceci définit trois stratégies fondamentales, appelées stratégies génériques :
- la domination par les coûts,
- la différenciation,
- la focalisation.

- **La domination par les coûts** : il s'agit là de produire et livrer les biens et services à un coût inférieur à celui des concurrents, sans pour autant négliger la qualité et le service (maintenance, service après-vente, etc.) : cette stratégie nécessite la construction d'unités de production à forte productivité, la recherche systématique de réduction de coût ; on dépensera le minimum en R&D et en publicité. Les clients marginaux qui n'assurent pas un volume suffisant de commandes sont à éviter.

- **La différenciation** : cette stratégie générique suppose que l'entreprise est capable de créer un produit qui est reconnu comme étant unique, ainsi l'entreprise est en mesure de pratiquer un prix supérieur à la moyenne des prix du secteur. La différenciation peut prendre diverses formes telles que l'image de marque, le design, la technologie utilisée, le service aux clients ou aux distributeurs. L'objectif principal de la différenciation est de fidéliser le client à la marque et de bénéficier ainsi d'une moindre sensibilité au prix.

- **La focalisation** : cette stratégie vise à concentrer l'activité de l'entreprise sur une clientèle particulière, zone géographique ou segment de marché, de façon à couvrir un marché plus restreint que les concurrents, mais dans des conditions meilleures.

Cette dernière stratégie se combine avec les deux stratégies génériques précédentes. Ce qui donne quatre combinaisons possibles. Cette typologie rend compte des divers positionnements observés dans de nombreux secteurs industriels. Le tableau 3 donne l'exemple de l'industrie automobile, au début des années 80.

La stratégie

Tableau 3 - Un exemple dans l'industrie automobile

	Avantage concurrentiel	
Focalisation	*Domination par les coûts*	*Différenciation*
large	Toyota	General Motors
étroite	Honda	BMW, Mercedes

Les stratégies adoptées par Toyota et BMW sont détaillées ci-après.

Le cas Toyota : domination par les coûts

1/ *Toyota dispose d'une part de marché de plus de 40 % au Japon, de 7,5 % aux États-Unis et de 3 % en Europe.*

2/ *Toyota vend une gamme de voitures à des prix légèrement inférieurs aux prix pratiqués par Ford et GM.*

3/ *En 1990, la marge brute d'exploitation était de 9 %, alors que celle de Nissan était de 8,4 %, celle de Honda, 6,5 % et Ford (sur les USA) de 4,3 %.*

4/ *Toyota consacre 5 % de son chiffre d'affaires à la recherche & développement (comme la plupart de ses concurrents), en se concentrant sur la recherche d'améliorations continuelles plutôt que sur celles d'innovations majeures.*

5/ *Toyota pratique une politique active de lancement de nouveaux modèles. En 1990, les modèles de Toyota n'avaient, en moyenne, guère plus de 2 ans contre 5 ans pour General Motos et Ford.*

6/ *Le système de production, fondé sur le Juste-à-temps, était d'une grande efficacité. La meilleure unité de production assemble une voiture en 13 heures tandis que Honda et Nissan le font en 20 heures.*

Le cas BMW : focalisation et différenciation

BMW pratique une stratégie destinée à protéger sa position plus spécialement de la concurrence japonaise. Cette stratégie recouvre non seulement la fabrication des voitures mais aussi les services de support proposés à la clientèle.

1/ *Les voitures peuvent être personnalisées aux besoins des clients : ceux-ci peuvent choisir n'importe quelle couleur, possibilité offerte seulement par Rolls Royce et Aston Martin ; il existe une grande variété d'options en matière d'aménagement intérieur.*

2/ *BMW ne s'intéresse pas aux voitures de sport et autres coupés. Elle envisage toutefois de se diversifier sur le créneau des monospaces.*

3/ *Les succursales de vente dans les différents pays sont reliées à des magasins de pièces détachées localisées en des points stratégiques.*

4/ *BMW dispose de véhicules d'assistance capables d'intervenir auprès des clients tombés en panne.*

5/ *BMW cherche à rester indépendant et, à l'inverse de bien des constructeurs automobiles, évite la constitution de joint ventures.*

La mise en œuvre des stratégies passe par la mobilisation de compétences différentes, de ressources spécifiques et modes d'organisation particuliers. Ils sont résumés dans le tableau 4.

Tableau 4 - *Les ressources nécessaires pour les stratégies de domaine*

	Compétences et ressources requises	Modes d'organisation nécessaires
Différenciation	- investissements en capital lourds, - ingénierie des processus de production, - systèmes de distribution productifs.	- contrôle des coûts rigoureux, - organisation structurée dans la répartition des responsabilités, - systèmes d'incitation fondés sur la réalisation d'objectifs strictement quantitatifs.
Domination par les coûts	- compétences en marketing, - créativité, -compétences en recherche de base, - forte réputation en qualité et innovation technologique, - coopération étroite avec les réseaux de distribution.	- forte coordination entre la R&D, la conception des produits et le marketing, - systèmes d'incitations plus souples, - avantages en nature pour attirer des personnes qualifiées et imaginatives.
Focalisation	combinaison des éléments ci-dessus sur une cible de marché spécifique.	combinaison des éléments ci-dessus sur une cible de marché spécifique.

Il ressort de ce tableau que les stratégies de domination par les coûts et de différenciation obéissent à des logiques différentes. Cela signifie en particulier qu'un compromis entre les deux risque fort de n'être guère efficace. En définitive, le vrai choix est toujours de choisir le degré de différenciation et l'ampleur de la focalisation.

4. La surveillance de l'environnement et la veille concurrentielle

4.1. La surveillance du secteur et des concurrents

Ces diverses stratégies doivent être analysées en référence à ce que font les concurrents. Un double jeu de questions va permettre à l'entreprise de comprendre les déterminants des stratégies adoptées par chaque concurrent.

Jeu de questions n° 1

1. Quels ont été les objectifs principaux du concurrent au cours des dernières années ?
2. Ont-ils été atteints ?
3. Quelles stratégies ont été utilisées ?
4. Ont-elles été couronnées de succès ?

Jeu de questions n° 2

1. Comment le concurrent perçoit-il sa propre position, en termes de coût, de qualité du produit, de technologie, etc. ?
2. Le concurrent a-t-il une attache émotionnelle forte vis-à-vis d'un produit, d'un mode d'organisation ou de principes de management particuliers ?
3. Existe-t-il des différences culturelles, nationales ou régionales qui affectent la façon dont le concurrent perçoit les événements ?
4. Existe-t-il des valeurs organisationnelles et des principes qui sont fortement institutionnalisés et qui déterminent la façon dont les événements sont perçus par le concurrent ?
5. Comment le concurrent anticipe-t-il sa demande future et la tendance de l'industrie ? Semble-t-il réticent à accroître sa capacité de production en raison d'incertitudes ou, à l'opposé, est-il suffisamment confiant dans l'avenir pour le faire ?
6. Comment le concurrent perçoit-il les objectifs de ses propres concurrents (dont l'entreprise elle-même !) ?
7. Le concurrent semble-t-il croire en une règle de bonne conduite prévalant dans l'industrie et autres traditions qui pourraient à terme ne plus refléter les nouvelles conditions du marché ?

T

Ces questions doivent être examinées en analysant attentivement l'histoire (récente ou lointaine) ainsi que les performances réalisées. Cette démarche, appliquée sur tous les concurrents, donnera une vision complète et détaillée de l'environnement concurrentiel de l'entreprise. Elle est un préliminaire indispensable à toute élaboration de stratégie. Pour cela, **l'entreprise doit disposer d'informations fiables et toujours actualisées concernant l'évolution de l'industrie.** Ces informations sont disponibles à plusieurs sources, en particulier :

- la presse économique,
- les analyses des cabinets spécialisés,
- certains rapports et autres documents administratifs,
- la presse régionale,
- la presse professionnelle,
- les syndicats et associations professionnelles,
- les rapports annuels des sociétés concurrentes,
- les assemblées générales des actionnaires,
- les banques et les intermédiaires financiers,
- les clients et les distributeurs,
- les fournisseurs.

4.2. La surveillance de l'environnement général

Au-delà de ces sources d'information externe, l'entreprise peut mobiliser des sources d'information interne, auprès notamment des ingénieurs et techniciens qui disposent de leurs propres réseaux d'information au sein de la communauté scientifique dont ils font partie. Le développement des réseaux de télécommunication de type Internet va tendre à réduire l'écart existant entre l'information interne et l'information externe.

Au-delà des concurrents et du secteur industriel, l'entreprise doit être attentive à tout changement intervenant dans son environnement et susceptible de modifier substantiellement les règles du jeu. Elle doit ainsi mettre en place des procédures de surveillance de l'environnement sur :

- *l'état général de l'économie* dans les pays où elle intervient, en particulier en matière de taux de change, de taux d'intérêt, de l'évolution des revenus, etc. L'insertion du pays dans une zone d'échange plus vaste (CEE, ASEAN) est un élément déterminant ;

- *la technologie* qui véhicule de nouvelles idées, des inventions modifiant l'ensemble des techniques de production, de marketing et de management ; en effet, technologie ne signifie pas seulement automatisation. Une grande variété d'activités de l'entreprise est aujourd'hui concernée par l'**innovation technologique**. Elle est aussi une source de **compétitivité** ;

- *les conditions politiques et sociales*, dont l'importance n'est plus à démontrer. L'orientation politique des dirigeants indique dans quel sens la législation va évoluer et quels types de réglementation peuvent être mises en place. Mais, au-delà, ce qui compte, c'est la stabilité du régime politique et social qui assure à l'entreprise un avenir, sur ce plan-là tout au moins, moins incertain. On sait d'expérience que **cette stabilité est mieux assurée dans les pays démocratiques qui contrôlent les conditions de travail et garantissent les systèmes de protection sociale. Enfin, la liberté d'entreprendre et d'acheter est indissociable de celle de choisir ceux qui gouvernent.**

T

Chapitre 3

LA STRATÉGIE D'ENTREPRISE

La stratégie d'entreprise vise à coordonner les stratégies de domaine en conformité avec les attentes du groupe des actionnaires. S'inscrivant dans une perspective de long terme, la stratégie présente des modalités différentes selon que le secteur est en **croissance** ou en **déclin**. Parmi les stratégies de croissance, on trouvera : la spécialisation, l'intégration verticale et la diversification. Parmi les stratégies en déclin, on trouvera : la domination, la niche, l'écrémage et la liquidation. L'enchaînement de ces stratégies s'effectue selon les différentes phases du cycle de vie.

La stratégie d'entreprise se distingue de la stratégie de domaine sous deux aspects :

- Elle englobe plusieurs domaines d'activités stratégiques et par conséquent intègre les interdépendances en termes de production, de technologie ou de management pouvant exister entre eux.
- Elle s'inscrit sur un horizon de temps plus long permettant :

    (a) de prendre en compte les effets de long terme, liés à l'apprentissage et à l'expérience ;

    (b) d'organiser le développement des produits et/ou des activités le long d'un cycle de vie,

En outre, elle s'exerce sous le contrôle vigilant des actionnaires.

On distingue deux grandes catégories d'**options stratégiques** suivant l'évolution du secteur :

- les options stratégiques de **croissance**,
- les options stratégiques de **déclin**.

Chacune de ces stratégies sollicite à des degrés divers le concours du groupe des actionnaires ; leur enchaînement au cours du cycle de vie du secteur permet à l'entreprise d'anticiper les modifications de long terme qu'elle devra apporter à ses activités.

1. Les stratégies de croissance

Elles sont au nombre de trois :
- la spécialisation,
- l'intégration verticale
- la diversification.

1.1. La spécialisation

La spécialisation est le type d'une stratégie de croissance interne : elle consiste à appliquer le principe selon lequel il convient de se concentrer sur ce que l'on fait de mieux. Cela signifie, peut être, renoncer à ce que l'on fait bien, ou ce que l'on préfère. À l'extrême, il faudrait se concentrer sur un seul produit destiné à un seul marché et utilisant une seule technologie. Bien sûr, il ne faut pas se méprendre sur le sens du mot « unique », la spécialisation n'exclut pas une certaine variété de produits... Cette stratégie est utilisée par une entreprise comme Kellog (céréales pour petit déjeuner) qui ne s'est jamais lancée dans d'autres produits alimentaires, ou Michelin qui ne s'est guère aventuré en dehors du secteur du pneumatique.

- Cette stratégie présente plusieurs **avantages** :
(a) la spécialisation est fondée sur des savoir-faire éprouvés et, de ce fait, cherche à tirer la meilleure part de la courbe d'expérience ; il en résulte une production sans risque et à faible coût,
(b) elle permet à l'entreprise de jouir d'une proximité forte avec ses clients et d'être mieux à même de discerner les modifications d'habitude de consommation,
(c) elle est un atout dans une perspective d'alliance avec d'autres entreprises elles-mêmes spécialisées,
(d) elle évite les problèmes d'organisation liés à la gestion des entreprises diversifiées.

T

La stratégie

- Un certain nombre d'**inconvénients** méritent d'être notés :
(a) elle contraint l'entreprise à une croissance lente, ce qui peut être, à terme, risqué dans des secteurs en récession, dans la mesure où toutes les ressources sont concentrées sur un seul type d'activités,
(b) la spécialisation peut créer des **rigidités organisationnelles** et obérer les capacités d'adaptation et d'anticipation des hommes.

1.2. L'intégration verticale

L'intégration verticale est l'opération d'acquisition par laquelle l'entreprise prend le contrôle soit d'un fournisseur (intégration amont), soit d'un client (intégration aval) : si un fabricant de chemises acquiert un producteur de tissu coton, c'est de l'intégration amont ; si, à l'inverse, le producteur de coton prend le contrôle du fabricant de chemises, c'est de l'intégration aval. D'un point de vue économique, l'intégration verticale revient à « internaliser » dans l'entreprise des transactions auparavant marchandes.

- **Les avantages** qu'en retire l'entreprise sont de plusieurs ordres :

(a) des coûts plus faibles, coûts de production dus à une meilleure rationalisation des processus, coûts de stockage, coûts de gestion,

(b) une meilleure coordination des investissements de manière à éviter les surcapacités,

(c) des économies en R&D lorsque l'entreprise exige de son fournisseur des spécifications précises,

(d) une convergence des anticipations à tous les stades de la production, permettant une programmation à long terme plus fiable,

(e) une maîtrise des externalités négatives : en amont, en matière de qualité des composants, en aval, en matière de réputation et de service au client.

- **Les inconvénients** de l'intégration verticale sont les suivants :

(a) perte d'identité de l'entreprise qui risque de s'éloigner de sa mission fondamentale,

(b) accroissement des rigidités dans la gestion de l'entreprise et des procédures de contrôle,

(c) fragilité en période de récession puisque les pertes se cumulent aussi bien que les profits, c'est-à-dire un accroissement du risque.

© Éditions d'Organisation

261

T

1.3. La diversification

La diversification consiste à augmenter l'éventail des produits et services réalisés par l'entreprise. Cet élargissement peut la conduire plus ou moins loin de son activité de base et peut prendre des formes organisationnelles et juridiques variées. L'objectif recherché est double :
- la recherche de synergies, d'économies d'échelle et/ou de variété,
- une répartition des risques.

On distingue trois types de diversification.

1/ *La diversification horizontale* : l'entreprise prend le contrôle d'un concurrent. Ce type de diversification vise bien évidemment à réduire la pression concurrentielle. Dans la mesure où le consommateur en pâtit, la politique de la concurrence des états peut sanctionner ce genre de stratégies si elles s'avèrent déboucher sur des positions dominantes dans l'industrie.

2/ *La diversification concentrique* : les nouveaux produits sont reliés aux produits existants, au plan du marketing ou de la technologie. Ainsi, un fabricant de vêtements pour ski pratique une telle diversification lorsqu'il se lance dans la fabrication de vêtements pour les sports d'été. Il ne s'agit pas forcément des mêmes clients potentiels ni des mêmes réseaux de distribution mais, ici, d'utiliser plus efficacement les lignes de production. La distribution concentrique doit clairement faire apparaître des synergies dans l'utilisation des ressources.

3/ *La diversification conglomérale* : il n'existe aucune relation discernable entre les produits nouveaux et existants. La diversification se justifie en termes de retour sur l'investissement. L'objectif premier est ici de rechercher une répartition des risques. S'il y a synergie financière, c'est d'une part en termes de capacité d'emprunts et avantages fiscaux et, d'autre part, dans la possibilité de financer des activités en émergence par les cash flows générés par les activités profitables. Le succès de ce type de diversification repose sur la capacité de l'entreprise diversifiée de fonctionner mieux que chacune des composantes considérées séparément. La centralisation des décisions, inévitable contrepartie pour assurer la coordination des activités, peut induire des rigidités et des dépassements de compétence.

P. DRUCKER, spécialiste bien connu du management des entreprises, a fait ainsi observer que deux questions doivent être posées pour juger de l'efficacité d'une stratégie de diversification :

- Quelle est la plus faible diversification dont l'entreprise a besoin pour atteindre ses objectifs ?
- Quelle est la plus forte diversification que l'entreprise peut supporter ?

Il apparaît en effet qu'une stratégie de diversification ne peut réussir que si l'entreprise a pleine conscience des éléments de base contribuant à son succès, à savoir :

1/ une définition claire des **objectifs de l'entreprise**,

2/ une analyse de la **capacité de l'entreprise à s'engager dans une diversification**, en termes de structure organisationnelle et des ressources disponibles pour financer et mettre en œuvre la diversification en question,

3/ l'établissement de critères spécifiques pour l'acquisition d'autres entreprises, en conformité avec les points (1) et (2),

4/ la recherche systématique d'entreprises à acquérir et leur évaluation sur la base des critères énoncés au point (3).

Un exemple réussi de diversification conglomérale : Philip Morris

Philip Morris n'est pas seulement un fabricant de cigarettes. Au cours des années, cette société a engagé une stratégie de diversification conglomérale, par laquelle elle s'est positionnée dans plusieurs domaines : le tabac, l'alimentation, la bière, les services financiers et l'immobilier.

Bien que le marché des cigarettes soit en stagnation aux USA, la société vend les deux marques leaders (Malboro et Virginia Slims). Sur le marché international, la croissance est plus forte et Malboro reste la cigarette la plus vendue.

Philip Morris s'est engagé dans le secteur alimentaire à travers sa filiale General Foods Corporation qui vend des marques très connues aux USA, telles Jell-o, Kool-Aid, Cristal Light.

Miller Brewing Company est le deuxième producteur de bière aux USA, avec des marques bien établies comme Miller Lite, Meister Brau, Matilda Bay Wine Cooler.

Philip Morris Credit Corporation (PMCC) propose des services de leasing et autres financements aux clients des sociétés d'exploitation de Philip Morris.

Mission Viejo Realty Group s'occupe d'opérations immobilières, principalement en Californie et dans le Colorado.

T

Les fondamentaux de l'entreprise

Les résultats financiers obtenus par les diverses divisions de Philip Morris sont résumés dans le tableau 5.

Tableau 5 - Les résultats financiers de Philip Morris

	Chiffre d'affaires (en milliers de $)	Résultat d'exploitation (en milliers de $)
Tabac marché US	8 501	3 087
Tabac marché international	8 085	774
Alimentation	11 265	849
Bière	3 262	190
Services financiers et immobilier	629	163

2. Les stratégies de déclin

Les situations de déclin concernent ce que les joueurs d'échecs appellent les fins de partie. Ces situations sont caractérisées par une **saturation de la demande, l'obsolescence technologique**, une forte **incertitude** et la présence d'un grand nombre de concurrents installés lorsque les jours étaient meilleurs ; le déclin donne lieu en général à des affrontements concurrentiels plus vifs, une raréfaction des profits et des ressources que l'entreprise peut mobiliser. Le risque de faillite est présent.

Quatre types de stratégies peuvent être envisagées :
- la domination,   - la niche,
- l'écrémage,   - la liquidation.

2.1. La domination

La domination est une stratégie qui vise à maintenir une profitabilité moyenne en devenant l'une des rares entreprises qui puisse se maintenir.

Cela signifie notamment :

• une action commerciale agressive en matière de prix et de promotion,

© Éditions d'Organisation

264

- la prise de contrôle de certains concurrents, en veillant à ce que le prix d'acquisition corresponde à la part de marché que l'on escompte récupérer,
- une politique d'innovation et d'adaptation des produits rendant obsolètes les produits concurrents,
- une affirmation forte et concrétisée par des investissements visibles de son intention de rester présent dans le secteur.

2.2. La niche

Cette stratégie est fondée sur l'identification d'un segment du secteur en déclin, dans laquelle la demande maintient une certaine stabilité ou un déclin moindre qu'ailleurs. C'est le cas dans le secteur de la métallurgie en déclin depuis les années soixante-dix en Europe, où certaines entreprises bien positionnées sur segments fins (ronds à béton, cornières, etc.) ont su se maintenir dans un secteur en difficulté. La stratégie de niche s'apparente donc à une stratégie de **spécialisation**, ici développée dans une perspective **défensive**.

2.3. L'écrémage

Cette stratégie prépare un retrait définitif du secteur : on réduit les investissements, la maintenance et la publicité de façon à augmenter le cash flow le plus possible et le plus longtemps possible. Cette stratégie se traduit ainsi par :
- un maintien voire une augmentation des prix,
- un arrêt des investissements,
- la compression des coûts commerciaux, de maintenance, de production et de recherche,
- la suppression des clients marginaux.

2.4. La liquidation ou désinvestissement

Cette stratégie consacre la fin de tout ou partie de l'activité de l'entreprise dans le secteur ; elle signifie la cession des actifs relatifs à un DAS, soit à une ligne de production, soit à une filiale complète. Elle implique donc :
- la vente ou la mise au rebut des équipements,
- la réaffectation ou le licenciement du personnel,

- la définition nouvelle de l'image de l'entreprise,
- le choix d'un nouveau portefeuille d'activités.

Le désinvestissement est une opération délicate à envisager et à réaliser pour l'équipe de direction. Il existe plusieurs raisons qui freinent la mise en œuvre de pareille stratégie et qui constituent des **barrières à la sortie** :

1. Des raisons **structurelles** touchant aux caractéristiques technologiques sur la spécificité des équipements.
2. Des raisons **organisationnelles** concernant les relations d'interdépendance existant entre les divers domaines d'activité de l'entreprise.
3. Des raisons **managériales** ; certains aspects du processus de décision de l'entreprise inhibent l'abandon d'une activité non rentable, par exemple :
   (a) l'entreprise ignore la gravité de la situation dans la mesure où le système d'information pratique une forme d'autocensure sur ce qui va mal,
   (b) l'abandon d'une activité est vécu comme une atteinte à l'honneur des managers ; il menace le déroulement de leur carrière,
   (c) l'abandon est vécu à l'extérieur comme un signe d'échec,
   (d) l'abandon est incompatible avec la politique sociale de l'entreprise.

Dans ces conditions, les opérations de désinvestissement nécessitent une vision réaliste et volontariste du management, une gestion des ressources humaines adaptée à des situations vécues comme un échec. Il est bien clair qu'une telle stratégie s'exerce en général sous le contrôle vigilant du groupe des actionnaires.

Ainsi, le choix d'une stratégie dans un secteur en déclin dépend de deux facteurs :
- la position concurrentielle sur la demande rémanente,
- les barrières à la sortie.

Le choix s'exprime alors comme indiqué dans le tableau 6.

Tableau 6 - Les stratégies dans les secteurs en déclin

	Forte position concurrentielle sur la demande rémanente	Faible position concurrentielle sur la demande rémanente
Faibles barrières à la sortie	domination ou niche	écrémage ou liquidation
Fortes barrières à la sortie	niche ou écrémage	liquidation

3. L'enchaînement des stratégies

Après avoir caractérisé les diverses stratégies à la disposition de l'entreprise, il s'agit de savoir comment celles-ci peuvent s'enchaîner à travers le temps. En effet, les effets de long terme sont un élément essentiel : l'application d'une stratégie pendant une période donnée détermine les conditions d'application des stratégies appelées à être utilisées ultérieurement. Dans une perspective dynamique, l'entreprise est tributaire :

- du passé et des choix antérieurs contribuant à l'accumulation de l'expérience,
- de sa perception de l'avenir à travers les anticipations qu'elle bâtit, en particulier sur le cycle de vie du secteur.

3.1. Effets d'expérience

L'effet d'expérience est traditionnellement appréhendé à travers la **courbe d'expérience**, qui relie le coût unitaire de production d'un produit donné au volume cumulé réalisé depuis le lancement du produit. Supposons que celui-ci ait été lancé il y a t mois. La courbe d'expérience représente une fonction du type :

$$C_t = C_0 \left(\frac{V_t}{V_0}\right) - \varepsilon,$$

où :

- C_t est le coût unitaire de production encouru au mois t,
- C_0 est le coût unitaire de production au moment du lancement,
- V_t est le volume cumulé durant les mois $1,...,t$ mesurant l'expérience accumulée,
- V_0 mesure en quelque sorte l'expérience accumulée préalablement au lancement (par exemple à l'occasion de la production de produits similaires),
- ε mesure l'élasticité du coût par rapport à l'expérience cumulée : cela signifie qu'une augmentation de 1 % de la production cumulée induit une diminution du coût unitaire de ε %.

La courbe d'expérience est représentée sur le schéma 3. Elle est décroissante. Autrement dit, plus l'on produit longtemps, plus le coût de production est faible. Ce phénomène a été historiquement constaté dans des industries manufacturières (montage d'avions dans les années 20 aux États-Unis) ; mais il apparaît dans d'autres secteurs, y compris dans les services.

Schéma 3 - La courbe d'expérience

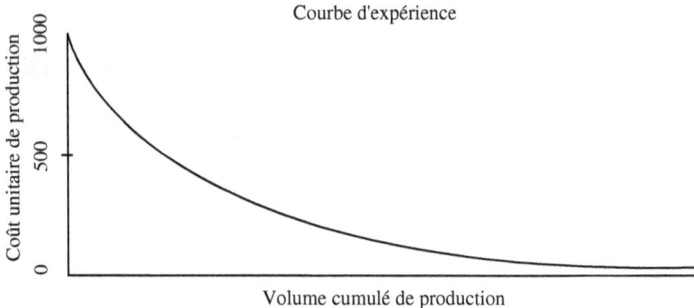

Courbe d'expérience

Coût unitaire de production

Volume cumulé de production

L'effet d'expérience s'explique par cinq facteurs principaux :
1) l'accroissement de l'efficacité du travail grâce à l'apprentissage et l'amélioration des compétences,
2) la possibilité d'une plus grande spécialisation dans les méthodes de production,
3) les innovations dans le processus de production,
4) une plus grande productivité des équipements, utilisés de plus en plus efficacement,
5) une aptitude plus grande à adapter les produits à partir de l'existant.

3.2. Les stratégies et le cycle de vie

Le cycle de vie a été introduit dans la partie consacrée au « marketing » à propos d'un produit, voire d'une marque. Ce concept s'applique au niveau du secteur et/ou des différents DAS et constitue un schéma simple et réaliste pour anticiper l'avenir. Suivant la position concurrentielle occupée par l'entreprise et la phase du cycle dans laquelle elle pense se trouver, l'entreprise adoptera tel ou tel type de stratégie de manière prioritaire. Le tableau 7 établit une correspondance possible entre ces éléments.

Tableau 7 - La stratégie, la position concurrentielle et le cycle de vie

Position concurrentielle	Phases du cycle de vie			
	Introduction	Croissance	Maturité	Déclin
Dominante	Spécialisation	Intégration	Diversification	Domination
Forte	Spécialisation	Diversification	Diversification	Domination
Favorable	Spécialisation	Diversification	Domination	Écrémage
Tolérable	Spécialisation	Écrémage	Écrémage	Liquidation
Faible	Spécialisation	Écrémage	Liquidation	Liquidation

Ce tableau appelle un certain nombre de commentaires :

* Le développement de l'entreprise, au cours d'un cycle de vie, se traduit par une séquence type allant de la spécialisation à l'écrémage et la liquidation *via* la diversification et/ou l'intégration. Cette évolution est conforme à ce qu'on observe dans un grand nombre de secteurs, même si l'on ne peut y accoler de calendrier précis sachant que, par ailleurs, **les stratégies se chevauchent inévitablement.**

* Le passage par une phase de diversification (concentrique ou conglomérale) permet à l'entreprise d'envisager des transitions vers des domaines d'activités stratégiques potentiels, en phase d'introduction.

* Ainsi, tout le jeu se ramène à cette démarche de « pas tournants » que les skieurs connaissent si bien : l'entreprise développe à tout moment un portefeuille d'activités se situant à des phases différentes de leur cycle de vie. Certaines sont abandonnées tandis que d'autres sont créées. Le passage se fait progressivement et l'entreprise peut ainsi, au fil des années, opérer des changements de direction, s'éloigner des métiers qu'elle pratiquait à l'origine, passant d'un avantage concurrentiel à l'autre. Cette démarche est au cœur des approches formelles de type BCG qui ont été évoquées dans le chapitre « marketing ».

* Dans ce mouvement, l'entreprise doit être en mesure de **capitaliser les effets d'expérience** et donc n'envisager l'ouverture du portefeuille de ses activités qu'avec circonspection.

Chapitre 4

LA MISE EN ŒUVRE
DE LA STRATÉGIE

La mise en œuvre de la stratégie passe par la définition et l'adaptation de la structure de l'entreprise, c'est-à-dire les règles de délégation et de responsabilité appliquées dans la prise de décision et leur contrôle. Deux critères doivent être pris en compte : un critère de centralisation et un critère « d'informalité ». Il en résulte trois types de structures : la structure divisionnelle, la structure fonctionnelle et la structure matricielle.

1. Stratégie et structure

L'entreprise doit être structurée de telle façon qu'elle soit en mesure de réagir aux pressions de l'environnement et de saisir les opportunités qui se présentent. Il en résulte que **la stratégie est liée à la structure**. En d'autres termes, la structure n'est rien d'autre que les moyens par lesquels l'organisation cherche :

1) à réaliser les objectifs fixés par la stratégie,
2) à harmoniser les divers niveaux de prise de décision,
3) à mettre en œuvre les changements préconisés par la stratégie.

En d'autres termes, concevoir une stratégie est une démarche intellectuelle nécessitant des capacités d'analyse, d'anticipation ; en revanche, faire passer cette stratégie dans les actes au sein d'une organisation structurée dans la répartition des responsabilités et la délégation des pouvoirs exige d'autres compétences et d'autres valeurs.

La conception de la structure de l'organisation est régie par deux critères touchant au processus de prise de décision :

- un critère de **décentralisation**, exprimant le partage de pouvoir entre le niveau supérieur et les niveaux subalternes,
- un critère d'« **informalité** », exprimant le degré de formalisme définissant les procédures de décision.

Il est clair que la centralisation et l'existence de règles formelles sont des gages d'efficacité du fonctionnement de la structure, mais, dans le même temps, celles-ci réduisent la part d'initiative revenant aux managers, et par voie de conséquence, la capacité de l'organisation à répondre aux perturbations de l'environnement.

Ces deux critères définissent *a priori* quatre types extrêmes d'organisation représentés dans le tableau 8.

Tableau 8 - Les quatre types extrêmes d'organisation

Décentralisation Informalité	Forte	Faible
Faible	projets, entreprise de réseau	petites entreprises à pouvoir fortement concentré
Forte	grandes entreprises composées de plusieurs entités indépendantes	administrations, bureaucraties

Tout le problème pour une organisation est d'établir le bon dosage dans le degré de décentralisation et d'informalité, de façon à piloter l'organisation efficacement tout en lui permettant d'accepter l'innovation et l'adaptation aux conditions changeantes de l'environnement. Il est clair que ces choix ne sauraient se réduire à la construction d'organigrammes qui ne proposent qu'une vision statique de la structure.

2. Les principales formes structurelles

Il existe plusieurs formes structurelles qui, compte tenu de ce qui vient d'être dit, peuvent être adoptées par les entreprises, en fonction de leur

situation et de la stratégie qu'elles souhaitent appliquer. On en distingue
trois fondamentales :
- la structure fonctionnelle,
- la structure divisionnelle,
- la structure matricielle.

2.1. La structure fonctionnelle

La structure fonctionnelle se rencontre dans les PME ou dans de grandes
entreprises qui produisent une gamme limitée de produits ; c'est aussi la
forme typique des divisions de grands groupes décentralisés. Cette structure correspond à un fort degré de centralisation ; elle est fondée sur le
regroupement des tâches selon le critère de la spécialisation. Elle se présente en général sous la forme indiquée sur le schéma 4.

Schéma 4 - La structure fonctionnelle

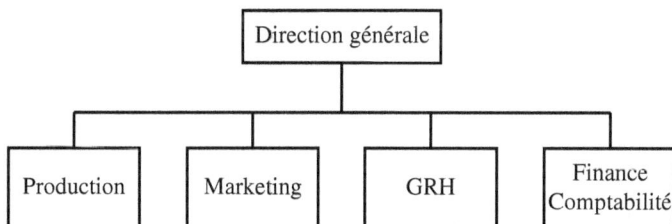

2.2. La structure divisionnelle

La structure divisionnelle est adaptée à des entreprises diffusant une grande
variété de produits et/ou sur des marchés géographiquement identifiés.
Une division correspond à un produit et/ou une zone géographique. Les
principales caractéristiques d'une telle structure sont les suivantes :

1) un ensemble de divisions susceptibles elles-mêmes de contenir une
   structure fonctionnelle et que l'on peut considérer comme des centres
   de profit,

2) chaque division a à sa tête un directeur qui est responsable de la mise
   en œuvre de la stratégie,

3) la décentralisation des décisions joue en plein hormis en ce qui concerne les tâches qui ne peuvent être traitées qu'au niveau supérieur (principe de subsidiarité).

Le schéma 5 donne un exemple d'une telle structure.

Schéma 5 - Un exemple de structure divisionnelle

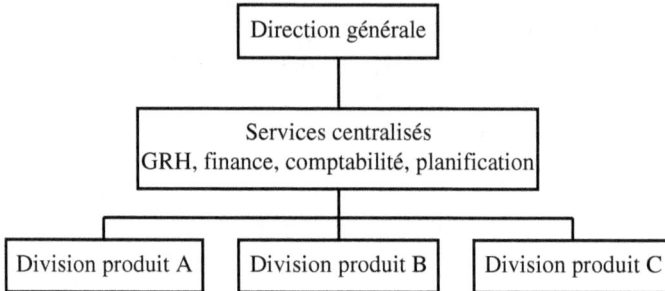

```
          ┌─────────────────────┐
          │  Direction générale  │
          └──────────┬──────────┘
                     │
    ┌────────────────┴────────────────┐
    │        Services centralisés       │
    │ GRH, finance, comptabilité, planification │
    └────────────────┬────────────────┘
       ┌─────────────┼─────────────┐
┌──────┴───────┐ ┌───┴────────┐ ┌──┴───────────┐
│ Division      │ │ Division    │ │ Division      │
│ produit A     │ │ produit B   │ │ produit C     │
└──────────────┘ └────────────┘ └──────────────┘
```

Deux études de cas : IBM et Nestlé

Le défi pour les grandes entreprises multinationales et multiproduits est de concevoir et de mettre en place une structure qui leur permette de s'adapter aux besoins des consommateurs tout en gardant le contrôle des coûts. Les exemples de IBM et de Nestlé illustrent ce problème dans des situations de récession et de forte concurrence.

IBM

IBM est le plus grand fabricant de matériel informatique et de logiciel au niveau mondial. La société IBM était devenue fortement centralisée et rongée par la bureaucratie ; ses capacités de réaction se sont avérées insuffisantes pour franchir la récession du début des années 90, lorsque IBM a vu ses profits s'effondrer. IBM noua alors des alliances stratégiques avec des sociétés informatiques américaines, japonaises et allemandes ; récemment IBM a été entièrement restructurée : IBM est désormais une fédération de 13 sociétés autonomes représentant 6 unités de production de matériel, 3 de conception de logiciel et 3 sociétés commerciales. Les trois sociétés qui réalisent le plus grand chiffre d'affaires sont la division qui fabrique les gros systèmes et deux des sociétés commerciales. En principe, les divisions de production de matériel et de conception de logiciel fonctionnent comme des grossistes des sociétés commerciales qui jouent le rôle de détaillant. Alors que la société est intégrée verticalement du point de vue de la fabrication des semi-conducteurs et des lecteurs de disques, les divisions n'ont aucune obligation de travailler les unes avec les autres. Les divisions sont en situation de concurrence interne de sorte que les prix de transfert tendent à s'aligner sur les prix du marché. Ce mode de fonctionnement répond à une triple préoccupation :

- *découpler les stratégies de domaine et la stratégie d'entreprise,*
- *accélérer le processus de prise de décision et réduire le cycle « conception-réalisation »,*
- *donner à chaque entité une possibilité réelle de devenir le meilleur en termes de coûts.*

Chaque directeur de division doit s'engager sur des objectifs en termes de :
1. *croissance de chiffre d'affaires,*
2. *profit,*
3. *rentabilité,*
4. *cash flow,*
5. *satisfaction du client,*
6. *qualité,*
7. *moral du personnel.*

La rémunération des dirigeants est liée à la réalisation de ces objectifs.

Par ailleurs, le siège de la division réalisant les systèmes de communications a été délocalisé des États-Unis vers le Royaume-Uni.

La restructuration engagée chez IBM implique de profondes modifications dans la culture d'entreprise et, pour l'instant, il est difficile d'évaluer si ces changements constituent un progrès. À l'origine, le moral de certains cadres a été atteint parce qu'ils se sont sentis menacés. Après avoir annoncé de substantielles pertes d'exploitation au début 1993, le directeur général a dû faire marche arrière dans ce projet de réorganisation interne.

NESTLE

Nestlé produit et vend dans plus de 100 pays, la plupart ayant de fortes habitudes spécifiques de consommation. Les effectifs du siège de la société ont été fortement réduits au début des années 90, dans une volonté de se rapprocher des consommateurs et d'être plus innovant. Il y a maintenant sept DAS (notamment le café et les boissons, l'alimentation, etc.) qui couvrent chacun l'ensemble du marché mondial. Les activités par pays sont coordonnées à travers un réseau local.

Chaque entité est libre de fonctionner à sa guise - il n'y a pas de pensée managériale unique. Les styles de management sont ainsi fort différents, selon la situation de l'activité dans le cycle de vie, la part de marché occupée, le contenu technologique. L'objectif de Nestlé est de mettre en place des procédures de contrôle des coûts et de prise de décision en cohérence avec ce mode d'organisation. Il existe des mécanismes internes visant à diffuser l'application des meilleures pratiques par le partage d'expérience afin de vaincre les réticences héritées du passé à remettre en cause l'existant.

2.3. La structure matricielle

La structure matricielle est une tentative de combiner les avantages de la décentralisation (meilleure motivation, proximité du terrain, réactivité) et ceux de la coordination (partage des coûts, synergie entre les différents DAS). Cela signifie que chaque responsable doit rendre compte de son action selon un double système de « reporting » :

- horizontalement, du point de vue divisionnel,
- verticalement, du point de vue fonctionnel.

La structure matricielle est adaptée aux grandes entreprises multi-produits et implantée dans un grand nombre de pays de sorte que les interdépendances verticales et horizontales sont pertinentes et justifient les croisements des deux niveaux de responsabilité. Un exemple d'une telle structure est donné sur le schéma 6.

Schéma 6 - Un exemple de structure matricielle

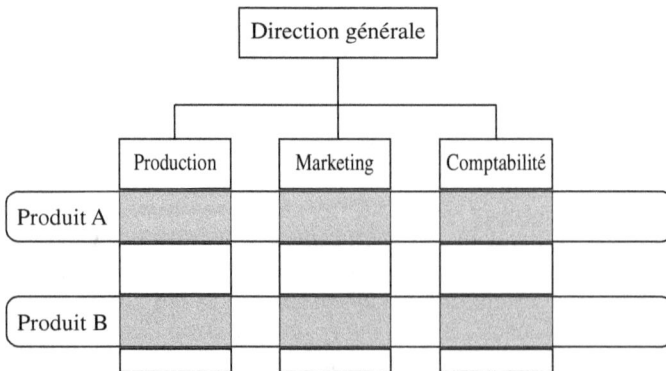

Une telle structure conduit à une meilleure utilisation des compétences et des ressources ; toutefois, elle est difficile à mettre en place et suppose des procédures d'arbitrage lorsque apparaissent des conflits entre les deux niveaux de responsabilité. Les problèmes posés par ce type de structure sont illustrés dans le cas suivant :

Le cas ABB

ABB a été constitué en 1988 par la fusion de la société suédoise Asea avec la société suisse Brown Boveri dans la perspective de créer un pôle dominant au plan mondial dans le domaine de la construction électrique. Depuis, ABB a réalisé l'acquisition de petites entreprises. Le directeur général de la nouvelle société est Percy Barnevik ; son défi est de maintenir le dynamisme des composantes initiales tout en accomplissant de vastes opérations de regroupements. Il s'est engagé dans la mise en place d'une structure matricielle avec l'objectif de faire de ABB le meilleur en termes de prix.

ABB a été divisé en 1 300 sociétés et 5 000 centres de profit. Ils sont regroupés en 8 domaines d'activités, eux-mêmes subdivisés en 59 unités. Les domaines sont responsables de l'organisation de la production dans le monde entier ainsi que du développement des produits. Horizontalement, ABB est divisé en zones régionales regroupant chacune un ou plusieurs pays. Le comité de direction comprend 12 membres, représentant les activités, les régions et les fonctions support. Le siège de Zurich est de taille restreinte, de sorte que ABB reste une société multinationale sans emprise nationale marquée. Les rapports financiers et les évaluations sont réalisés selon une périodicité mensuelle.

*La structure est fondée sur de petites unités de 50 personnes en moyenne, soutenues par un bon système de communication. Bien que ABB soit organisé en activités indépendantes, les échanges de produits et de technologies sont intenses entre celles-ci. Chaque personne est placée sous la double autorité d'un responsable de région et de secteur d'activité. Un tel système est reconnu comme l'inconvénient majeur de la structure matricielle mais Percy Barnevik se plaît à souligner que la conception d'ABB est, en toutes circonstances, de rester **souple et décentralisé**. D'autre part, il est prévu que les deux responsables ne soient pas de même statut, ce qui évite les conflits de rapport hiérarchique.*

Barnevik reconnaît toutefois que le problème le plus important est de motiver les cadres intermédiaires et d'insuffler les valeurs de la société, notamment en termes de qualité et d'attention au client, dans un ensemble aussi disparate. Il fait tout pour que les responsables considèrent la société comme la leur ; il recommande ainsi à ceux-ci, en dehors de leurs tâches de routine, de consacrer du temps à la concertation avec les autres, au développement de leur connaissance de l'entreprise

© Éditions d'Organisation

ainsi que de l'environnement par la lecture et la participation à des séminaires ou conférences.

3. La dynamique de la structure

Au cours de son développement, l'entreprise est amenée à adopter divers types de structures organisationnelles. Le passage d'une structure à l'autre s'effectue à la faveur de crises exprimant les limites du modèle précédent. Chaque phase de développement est caractérisée par un style de management dominant, dans le cadre d'une structure donnée. Le tableau 9 présente l'évolution type d'une entreprise.

Tableau 9 - L'évolution des structures d'une entreprise

Structure	Croissance par	Crise de...	Problème majeur
Structure concentrée autour de l'entrepreneur, qui décide et contrôle tout.	la créativité	leadership	L'entrepreneur est incapable de gérer un système qui ne peut plus être régi par des relations informelles.
Organisation fonctionnelle	la direction	autonomie	La hiérarchie devient pesante et les responsables perdent le contact avec le terrain.
Organisation divisionnelle	la coordination / la délégation	contrôle	La direction générale perd le contrôle des filiales et divisions qui se constituent en unités concurrentes et jalouses de leur indépendance.
Organisation matricielle, réseaux, etc.	collaboration	paperasserie	Des conflits de responsabilité et de pouvoir apparaissent ; les procédures créées pour les résoudre engendrent de la bureaucratie.

Initialement, l'organisation croît par la créativité de l'entrepreneur qui a tendance à contrôler toute l'activité de l'entreprise par un style de management informel. À un certain stade de développement, ce style de management marque ses insuffisances et l'organisation fonctionnelle tend à s'imposer avec des méthodes de commandement et de partage de compétences mieux définies. Ultérieurement, le besoin de décentralisation devient impérieux car la hiérarchie ne peut contrôler tout. L'apparition de centres de profit autonomes est alors nécessaire ; mais celle-ci, à son tour, renforce la mise en place de baronnies et le développement de comportements individualistes, rendant indispensable des formes de coordination.

En définitive, la vie de l'entreprise, comme de toute organisation, est une succession de périodes marquée par un balancement entre la centralisation et la décentralisation, avec des phases de crises et de conflits.

Un tel scénario est facilement identifiable dans des situations de croissance ou de stabilité des marchés ; il est, en revanche, plus difficile d'apprécier comment peuvent évoluer les structures dans des situations de récession ou de cycle économique ; il semble que les contingences extérieures, les menaces exercées par l'environnement et la concurrence puissent servir de point d'appui pour accélérer les phases de transition d'un style de management à un autre.

Chapitre 5

CONCLUSION

Dans cette cinquième partie, nous avons d'abord défini la notion de stratégie en montrant qu'elle était fondée sur la philosophie et la mission de l'entreprise. Nous avons ensuite distingué deux types essentiels de stratégies :

- la stratégie de domaine, qui concerne les décisions à prendre sur chaque couple produit-marché (baptisé Domaine d'Activité Stratégique), en tenant compte de l'environnement concurrentiel,

- la stratégie d'entreprise proprement dite qui concerne les décisions à prendre au niveau le plus haut et qui concerne toutes les opérations de long terme qui orientent la vie de l'entreprise (diversification, spécialisation, etc.).

Nous avons enfin analysé les liens existant entre la stratégie et la structure organisationnelle, en montrant combien l'une comme l'autre ne sont jamais que des réponses possibles aux sollicitations de l'environnement et du marché. Il n'en demeure pas moins que les relations entre les firmes et les actionnaires sont un élément clé de la stratégie à travers la mise en place de structures de gouvernance garantissant l'adéquation entre les objectifs de l'entreprise et des actionnaires.

Bibliographie

GERVAIS M., *Stratégie de l'entreprise*, Économica, 2003.

GHERTMAN M., *Stratégie de l'entreprise : Théories et actions*, Économica, 2004.

HELFER J.-P., KALIKA M., *Management : Stratégie et Organisation*, Vuibert, 2004.

KOENIG G., *Management stratégique*, Nathan, Paris, 1990.

MATHEY J.-M., *Comprendre la stratégie*, Économica, 1995.

MINTZBERG H. , ROMALAER P., *Structure et Dynamique des organisations*, Éditions d'Organisation, 2003.

PATUREL R., *Pratique du management stratégique*, PUG, 1997.

REYSSET P., WIDEMANN T., *La pensée stratégique*, Que Sais-Je, PUF, 1997.

SOULIÉ D., *Analyse économique et stratégie d'entreprise*, EDICEF, Vanves, 1992.

THIETART R.A., *La stratégie d'entreprise*, Ediscience, 2000.

www.ingramcontent.com/pod-product-compliance
Lightning Source LLC
Chambersburg PA
CBHW060330200326
41519CB00011BA/1892